触法障害者の地域生活支援

その実践と課題

生島 浩 編著
Hiroshi Shojima

金剛出版

序にかえて
概説／触法障害者の地域生活支援

生島　浩

I　はじめに

　書名にある「触法障害者」とは何か。精神医療で使われる『DSM』（アメリカ精神医学会発行の精神疾患の診断・統計マニュアル）が典型例だが，用語の定義は使う人の意図や目的によって異なる，すなわち〈操作的〉である。まず，「触法」という言葉と「犯罪」との相違について，触法とは，違法行為を行ったが「刑事法上の〈責任＝処罰〉を免れる」ことを意味している。具体的には，14歳未満の少年（男女を問わない）は，児童相談所において児童福祉法上の措置が優先される。また，精神鑑定で責任能力が〈ない：心神喪失〉か〈限定：心神耗弱〉とされた「精神障害者」は，精神科病院への入院など精神医療が選択されることを指している。これらに加えて，本書では，年齢にかかわらず発達障害のある非行少年や刑務所に服役・保護観察中など刑罰を受けた知的障害のある成人も対象としている。要するに，刑事司法領域と精神医療・福祉領域が協働することが必要なクライエントを広く取り扱っている。

　さて，「精神障害」とは，刑事司法からすると，統合失調症，薬物や急性アルコール中毒・依存症，知的障害，精神病質などである。精神医学的診断を受けた人，疑いのある人も含めて用いられることが通常であり，性犯罪やストーカー，DVなど，この用語が犯罪に影響を与えていると認められる対象者は拡がる一方である。われわれ，立ち直り支援の立場からは，「触法障害者」とは，

［しょうじま・ひろし　福島大学大学院人間発達文化研究科教授］

非行少年・犯罪者であるという社会的差別・排除に由来する社会的障害と発達障害（知的障害を含む）・精神障害との重複（併存）障害を抱えた人たちという特性に焦点を当てたい。

次に，「地域生活支援」の意味づけである。福祉の観点からは，人権擁護としての意味合いが強くなるが，刑事政策的には「非行・犯罪からの立ち直り支援」，すなわち，一度罪を犯した人を再犯させない社会的働きかけということになる。刑事政策では，矯正施設での処遇に対比して「更生保護（保護観察）」と呼んでおり，処遇の場が社会内であるといった意味にとどまらず，保護司といった地域の篤志家をはじめとする社会内のリソース（資源）を活用した，地域社会に根ざした処遇であり，その英訳には〈Community-based treatment〉という用語が使用されている。

ここで，「地域福祉」との連接が生じてくるが，元来，刑事司法は法律に基づく〈全国一律〉の施策が特質であり，福祉の〈地域ごとの支援〉とは相容れない運用の差異が問題となってくる。具体的には，知能指数を測定する検査方法も刑務所と福祉・医療機関では異なっていたし，知的障害の判定は全国の刑務所では一律でも，福祉サービスを受給することになれば，地方自治体ごとの認定となることが挙げられる。

II　刑事司法と福祉，精神医療との協働プロジェクトの経緯

障害のある犯罪者は現に存在しているのであり，現場では関係機関の協働は当然であって，例えば，犯罪者の社会内処遇を担う保護観察所と福祉事務所との協議会の開催は年間行事のひとつであった。しかしながら，刑務所から満期釈放されたが引受人も不在で住居がない者への支援を生活保護法に基づいて自治体の費用負担で行うのか，6カ月という期間限定ではあるが国の刑事政策によって更生保護施設への委託などにより対処するのか，といった問題が発生する。法律上は一方を排除するのではなく，まさに必要に応じて行えるとされてきたが，その優先順位も含めて，長らく現場では押し問答が繰り返されてきた経緯がある。

そのなかで，表現は不穏当であるが，二人の「政治家になり損ねた人」によって，刑事司法と福祉との協働プロジェクトが展開されることになる。一人は，政策秘書給与詐欺事件で服役した山本譲司元国会議員で，自らの受刑生活

をドキュメントした『獄窓記』（2003 年，ポプラ社）により，刑務所内の障害者が適切な支援を受けることなく，再犯を繰り返して累犯受刑者となっている実態を社会に知らしめた。

　もう一人は，田島良昭氏で，大学生時代から政治家見習いに熱中し，厚生省（当時）官僚出身の浅野史郎氏が宮城県知事時代（1993 年～2005 年）には，その政務全般の右腕として〈福祉施設解体〉をスローガンとした人物である。彼が，長崎県にある社会福祉法人南高愛隣会理事長に戻ってから，「罪を犯した障がい者の地域生活支援に関する研究」をテーマとする厚生労働科学研究（2006 年～2008 年度）により刑事司法・福祉双方の実務家・研究者を組織化した。研究分担者には，前述の山本氏も加わり，本書の執筆者である生島・小長井も研究協力者の一人となっている。おそらく，非行・犯罪に関わる領域で，学術的な研究成果が現実の行政施策に反映した希有な事例といえるだろう。

　2009 年度から法務省と厚生労働省の協働による「高齢又は障害により自立が困難な刑務所出所者等に対する社会復帰支援事業」が開始された。具体的には，「特別調整」と称して，受刑者のうち，高齢または障害のある，かつ，親族などの帰住先のない，すなわち，再犯リスクの高いものを選定して，介護・医療等の福祉サービスを刑事施設からの釈放後速やかに受ける取り組みを構築したのである。すべての自治体に厚生労働省の委託事業である「地域生活定着支援センター」が設置され，刑務所から通知を受け保護観察所が特別調整の対象者と選定した者が，適切な福祉サービス（障害者手帳の発給，社会福祉施設への入所等）を受けることができるよう調整業務を行う連携機関である。

　これは，刑事司法と福祉との多機関連携による支援を目的とするシステムズ・アプローチ（systems approach）のひとつと考えられるが，もちろん，モデルとされた先行例がある。多様な支援ニーズのある人々に対する臨床現場での基本原理である「多職種多機関連携」が法的に整備された最初が，触法精神障害者の〈社会復帰＝立ち直り〉支援を目的とした「医療観察制度」である。2005 年から実施されたこの制度は，「心神喪失等の状態で重大な他害行為を行った者の医療及び観察等に関する法律」によって創設されたものだが，その長たらしい法律名でわかるように，触法精神障害者に対するリスク・マネジメントの伴う地域生活支援を，わが国で初めてシステムズ・アプローチの手法を取り入れて，法的制度として実現したものである。

Ⅲ 「触法障害者の地域生活支援」プロジェクトの概要

　この「触法障害者の地域生活支援」について，刑事司法に関わる（Forensic）システムズ・アプローチの観点から説き明かしたい（藤本・生島・辰野，2016）。
　第一に，精神保健福祉の専門家を「社会復帰調整官」として保護観察所に配置したことである。その対象は医療観察制度における地域生活支援＝「精神保健観察」，すなわち，前述の心神喪失等で殺人・放火・強盗などの重大な他害行為を行った者への支援に限られるが，福祉専門職が犯罪者の地域生活支援を行う公的専門機関に常置された意義は大きい。その数は，およそ1,000人の保護観察官に対して社会復帰調整官は200人を超えており，専門的知見，臨床経験は，通常の少年事件も含めた保護観察全般にも活かされているのである。
　さらに，矯正施設から出所した家族等の引受人がいない者が入所して生活支援が行われる更生保護施設にも，社会福祉士や介護士等の福祉スタッフ，薬物処遇を行う臨床心理士・精神保健福祉士等を置くことが着実に拡大している。
　なお，医療観察制度では，原則として少年事件を対象としていない。極めて例外的に，成人同様の刑事処分が相当であるとされた非行少年が，刑事裁判で心神喪失と認定されて無罪などになれば別だが，現実的な話ではない。すなわち，障害があって医療少年院に送致された後の地域生活支援を精神医療と連携して行う少年事件への法的システムは未整備のままである。
　第二に，刑務所や少年院等の矯正施設から出所者に対する福祉ニーズに対応する専門機関として，「地域生活定着支援センター」が全国に設置されたことである。そこには，社会福祉士，精神保健福祉士などの専門職員が配置され，保護観察所などから依頼を受けて，高齢（おおむね65歳以上）または知的・心身の障害のある，出所後住居のない人等について，社会福祉施設のあっせんや福祉サービスの申請支援（コーディネート業務），受け入れた福祉施設等への助言を行う（フォローアップ業務），本人や関係者への相談・支援業務を専門に行っている。
　これまでも前述のように保護観察所と社会福祉機関との連携は行われていたが，あくまで周辺業務であり，専門機関ができ，保護観察所も「特別調整」を業務とする担当官を置いて，支援対象者の特定化を図っていることが，システムズ・アプローチとして大きな前進と評価できるものである。

なお，福祉との連携システムでは，少年院出院者等の少年を対象として排除していないが，現実には，「高齢または障害のある自立の困難な」対象を念頭に始まった連携システムであり，少年については「使い勝手の悪い」アプローチであることは間違いない。少年の保護者も同様の障害を抱えている場合は少なくなく，家族支援のアプローチが併置されなければ有効に機能しないであろう。

　第三に，矯正施設からの出所者に対する「出口支援」に加えて，検察庁で起訴猶予となった者で，必要な福祉的支援が受けられずに再犯を繰り返していた事案などに対する「入口支援」が始まっている。具体的には，ホームレス生活を送っていた知的障害のある者が窃盗や無銭飲食（詐欺）を行っていたケースに，更生保護施設への委託，入所中に療育手帳の取得や障害基礎年金受給の手続等といった「更生支援計画」を立て，起訴・裁判・実刑の言渡し・刑務所で服役といったプロセスの代わりに起訴猶予として福祉的支援へ移行するアプローチである。

　これは，刑事司法システムでは「ダイバージョン」（diversion）と呼ばれる手法であり，犯罪者を刑事上のプロセスに留めるマイナス，例えば，前科者というレッテル貼り，勾留や服役による失職等の社会的障害，そして，家族の経済的，心理的ダメージを回避することを目的としている。さらに，刑事罰を受けさせるだけでは再犯が防げない，高齢や障害のある犯罪者に対しては，福祉や精神医療へ繋げるシステムが有用であることは自明であろう。

　ただし，わが国では，刑事司法システムから福祉・精神医療システムへの移行は実現されているものの，福祉・精神医療システムから刑事司法システムへの還流，具体的には，福祉・医療機関からの離脱など支援の拒絶・怠避があれば矯正施設に戻すといったリスク・マネジメントが構築されていない。2016年より，服役期間の一部を保護観察に差し替えて十分な地域生活支援が可能となる「刑の一部の執行猶予制度」が実施されている。犯罪臨床の意義として，対象とする薬物乱用者への専門的処遇プログラム受講を定めた遵守事項の違反により執行猶予取消しが可能となるリスク・マネジメントを伴う心理・社会的支援が，わが国でも本格導入されることになる。ここでも，ダルク（DARC：Drug Addiction Rehabilitation Center）や家族会など薬物依存に関わる民間自助組織を含めた福祉・精神医療と刑事司法との機関連携は，制度運用の要となっている。

　これが，システムズ・アプローチとして機能するには，少年事件に携わる家

庭裁判所調査官の行うような「判決前調査」制度が，成人犯罪者に対しても整備されることが必要不可欠である。なぜならば，非行・犯罪臨床に限らず，あらゆる臨床領域に共通する基本であるが，リスク・マネジメントが有効に働くには，的確なリスク・アセスメントの実施が前提となるからである。このリスク・アセスメントが有用となるには，従来の欧米をモデルとした再犯予測を正確に行うためのアセスメント・ツールの活用だけでは十分ではない。エビデンスを示すため処遇効果の上がる対象者を選別するのでなく，支援ニーズを的確に把握する臨床家の姿勢が問われている。さらに，対象者自身に再犯リスクを自覚させ，社会と折り合いをつける手段を具体的に教示していくための面接技法・心理教育プログラムの整備が必須であり，実施者となる専門職の確保が不可欠であることを強調しておきたい。

Ⅳ　本書の成り立ち
――プログラムの効果測定ではなく，プロジェクト評価を目指す

　本書は，編著者が研究代表者を務めた平成25～27年度科学研究費助成事業（基盤研究（A））「触法発達障害者の地域生活支援プロジェクトの評価に関する実証的研究」の成果報告が基になっている。この研究の目的は，以下のとおりである。

　犯罪・非行に関わる立ち直り支援においても「実証的研究によって支持された（Empirically Supported）」プロジェクトの実施は至上課題である。近年急速に施策が進展している，精神障害，発達障害（知的障害を含む）の関わる非行・犯罪への立ち直り支援に対するプログラム評価のあり方と具体的方法を検討する。臨床現場で誤解・混乱の見られる「エビデンスに基づく実践」とは，決して特定のアプローチを選定，あるいは，排除，優劣をつけることではない。システマティックな対人サービス政策においては，プログラムに対する社会的ニーズ・アセスメント，継続的なプロセス・モニター，効果の社会的解釈・分析の手順が重要である（Rossi, Freeman, Lipsey＝大島ほか訳, 2005）。本書は，特定のセラピー・アプローチを組み込んだプログラムに対する再犯抑止効果などを測定したエビデンスの実証を目的とするものではない。多機関多職種連携を特質とする組織的な取り組み（法的制度）に対するユーザー，具体的にはサービス利用者であり，この仕組みを運用する実践者のニーズに適っているか，すなわち，〈使い勝手〉が良いかという観点からプロジェクト評価を試みたものである。

本研究では，2009年度から進められている法務省と厚生労働省の協働による「高齢または障害により自立が困難な刑務所出所者等に対する社会復帰支援事業」に加えて，本研究グループによる実践研究のデータを研究対象とする。そこで，再犯率といった統計上の数字で示される「有効」とは異なる，犯罪被害者を先端とする社会感情からも認容される「有用」の観点からエビデンスに関わる量的・質的分析を行う。公的資金を投ずるソーシャル・セキュリティとしてのプログラム評価としては，〈できたこと・できなかったこと・やりたくないがしなくてはならないこと〉がわかりやすく明示されなくてはいけない。

　これらの実証的研究によって，次の精神障害・発達障害に関わる犯罪・非行臨床領域における実践課題の究明を目的とする。

(1) 刑事政策としての更生保護と社会政策としての福祉の協働は，福祉ニーズのある触法行為のあった者の地域生活支援において確実な進展を遂げたが，「刑事司法の福祉化」あるいは「福祉の刑事司法化」の葛藤が顕在化している。それは，例えば，再犯抑止のためのリスク・アセスメントへの福祉側の拒絶感，具体的には，「マネジメントするのはケースかケアか」といった言葉づかいにも表現されるものである。理念的対立を超えて，刑事司法に関わる，わが国のシステムで適用される「福祉・心理臨床」の実践理論と技法の構築・集積が図られなければいけない。

(2) このプロジェクトは，成人犯罪者を対象とする，福祉ニーズのある刑務所を退所した知的障害者等の地域生活支援施策として実施されてきた。だが，臨床上のニーズからは，少年院を仮退院したADHD，自閉症スペクトラム障害などの発達障害のある非行少年を対象に加えることが不可欠である。このプロジェクト構築を進めるために，研究グループによる先進地域の実地調査とわが国での組織的展開を視野に入れた試行，そして，臨床的評価が必要である。

(3) このようなプロジェクト評価および研究グループによる実践研究により，少年から成人に至るまでの発達課題を踏まえた障害のある触法行為のあった者の地域生活支援を担う実践家のためのリソース・ブックの編纂を行う。具体的には，特別支援教育に携わる教員，社会福祉施設・地域生活定着支援センター職員，そして，保護観察官や社会復帰調整官，保護司向けのアセスメントおよびマネジメント技法を詳述したテキスト

を刊行する。言うまでもなく，本書はこの一環である。

　研究組織と役割分担，専門領域としては，研究代表者：生島浩（福島大学・統括・更生保護・家族臨床），研究分担者：辰野文理（国士舘大学・法律・更生保護・被害者施策），小長井賀與（立教大学・福祉・更生保護・欧州の先進研究・就労支援），水藤昌彦（山口県立大学・福祉・豪州の先進研究・司法福祉），岡本英生（甲南女子大学・矯正・プログラム評価），連携研究者：内山登紀夫（当時福島大学・現大正大学・児童精神医学）であり，本書の執筆者を構成している。

　また，平成26年8月に先進地域であるオーストラリアの関連機関・施設を実地調査し，平成27年11月には，オーストラリア・ニューサウスウェールズ州の地域司法プログラムの責任者であるマット・フライズ氏を招聘して，「触法障害者の地域生活支援——日豪の実務者による」と題する更生保護関係者による事例検討会と「〈シンポジウム〉触法障害者の地域生活支援——プロジェクト評価と実践課題」を開催した。本書には，それをもとにしたフライズ氏の論考が水藤氏の翻訳により収められている。

　さらに，前述の医療観察制度における精神保健観察のシステム設計と運用の責任者であった今福章二法務省保護局総務課長，国立重度知的障害者総合施設のぞみの園における触法障害者の福祉的支援の責任者である小林隆裕施設事業局地域支援部長，この領域に精通した臨床心理学者である藤岡淳子大阪大学教授，福祉学研究者である大村美保筑波大学助教から論考をいただくことができた。加えて，現場からの実践報告として，保護観察官，地域生活定着支援センター支援員，社会復帰調整官，弁護士，大学研究者からも貴重な事例の提供が十分な秘密の保持など倫理面の検討を経て行われた。

　本書の目的とするプロジェクト評価は，アプローチ間の優劣を競うために再犯率をもとにエビデンスを明示するものでも，予算額を査定するためにプロジェクト担当者を問いただすものでもないことは明らかである。福祉や精神医療の支援が必要な刑事司法上のクライエント（対象者）は確かに存在する。彼らに，「意図されたとおりに支援サービスが届いているかどうかの判断を行うもの」がプロセス評価であるが，コストベネフィットのような効率性だけでなく，税金を使う以上，被害者を含めた社会感情にも配慮した公正性が求められることが重要である（安田，2011）。

　障害のある犯罪を行った者や非行少年が，「再犯なく普通に暮らせるために」

有効な地域生活支援をいかに実践するか，プロジェクトが受け手（ユーザー），送り手（支援者）双方にとって「使い勝手の良い」ものとなって展開し，刑事司法の中で福祉心理臨床のアプローチが地域社会に定着するように，本書がその一助となれば幸いである．大方のご批判を仰ぎたい．

文献

藤本哲也・生島浩・辰野文理編著：よくわかる更生保護．ミネルヴァ書房，2016.
Rossi, P. H., Freeman, H. E., Lipsey, M. W. : Evaluation: A systematic approach, seventh edition. SAGE, 2003.
　（大島巌ほか訳：プログラム評価の理論と方法：システマティックな対人サービス・政策評価の実践ガイド．2005）
安田節之：プログラム評価：対人・コミュニティ援助の質を高めるために．新曜社，2011.

触法障害者の地域生活支援

その実践と課題

目 次

序にかえて
概説／触法障害者の地域生活支援
生島 浩 iii

第Ⅰ部｜わが国の触法障害者の地域生活支援

第1章 触法精神障害者の地域生活支援
精神保健観察の導入と地域生活支援
今福章二 003

第2章 触法障害者への福祉的支援
入所型障害者支援施設における取り組み
対象者の理解とアセスメント，リスクマネジメントの視点から
小林隆裕 016

第3章 触法発達障害者の医療的支援
神経発達障害の診断と支援
内山登紀夫 029

第4章 地域生活支援の現状[1]
地域生活支援に携わる人々から見た現状
立場による意識の違い，そして社会に送り出す側から見えるもの
岡本英生 044

第5章 地域生活支援の現状[2]
地域生活支援に関する諸研究
障害福祉領域における実態調査から
大村美保 055

第Ⅱ部｜地域生活支援の課題

第1章 刑事政策の観点から
「刑事司法の福祉化」の課題
辰野文理 071

第2章 司法福祉の観点から
地域生活定着促進事業の成果と課題
小長井賀與 084

第3章 犯罪心理臨床の観点から
犯罪からの離脱のための支援
障がいのある犯罪行為者の心理臨床
藤岡淳子・奥田剛士・益子千枝 098

第4章 システムズ・アプローチの観点から
支援の多機関連携と課題
「窃盗更生支援プログラム」の開発
生島 浩 112

第Ⅲ部｜地域生活支援の事例・実践

第1章 保護観察官による事例
保護観察所の業務と触法障害者の見立て・処遇
佐々木啓文 125

第2章 地域生活定着支援センターによる事例
罪を犯した障害者をソーシャルサポートで支える
岸 恵子 136

第3章 社会復帰調整官による事例
地域精神保健福祉のコーディネーターとして
生活環境調査と精神保健観察
垣内佐智子 148

第4章 弁護士による事例
罪に問われた障害者の刑事弁護による入口支援
社会福祉士との連携事例
岡田卓司 161

第5章 大学研究者による事例
触法障害者のケース・マネジメント
連携コーディネート・コンサルテーションの実際
生島　浩 173

第Ⅳ部 ｜ 地域生活支援の先進地域に学ぶ

第1章 オーストラリアの実践と日本への示唆
国際比較を踏まえた地域生活支援の在り方
オーストラリア・ニュー・サウス・ウェールズ州における
支援制度との比較において
水藤昌彦 185

第2章 地域生活支援の理論モデル
**知的障害のある犯罪行為者のための
「相乗モデル」による更生支援**
C・マシュー・J・フライズ［翻訳／水藤昌彦］................ 198

あとがき
要約と若干の提言
生島　浩 223

索引 227

第Ⅰ部
わが国の触法障害者の地域生活支援

第Ⅰ部｜わが国の触法障害者の地域生活支援

第1章
触法精神障害者の地域生活支援

精神保健観察の導入と地域生活支援

今福章二

Ⅰ　はじめに

　刑務所受刑者が犯罪に至った背景として往々にして見られるのが，薬物依存や飲酒等への嗜癖，さまざまな心身の障害，疾病，不適切な養育，援護者たる家族の不在，貧困，孤独など，根深く，また絡み合った問題に由来する社会不適応である。本来は福祉や医療制度のクライエントたるべき人たちであり，地域生活支援を通した広義の福祉課題の解決なくして立ち直りは難しい。特に触法障害者は，社会において必要な支援を得られずセーフティネットからこぼれ落ち，これら多重する諸課題を背負いながら犯罪を起こして刑務所等の矯正施設を居場所とせざるを得なかった典型的な存在と考えられる。

　したがって，社会内における犯罪者処遇，すなわち更生保護においては，社会生活等のルールを守れるよう保護観察指導を行うとともに，地域での生きづらさにつながるさまざまな要因の解消に向けて地域生活支援を行うことが重要である。

　しかし，ひとたび犯罪者の烙印が押されると，福祉制度のクライエントとしては後回しにされ，自助努力の名の下で彼らの多様な福祉ニーズは充分に満たされないまま放置されることもしばしばあったように思われる。この矛盾が刑事司法と社会福祉の双方の領域から再発見されるところとなったのは，比較的最近のことであり，刑事司法関係機関と，医療・保健・福祉・労働・教育関係

［いまふく・しょうじ　法務省保護局総務課長］

機関や，地方公共団体，経済界，地域住民が相互に連携し，多くの機関が協働する地域生活支援の手法が刑務所出所者等の社会復帰支援の領域で実現したのは，2006年の刑務所出所者等総合的就労支援対策，2009年の高齢・障害出所者等のための司法と福祉連携施策がその代表例である。

これらの動きに先駆けて，地域生活支援の手法を制度として導入し，その後の刑務所出所者等の地域生活支援の方向性に大きな影響を与えたのは，2005年から始まった心神喪失者等医療観察制度である。そこで，本章では，触法精神障害者の地域生活支援が，同制度における精神保健観察等によって，どのようにシステム化されたかについて触れることとしたい。

Ⅱ 心神喪失者等医療観察制度の導入と地域生活支援のシステム化

心神喪失者等医療観察制度とは，心神喪失等の状態で殺人，放火等の重大な他害行為を行った者に対して，継続的かつ適切な医療，その確保に必要な観察・指導，援助を提供し，病状の改善とこれによる再他害行為の防止を図り，社会復帰を促進することを目的とした制度である。2001年6月の大阪池田小児童等無差別殺傷事件をきっかけに精神医療界や国民各層から適切な施策を求める声が高まり，2003年に心神喪失等の状態で重大な他害行為を行った者の医療及び観察等に関する法律（以下「医療観察法」または「法」という）が成立し，2005年7月から本格的な司法精神医療制度としてスタートしたのである。

対象行為（殺人，放火，強盗，強姦，強制わいせつ（これらの未遂を含む）および傷害）を行い，①心神喪失者または心神耗弱者と認められて不起訴処分となった者，または②心神喪失により無罪または心神耗弱により刑を減軽する旨の確定裁判（実刑は除く）を受けた者について，検察官が地方裁判所に申立てを行い，裁判官と精神保健審判員（医師）の各一人からなる合議体の審判で，処遇の要否およびその内容が決定される。入院や退院など新たな処遇の決定・継続・終了の重要な節目のすべてに裁判所が関わることとされ，手厚い専門医療を提供する指定入院医療機関も整備された。地域社会における処遇（以下「地域処遇」という）にあっては，保護観察所に新たに配置された精神障害者の保健・福祉等の専門家である社会復帰調整官が，指定通院医療機関等の多くの関係機関とチームを組んで，継続的医療の確保と生活支援の提供にあたっている。

触法精神障害者の処遇については，従来の精神保健福祉法に基づく措置入院

制度の場合，退院後の通院医療を確実に継続させる実効性のある仕組みがなく，また，実施主体が都道府県等であり地方公共団体の枠を越えた連携を確保できないなどの問題点が指摘されていた。そこで，その解決を図るべく，継続的な地域精神医療を確保するための新たな仕組みを設けることとされ，保護観察所に重要な役割を担わせつつ，地域生活支援のシステム化を図ることとされたものであり，以下ではその特徴について触れたい。

Ⅲ 多機関の連携による地域生活支援

1. 処遇の実施計画と多機関の連携義務

　医療観察法は，「保護観察所の長は，［…］指定通院医療機関の管理者並びに［…］居住地を管轄する都道府県知事及び市町村長と協議の上，その処遇に関する実施計画を定めなければならない」とし，「［…］実施計画には，［…］医療，［…］精神保健観察，［…］援助について，その内容及び方法を記載するものとする」と定め（104条），地域処遇を構成する三つの柱である，医療・精神保健観察・援助の内容と方向性を具体的に明記した処遇の実施計画を作成することを義務づけた。また，「［…］医療，精神保健観察及び援助は，［…］実施計画に基づいて行われなければならない」と定め（105条），実施計画に基づいて各機関が責任を持って地域処遇を実施すべきことを明らかにした。これらの規定により，異なる設置目的を有する文字通り多くの機関が対象者の持つ多様なニーズに対応するため処遇上連携する多機関連携アプローチが制度化されたといえよう。

　この処遇実施計画により各機関の役割分担が明確にされ，各処遇機関は保護観察所が主催するケア会議において，情報を共有し，処遇効果の評価を踏まえ，方針の見直し等を行いつつ，協働して必要な介入を行う。一人のクライエントをどこかの機関が抱え込む従来の姿ではなく，必ず複数の機関が関わり，処遇実施計画に基づいてそれぞれが責任を果たす体制がとられるので，結果的に従来よりも各機関が安心して処遇に関与できるメリットがある。

　ただし，このような多機関連携が円滑に運営されるためには，コーディネーターの存在が欠かせない。心神喪失者等医療観察制度においては，前述のとおり処遇実施計画の作成やケア会議にかかる第1次的な責任のほか，関係機関相

互間の連携確保についての努力義務が，それぞれ保護観察所にあることが法文上明記され（法108条ほか），保護観察所の社会復帰調整官がその任にあたることとされている。そこで，社会復帰調整官は，地域処遇に携わる関係機関と連携して行う処遇チームのチームリーダーとして，後述するリスクマネジメントの役割と，医療や福祉を含む地域処遇全体をコーディネートする役割を担うことが期待されるのである。

2. 多職種が協働する枠組みと価値・方向性の共有

　多機関連携の枠組みは，多職種協働という性格も有している。指定入院医療機関内部では，医師，看護師，精神保健福祉士，臨床心理技術者などがチーム医療を展開しているが，地域処遇においても，多様な対人援助専門職がチームを形成し，それぞれの専門知識と技術，倫理の体系を基に，異なる観点からアセスメントと支援を行う。協働しながら，相補い合い，より正確で全体的な理解に到達し，それをそれぞれの支援の内容に反映させていくのである。

　その際，それぞれの専門職が，地域生活支援を行う上で何を大切にし，何を実現しようとしているのかを示す，いわゆる「価値」や方向性について，チームで共有することが重要となる。地域処遇は，対象者の社会復帰を促進することを最終目的として，そこに至る中間に，精神症状の改善，問題行動や生活障害を引き起こしその行動や障害を維持・継続させる社会復帰阻害要因の改善，本人の強みとなる部分の伸張，そして，同様の行為の再発の防止，すなわち再他害行為の防止という目的を有している。多様な専門職がこれらの目的を共有し，責任を分担することが求められる。しかし，実際の処遇場面においては，例えば，対象者の自己決定の尊重・自己実現の援助という観点と再他害行為の防止という観点，あるいは医療の主体的な選択の尊重という観点と医療を受ける義務という観点といった，さまざまな異なる観点や価値の狭間にあってそのジレンマに直面することになる。また，再他害行為の恐れに過剰に囚われたり，処遇者自らが抱く応報的な感情の影響を受けることも起こりがちである。これらを整理しながら，なぜ対象行為を起こしたのかを冷静に理解し，回復の可能性を信じてこれからの人生について一緒に考えていく姿勢が処遇者には求められる。このような点も含めて，チームとして，できる限り価値と方向性を共有していけるよう，ケア会議等の機会を通してアセスメント・実践・振り返りを重ねていく必要がある。

Ⅳ アセスメントに基づく地域生活支援

1. 社会復帰調整官による生活環境調査

地方裁判所の審判で処遇の要否およびその内容を決定する際の判断は，疾病性，治療反応性，社会復帰（阻害）要因の3要因に係る鑑定を基礎とし，かつ，裁判所の依頼に基づいて社会復帰調整官が行う生活環境調査の結果及び鑑定医の意見を考慮してなされる（法42条）。その他，精神保健参与員（精神保健福祉士），検察官，付添人（弁護人）などによる多方面の情報や意見の交換が裁判所の主宰するカンファレンスの機会を通じて行われる。

特に，社会復帰調整官による生活環境調査については，「裁判所は，保護観察所の長に対し，対象者の生活環境の調査を行い，その結果を報告することを求めることができる」（法38条）と，その根拠が法に明記されたところであり，類似の制度としては，少年審判における家庭裁判所調査官による社会調査がある。具体的には，当初審判の段階で，社会復帰調整官が，居住地の状況，成育歴，治療歴，対象行為，家族，生計，地域環境，利用できる社会資源その他生活環境について詳細に調査を行い，それに基づき，処遇意見を裁判所に提出することとされている。このように，その後の地域処遇に一貫して関わる保護観察所によるアセスメントが審判過程に組み込まれ，アセスメントに基づく処遇意見が裁判所の判断に反映される，いわゆる判決前調査制度とも言うべき仕組みが導入されたことになる。

2. アセスメントにおける基本的視点

1）「生物・心理・社会モデル」と「人と状況の全体性」

地域処遇における対象者理解は，まず「生物・心理・社会モデル」（Bio-Psycho-Social モデル理論）に立つことが重要である。すなわち，重大な他害行為に至った原因を機能障害の部分のみに還元して捉えるのではなく，対象者の生物的要因（例えば，幻聴が出現するときの神経生化学の基盤を知り，治療や経過の見通しを持つなど），心理的要因（例えば，幻聴の出現を本人がどう受け止め，どう対処しようと試みるのかなど），社会的要因（対象者とその社会環境との相互作用の要因。例えば，幻聴が出現しているときの行動を周囲がどう評価し，また本人はそれにどう応えるのかなど）が複雑に絡み合って発生したものとして，統合的に理解する視点が基本となる。

次に、「人と状況の全体性」の視点が大切である。社会生活上の困難や問題等を、対象者の属性や病理としてとらえるのではなく、対象者が生きてきた環境や時代背景を理解し、さまざまなレベルでの対象者と社会環境との相互関係や対人関係がどのように問題を作り上げ、維持しているかを総合的に判断する。そのためには、居住する地域社会について、その人口構成、産業構造、福祉領域等の社会資源の質・量、犯罪や社会復帰に対する意識、文化、地理的特徴等を把握し、精神保健福祉領域への地域力がどのように形成され、発揮されているかなどについて評価する（コミュニティアセスメント）とともに、いわゆる「生きた情報」を知ることにより、対象者の社会復帰を促進する地場を生活ベースで見極めておかなければならない。その上で、これらの状況に対して対象者がどのような関わりを持っているかについて情報を得ることが必要となる。

2）リスクアセスメント

医療観察法の最終目的である社会復帰の一内容として、再他害行為の防止があることは前述したとおりである。再他害行為に及ぶことは、新たな被害者を生むこととなり社会にとり大きな損失であると同時に、再び加害者となって社会復帰の道を阻害することとなり対象者本人にとっても大きな損失である。これら両者の損失を未然に防ぐために、再他害行為に至るリスクの把握・分析とそれへの対処を継続的に行う活動がリスクマネジメントであり、精神保健観察を始め地域処遇全体の重要部分である。

したがって、精神保健観察を担う社会復帰調整官が行うアセスメントにおいては、精神障害を有するとともに、重大な他害行為を行った者であり再発の具体的現実的可能性を有する対象者について、その通院や生活の状況を把握し、病状の改善状況等について評価するとともに、再他害行為に至るリスクについて的確に捉え、リスク低減の道筋について方向性を得ることが必要となる。

このリスクアセスメントにおいては、対象者自身とその生活や治療を支える環境との相互作用に着目しつつ、**疾病の特性**（再発サインや再発パターン、病識など）、**発達の特性**（被虐待経験、過去の困難な状況に対する対処行動の特性、発達障害など）、**環境**（家族の文化・力動、経済、職業生活、重要な他者との出会いや別れ、地域など）、**リスクシナリオ**（事件経過の生物・心理・社会的分析から、どんな種類の問題が、どのくらいの深刻さで、かつどれくらいの切迫性で生じるかなど）等を明らかにして行わなければならない。これらを踏まえた上で、主に変化しない個人の属性や過去の出来事から、社会

復帰を阻害するリスクのレベルを同定し，それに応じた処遇密度を選択するリスク原則（R），再他害行為を誘発するなど社会復帰を阻害する要因を同定し，それを介入の焦点とするニーズ原則（N），そして各人の能力，認知のパターン，学習スタイル，性格などに応じて，効果が最大化するよう工夫して介入する反応性原則（R）の三つからなるRNR原則を適用し，アセスメントを行う。

　しかし，的確なアセスメントであるためには，単なる問題点探しとならないように留意する必要がある。そもそも社会復帰とは，人がある種のリスクを抱えながら地域で生きていくことであり，それが生活の中での生きがいとなっていることすらある。「対象者が望む生活上のリスクや人生上のライフイベントに起因するリスクの範囲までリスクマネジメントがおよび，いわゆる支援者側が先回りし，回避や除去することによって，対象者の回復（recovery）やQOLに損害を与える」ことは，たとえ再他害行為を防ぎ得たとしても社会復帰とは言えない（鶴見，2011）。

3）ストレングスアセスメント

　しかし，前述のRNR原則によるリスクアセスメントだけでは，リスク要因を特定し介入の焦点化を図ることはできても，対象者自身が改善のための行動を起こす動機づけを得ることには必ずしも結びつかない。変化することへのやる気を引き出すことが，社会復帰を促進するために欠くことはできないのである。そこで，むしろリスク要因とは別に，最終的な社会復帰に近づけるよう，対象者の希望と強み（ストレングス）を捉えることが重要となる。

　第一に，本人が持っている願い，夢，希望を理解し，対象者が主体的に生きるための生活課題に狙いを定めて支援していくことは，精神保健福祉分野で育まれてきた基本的アプローチである。地域処遇の実施に際しても，この点は踏まえるべきであり，上記の処遇実施計画書の中に，「処遇の目標」の次に，「本人の希望」の欄が設けられた。病気の性質を理解し，症状の軽減を図りながらも，対象者が他害行為をどのように受け止め，治療の必要性をどの程度認識し，そして，どのような生活再建や生きかたを希求しているかなどを理解し，その希望の実現に向けて支援する視点（リカバリーの視点）から，希望やニーズを明らかにすることが大切である。

　第二に，病理や問題，欠陥や弱さだけでなく，対象者が本来有している健康的な側面，強みや長所，支援を受けて高まったスキルの側面などの再発防御因子や回復促進因子を的確に捉え，それを引き出し，伸張させる視点（ストレング

スアプローチ）が大切である。人は問題点を抱えながら生活するものであり、支援者は対象者の持つ長所に着目し、良い面を広げていくことで相対的に問題点が小さくなり、その過程がエンパワメントを生むことになると考えられる（鶴見, 2011)。

3. 社会復帰促進アセスメント

　指定入院・通院医療機関においては、入院・通院中に一貫して、共通評価項目という評価ツールを使用し、これを基に、リスクアセスメントと同時にリスクマネジメントが行われている。この共通評価項目は、他害行為の構造的評価を目的としたHCR-20を基礎として作成され、合計5要素17項目から成る。すべて治療やケアに反応して変わりうる（dynamic）もので構成され、多職種チームが、治療導入前から治療中、退院後のフォローアップを通じて定期的に評価を行い、治療計画に反映される。

　一方、精神保健観察においては、2012年から、社会復帰調整官が日常的に使用する包括的なアセスメントツールとして、社会復帰促進アセスメントが導入され、これを軸に、社会復帰調整官がモニタリングを行っており、地域処遇におけるリスクマネジメントの要の役割を果たしている。

　この社会復帰促進アセスメントは、第一に、社会復帰の促進に支障となり、処遇上特に留意すべき事項として、犯罪歴、暴力歴、物質使用歴、自殺リスク（自傷行為・希死念慮に関する情報の有無等自殺リスクの有無）、衝動性（行動と感情の不安定性、気分やふるまいの急激な変動の有無）、知的制約（知的障害による理解、認知、課題の遂行に関する困難性の有無）からなる、主に静的リスク要因となる再発因子等について把握する。

　第二に、現在の状況について、社会復帰を阻害する要因（リスク）の観点と、社会復帰を促進する要因（ストレングス）の観点の、双方の観点から検討を行う。チェック対象項目は、①生理的変化状況、②病状の安定、③通院・服薬継続性、④治療動機、⑤相談・対処技能、⑥嗜癖のコントロール、⑦社会生活能力、⑧現在・将来的な計画（希望・目標）、⑨家族・交友関係、⑩地域関係機関による支援等、⑪居住・地域環境の安定性、⑫生計の安定性、⑬規範意識等の13項目からなる。

　第三に、上記以外の、精神保健福祉法上の入院や合併症その他の精神保健観察実施上の問題点等について把握する。

そして，最後に，今後の対応の検討や介入が必要な段階にあるかなどについて，総合評価を行う。すなわち，第一から第三までの検討状況を踏まえて，対象者と環境の全体を俯瞰しながら，リスクアセスメントとストレングスアプローチの視点をバランスよく踏まえて統合的に評価し，そこから，ニーズや特性，問題等を抽出し，社会復帰を促進するために必要な地域処遇の方針（処遇の方向性，処遇機関の役割分担など）の検討につなげていくこととされている。

　社会復帰促進アセスメントの予測妥当性等については，カナダで開発され多くの国で司法精神科を中心に使用されているリスクアセスメントツールであるSTART（Short-term Assessment of Risk and Treatability）の日本版の信頼性・妥当性とあわせて検証がなされ，暴力，セルフネグレクト，治療遵守，ルール遵守の項目に予測妥当性が認められたことが報告されている（菊池，2015）。さらに，脆弱性は治療ステージの前期に高まりやすく，退院から通院への移行期の支援を手厚くすることが望ましいことや，脆弱性が下がりにくい対象者においても，ストレングスを高める働きかけが有効に働く可能性が示唆された（菊池，2015）。

V　本人を中心に据えたシームレスな地域生活支援

1．審判から処遇終了後までのシームレスな地域生活支援

　社会復帰調整官は，当初審判から地域社会における処遇まで一貫して対象者の処遇に関与し，言わば，シームレスな地域生活支援を行える枠組みが整備された。

　例えば，当初審判の段階で社会復帰調整官が行う生活環境調査の結果は，審判における処分決定において重要な意味を有すると同時に，この段階で行う社会復帰に向けたアセスメントは，入院中の生活環境の調整，退院後等の地域処遇，処遇終了後の地域生活に至る長いロードマップを描く出発点となり，その後に大きな影響を及ぼすこととなる。なお，当初審判の段階では，生活環境を整えて通院処遇にいかにつなげるかという課題も指摘されているが，この点，社会復帰調整官が，調査の過程で，指定通院医療機関や福祉施設の受入れの可能性についての協議や情報の提供等を通じた事実上の調整を行うことは，制度の立てつけ上および時間不足の観点から難しい問題を孕んでいる。

　対象者が入院すると，実際に地域社会で生活を始めるずっと前の段階から生

活環境の調整に着手する。対象者本人を中心に据え，病院関係者，地域の処遇関係者等と頻繁に情報や意見を交換しながら，再他害行為をせず地域で暮らせるよう，具体的な生活再建の手立てを計画し，社会復帰に近づく道筋を明らかにしつつ，これを具体化できるよう調整していく。ただし，この点に関し，入院対象者の住居支援を始めとする地域の社会資源は他の障害分野に比べ層が薄いことに加え，何よりも通院医療の拠点となるべき指定通院医療機関が不足しているという問題があるため，生活の本拠が定まらず必要な地域の福祉サービス体制も含め調整が進まないという事態も発生し大きな課題となっている。

医療観察処遇の終了時には，一般地域精神保健福祉サービスに円滑につながることが重要である。処遇終了後の生活において，再発防止と地域生活継続のため，必要に応じ生活をトータルに支援し，病状悪化や生活上の危機のサインを受け止められる地域支援体制につながることが大切であり，処遇チームにはそのために必要なコーディネートを行うことが求められる。その際，医療的側面にとどまらず福祉的側面をも踏まえた個別プランがあることが望ましい。現状では，それまで通院していた機関で引き続き治療を継続している例が多く，中には処遇終了後も処遇関係機関がケア会議を継続して実施し，対象者に安心感が生まれ，アドヒアランスの向上によい影響を与えている例も見られる（医療観察統計レポート，2016）。

2. 本人を中心に据えた地域生活支援

地域処遇においては，本人が処遇に主体的に関わることが重視される。本人が持っている声ならぬ願いや夢を軸に，主体的な生き方を実現できるよう支えていく関わりが基本である。例えば，保護観察所が主宰するケア会議は，原則として対象者本人等の出席を得て行い，実施計画の作成や見直し等に参画を得ている。

地域処遇は処遇実施計画書に基づいて実施されるが，その重要な項目の一つがクライシスプランである。これは，病状悪化に伴う変化への対応をまとめたもので，病状悪化のサイン，基本的な対応方法を病状悪化の段階に応じて定め，方針や連絡先を共有する。対処方法は処遇者側だけではなく，本人側の自己対処行動も明確にされ，自己対処可能な症状から周囲による支援が必要な症状まで段階的に並べる工夫も施される。

医療観察のリスクマネジメントにとって大きな意味を持つこのクライシスプ

ランは，危機状況にある本人に対して実施する危機介入（狭義）だけではなく，予防，介入，介入後アフターケアを含むケア計画（広義）であり，本人自らが作成に関わり作成されたクライシスプラン（Joint Crisis Plan）である点に特徴がある（平林，2011）。すなわち，再度他害行為におよぶ不幸を避けられるよう，転ばぬ先の杖となるクライシスプランを対象者と共に立てながら，これにより，本人と共有化したリスクマネジメント戦略を実行していくことが求められる。

　本人自身が，リスクを最小化しながら，本人の希望を実現していく，すなわち，自分の人生の主人公になれるよう支援することが，社会復帰を促すことである。本人自身による自己観察・自己対処を支持することでセルフケアの向上につながり，医療観察終了後の地域生活の維持継続の土台になるものと期待される（佐賀，2011）。

VI　おわりに——地域生活支援をめぐる諸課題

　医療観察制度の導入により，多機関・多職種連携の仕組みやアセスメントが法制度化されるとともに，本人の主体的参画とシームレスな地域支援や，リスクマネジメントとストレングスアプローチを融合させた方法論が明示的に選択されるなど，地域生活支援が基本とすべき枠組みが実践に移されてきた状況を見てきた。

　2005年から2014年までの間に退院許可決定を受けた者から抽出した1,246件の退院後の問題行動に対する調査結果（永田，2016）によると，重大な再他害行為は6名8件（0.6％）であり，医療観察制度導入前の触法精神障害者の再犯研究の結果（退院3年後の推計で6〜7％）や英国の地域保安病棟から退院2年後の重大犯罪発生率（5.6％）と比較すると，発生率は相対的に低い。これは，関係者の努力や地域の理解によるところが大きいが，これまで述べた枠組みが比較的機能していると評価することもできよう。

　ただし，課題は本文でも触れたようにいくつかあり，ここでは，それ以外の地域生活支援における課題について触れたい。

1.　家族支援

　病気や障害からの回復にとって対象者の家族の支援が重要であることは言うまでもないが，医療観察対象者の場合は取り分けその必要性が高い。

しかし，家族から対象者本人の治療や社会復帰への協力を得ようとしても，家族自身が本件対象行為の被害者である事例が対象行為全体の約半数であるなど，対象者の他害行為によって傷ついている場合が多く，また，その他害行為をきっかけに，あるいはそれに至る長い道のりにあって，家族自身が人生の希望を見失い，地域から孤立してしまうなどの状態にあることも多い（医療観察統計レポート，2016）。自分自身の生活を犠牲にする道を選択するしかないとの思いに至るまでに自らを追い詰め，不自由な生活を強いられている家族もいる。

これらを背景に，家族心理教育プログラムの取り組みが意識的に試みられてきた。個別支援とは別に，医療観察対象者の家族の希望者を募り，機能不全に陥りやすい家族が出会い，語り合える場を提供する集団支援の場として家族の集いが実践されたのである。家族に対し，対象者が事件を起こしたことの責任を負わせたり，保護する責任を求めたりするのではなく，病気についての正しい理解を促すとともに，後悔や自責の念に苛まれ苦悩する家族が，安心できる環境の中で集い，語りや気づきを通して問題を外在化することを助け，その「心の回復力」（リジリアンス＝苦難や逆境に耐えて自分自身を修復する力や回復していく力）を育んでいく貴重な実践である（望月，2010）。今後，地域生活支援において，この家族支援はますます大きな位置を占めることになろう。

2. 処遇困難者に対する地域生活支援

難治性の対象者に対しては，クロザピンなどの薬物投与が積極的に行われるようになり，長期入院患者の退院の可能性が高まるなど大きな改善が見られる。一方で，対象者には，パーソナリティ障害圏に属する者，知的障害，発達障害などの重複障害を有する者も多く，また，覚醒剤やアルコール等の物質依存傾向を有する者については，審判当初の診断では指摘されなかったものが入院中に判明することもあり，入院処遇対象者の約3割に達するとの報告もある（松本，2009）。これらの重複障害の場合，暴力リスクが高いこと，服薬コンプライアンスや治療へのアドヒアランスが相対的に悪いこと，物質摂取が精神症状や問題行動の悪化をもたらし，社会復帰を阻害する場合もあることが指摘されている。再飲酒や薬物再摂取は，地域処遇開始直後に集中的に認められたとの研究結果（永田，2012）もある。しかし，地域処遇段階においては，これらのことに効果的な対策がなされているとは言いがたい。

また，対象行為以前に医療観察法の重大な6罪種に該当する犯罪歴を有する

者は，入院対象者の約26％，通院対象者の約15％を占めるとの調査結果（平田，2012）があるが，そこには少年院送致経験を含む少年非行歴の長い者，刑事処分を繰り返し受けている者なども多く含まれている。このように，過去の暴力歴，犯罪歴がある者は，医療観察処遇の実施上も特に留意が必要であり，他害行為との関係においては，統合失調症そのもの以外にパーソナリティ障害等が深く関わっている可能性がある。

　このように，統合失調症による病状悪化への対処だけでは十分とは言えない複雑な事案が多く含まれており，これら特徴的な対象者に対する有効なアプローチが今後地域処遇関係者とともに開発されなければならない。

文献

菊池安希子：医療観察制度における各種心理プログラムの現状把握と新たな手法の確立（分担研究）：司法精神医療の均てん化の促進に資する診断，アセスメント，治療の開発と普及に関する研究．国立精神・神経医療研究センター，pp.53-57, 2015.

佐賀大一郎：クライシスプランの作り方：地域．精神科臨床サービス，11（3）；98-101, 2011.

鶴見隆彦：「リスク」と「安全・安心」を支援者はどう考えるべきか：リスクマネジメントとストレングスモデルの融合．精神科臨床サービス，11（3）；13-18, 2011.

永田貴子：医療観察法入院処遇対象者の予後と予後に影響を与える因子に関する研究（分担研究）：重大な他害行為をおこした精神障害者の適切な処遇及び社会復帰の促進に関する研究．157-168, 2012.

永田貴子：指定入院医療機関退院後の予後に影響を与える因子の同定に関する研究（分担研究）：医療観察法における，新たな治療介入法や，行動制御に係る指標の開発等に関する研究．国立精神・神経医療研究センター，11-24, 2016.

平田豊明：医療観察法対象者の転帰・予後に関する研究（分担研究）：医療観察法における医療の質の向上に関する研究．314-, 2012.

平林直次：クライシスプランの作り方：医療機関．精神科臨床サービス，11（3）；93-97, 2011.

松本俊彦ほか：物質依存を併存する触法精神障害者の治療の現状と課題．精神科治療学，24（9）；1061-1067, 2009.

望月和代，澤下靖典，佐野恵理，新納美美，大澤晶人：医療観察法対象者の家族支援の取り組み：家族が健康を回復するために必要な支援を探って．精神科臨床サービス，10（3）；125-128, 2010.

医療観察統計レポート（入院・通院モニタリング調査）．国立精神・神経医療研究センター，2016.

第Ⅰ部｜わが国の触法障害者の地域生活支援

第2章
触法障害者への福祉的支援

入所型障害者支援施設における取り組み
対象者の理解とアセスメント，リスクマネジメントの視点から

小林隆裕

Ⅰ　入所型障害者支援施設における取り組み

1．支援にあたっての基本的な考え方と方向性

　国立重度知的障害者総合施設のぞみの園（以下，のぞみの園）において2008年から開始された，矯正施設を退所した知的障害者への支援は，その基本的な考え方として，矯正施設の中に福祉の支援が必要な人が居るにもかかわらず，これまで福祉が関わることがなかったことに着目をして取り組まれてきた。矯正施設等の退所後に対象者の抱える生活の困難さに対して福祉サービスを提供し，本人の安心・安全を作り，生活が安定することによって地域へ定着していくことをめざすものである。福祉として対象者の生活を担い，権利を擁護し，そのためにさまざまな支援を提供することが自らの使命であり，矯正施設を退所した知的障害者ということであっても，再犯防止を一義的な課題としては取り組んでいない。

　非行・犯罪行為に至らない生活の維持は，支援の結果として得られるものであり，その生活を持続してもらうための方策を障害の特性を考慮し，対象者とともに考え，入所型の障害者支援施設の中で展開をしてきている。のぞみの園の入所は2年を限度として取り組まれ，平均するとほぼ1年余りで地域のグループホームや単身でのアパート生活，日中は一般就労から福祉的な作業活動など，対象者の状況に応じて個人ごとに作られた支援チームにより組み立て，

［こばやし・たかひろ　国立重度知的障害者総合施設のぞみの園地域支援部長］

支援を継続することができている。しかし，これまで入所した方のすべてがこのような形で生活を維持できているかというと，のぞみの園の支援中に逮捕された人，のぞみの園退所後の生活がうまくいかずに受刑となった人や入院となった人もいる。

　のぞみの園では，矯正施設退所者支援の実践としての施設入所のほか，実践を通じた研究，全国の実態調査からの課題の抽出，この分野における支援者養成のための研修会の実施，他の福祉事業所や自治体等からの支援方法についての相談を受けつけ，援助・助言を行っている。

　のぞみの園が実践の中で取り組んできた対象者はすべてが矯正施設を退所した障害者であり，非行や犯罪行為がありながらも不起訴処分になった人たちについては入所の対象とはしていない。今後はこれらの人も対象としていくことが求められるとは思われるが，本章ではこれまで対象としてきた人たちの実践から，対象者の理解とアセスメント，福祉的支援におけるリスクマネジメントの視点から報告する。

2. 司法の対象から福祉の対象へ

　矯正施設を退所後，すぐに福祉施設への入所となることは，本人にとっては劇的な環境変化となる。ここを想定して面接時から取り組む必要がある。本人の情報収集と福祉施設の利用意思の確認を兼ねて事前に面接が行われるが，施設入所の際には，面接を行った職員が必ず矯正施設などに本人を迎えに行くよう努めている。少年の場合は事前に福祉施設の見学が行われ，あらかじめ自分の住むべき部屋の確認も含めて支援者を確認することができるが，成人の場合は福祉施設のパンフレットなどの情報提供から本人に理解を求めるしかない。いずれも退院，出所の際は，新たな生活の開始に，期待とともに大きな不安を抱いていることが想定されることから，少しでも見慣れた支援者が迎えに行くことが本人の安心を作るために望ましいと考え対応している。本人からも迎えに来てもらえることは本当に嬉しいことであり，支援の開始にあたり，関係性を構築していく上でも特別な機会であることから積極的に取り組んでいる。また，矯正施設退所後は経済的な基盤の確保のためにもすぐにさまざまな行政手続きを行わなければならないが，知的な制約のある人がひとりで申請手続きを行うことは困難であるため，支援者側の事前の対応と申請時にはつき添い支援を行っている。また，入所間もないうちに本人の歓迎会を行い，支援者と利用

者の全員が本人を心より歓迎していることを実感してもらえるようにしている。その際には限られた期間とはなるが、この場所が「あなたの新たな生活を開始する場」であることを理解してもらい、目標を持って生活をしてもらうよう伝えている。部屋は個室となっているので、自己管理として部屋の鍵を持ってもらうなど本人の自主性を促している。

　これら受け入れ開始時の配慮は最低限のものとして必要ではあるが、新たな支援関係構築において得られる効果が高いことからも意図を持って取り組んでいる。入所者の約半数は福祉的な支援を受けた経験がなく、これまで人を信用したことによって騙され、傷ついた経験を多く持っている人たちもいる。少しでも福祉に対する安心感を得ていただき、信頼できる機関と認識してもらう機会とするためにも矯正施設出所直後の支援は重要である。また、福祉の支援を行う場合、本人にその場に居てもらわなければ支援の提供はできないが、福祉施設はそのために鍵をかけて本人を閉じ込めておく場ではない。いつでも自由に外へ行くことはできるが、自分がこの場所にいて目的を持ち、生活をしていくことを理解してもらわないと支援の提供はできないということになる。以上の事柄を意識し、事前の対応と出所時の支援は必須の事項となる。

3. 入所者の特徴

　これまで入所利用をした人たちの年齢構成は10代が最も多く3割を超え、これに20代を加えると6割を超えるものとなる。少年を多く受け入れている背景には、不定期の処分であるがゆえに成人に比べ入所に向けた調整がしやすく、入所に結びつく可能性が高いこと、また、少年の可塑性を考えたとき、「教育」という視点で取り組みやすく効果も期待できること、少年院の処遇が教育的な観点から取り組まれていることからも、成人施設よりもはるかに提供される情報は多く、依頼すれば詳細な情報も提供していただくことが可能となること、少年法の改正により、教官や医官などからの退院後のアフターケアも期待できること、そして矯正教育との継続性を考えたときには提供された情報は本人を見極め、福祉的な支援を組み立てて行く際にも有効に作用していることがある。しかしながら、少年は幼い時期から問題を抱えていたということであり、虐待や家族の問題を抱えていることも多く複雑であり、こじれている場合が多い。虐待については時期や頻度から、本人が受けている影響について考慮すべき点も多く、愛着に問題を持つ場合もあり、対応に苦慮することが多い。

これらの人は成育歴において安心できる環境になかったと同時に，自らの育ちの機会を得られなかった人と位置づけることもできる。
　支援においては，さまざまな背景と成育歴から，そもそも生きていくための困難を抱えている人たちであり，さまざまな問題が絡み，解きほぐすには時間を要する人たちである。支援者が考える「普通の生活」というものを経験したことのない人たちも多く，生活を維持していくことすら理解してもらうのが大変な人もいる。対象者の理解という点においては支援者側からすれば，理解が難しい人たちであり，手のかかる人，支援に乗らない人と語られがちとなる。支援者側が考えがちな問題行動の「問題」とは何なのか，困っているのは誰なのか，本質を考え，対応していかなければならない。
　のぞみの園において，これまで入所した人の知的レベルは福祉の障害支援区分で言うと「2」までの人たちが多くを占め，IQでは軽度，50〜70が6割を超え，70以上の人も3割弱となっている。入所型の多くの施設では対象としてこなかった人たちであり，支援方法には違いがある。大きな括りの中では発達に障害があるということであろうが，重度の人たちを対象としてきた支援者には身体介護は必要ない一方，戸惑いや悩みは多い。重度の人たちの支援は，しっかりとした枠組みを作り，そこに対象となる人たちをうまく乗せていく支援である。しかしこの分野の対象者は，枠組みを十分ではないにしろ本人が理解，納得しないとうまくいかないということになる。そのためには本人が理解しやすい噛み砕いた十分な説明と繰り返しを必要とし，そのうえで本人に納得・理解してもらうという，手間や時間のかかるものとなる。また，体験的に理解を求めていかなければならない場合もあるが，いずれも粘り強くつきあい，支援を継続していくしか方法はない。何より支援者側が本人の理解を深めることが前提となるが，そこで必要とされる支援のキーワードは本人の権利擁護とエンパワメントである。福祉の支援を受け，安心・安全を得て，居心地の良さとともに互いの信頼感を醸成し，向社会的な行動を増やしていく。そして「自分とは何か」「社会の中で自分なりに生きるにはどうしたらよいのか」といった問いに自らが向きあってもらう。その際に必要となるのが，本人の権利擁護とエンパワメントである。それらの支援から自尊心の高まりとともに自己効力感を高め，支援を受け入れ，安定した生活へと変化させていく。そのような取り組みが必要である。

4. 矯正施設という特殊な環境にいたということ

　矯正施設に収容されていた経験を持つ知的障害，発達障害者の中には矯正施設を退所した途端にすべてがリセットされるという発想に至る人もいる。確かに矯正施設においては刑期があり，罪を償い，その満了日が決められている。保護観察においても同様である。そこですべてがリセットされるという勘違いが生じているようであるが，家族も含め，社会に出たときには本人の思っている状況にはないことを想像できずにいる人もいる。支援者側はその状況を伝え，本人に理解を求めなければならないが，知的な制約からなかなか理解を得られない，理解したとしても記憶に留めておけない人もいる。そのような場合は体験的に自らの置かれている状況を理解するしかないこともあるが，犯罪行為につながらない対応が必要となる。刑期の終了時，保護観察の終了時は本人の変化が見られるときであることから，細心の注意を払わなければならない。加えて少年は保護観察の終了と同時に20歳となり，大人になる日でもあることから事前に成人を迎える意味について確認が必要である。また，自らの収容体験を安易に開示してしまったり，武勇伝のように語る人もいる。本人にとっては不利益につながることから他人にはできる限り公言しないよう伝えているが，本人のステータスとなっている場合もあり日頃からの支援が必要である

II　リスクを意識した支援

1. リスクを意識した支援の必要性

　矯正施設を退所した知的障害者の支援においては，犯罪の行動化に至ったという経歴を持つ人たちのリスクを想定し，その対応について検討することが求められる。支援を組み立てていくためにはその行動がなぜ起きたのかアセスメントをすることが重要であり，再び起こらないような対応や環境設定，支援内容の検討が必要である。単に「障害があるから支援が必要」とリスクを無視して支援することは無謀であり，一方「窃盗をするから外出を控える」というものでもない。支援の中でリスクばかりが強調されると本人への支援が行き届かないことにもなりかねず，本人に向けてはリスクとサポートのバランス，支援の視点と社会の安全の視点のバランスをとることを考えなければならない。ま

た、対象者の社会的な行動を増やしていくために、どのようなサービスや支援が必要なのか検討し、支援環境を想定して組み立てることが求められる。その際には、本人の同意は何よりも必要なことであり、本人とともに、再び同じような行動が起こらないための対策を考えていくことが必要となる。

支援の提供に先立ち、本人に関する情報収集を行うが、支援初期は過去に作成された書類によって判断をせざるを得ない。福祉の支援を組み立てていく上で充分なものではなく、提供される資料は裁判、矯正施設、保護観察所等から得た情報を中心に組み立てられたものがほとんどであり、福祉とは違う目的をもつ組織から集められたものが中心である。言い換えると、犯罪の構成要件を満たすために集められた資料であり、加えて矯正施設という特別な環境下に置かれた状態で得られた情報であること、本人にとってマイナスな情報が中心となっていることを知っておく必要がある。福祉支援を組み立ていくためには、司法から提供された情報のみならず、矯正施設入所前の状況、過去に利用した公的サービスの状況など、積極的に本人の情報を収集することが必要となる。その中心を担うのは地域生活定着支援センターの役割でもあり、不足する情報については受け入れる前に収集依頼をしておかなければならない。

また、成人施設と少年施設から提供される情報には違いがあり、少年施設では本人の可塑性に期待し、さまざまな教育的アプローチがされ、心理診断も矯正施設独特なものではなく、一般的なものとなっている。特別な環境下で得られたものであるとしても、成人矯正施設からの情報に比較して、教育という視点が強調されている。矯正機関と福祉との連続性を考えたとき、すでに存在する情報についてはあらゆる機関を通じて入手し、充分な検討が必要となる。検討は支援者間の情報共有の視点から、支援チームとして取り組むことが重要で、福祉的な支援を検討すると同時に犯罪行為についても吟味する必要がある。可能であれば福祉支援の関係者のみならず、司法の分野に詳しい専門家が同席して検討を行うことが望ましく、本人に会う前に事前に検討を行っておかなければならない。しかし、この福祉と司法の双方の分野に詳しい研究者や専門家は少なく、司法の関係者は基本的に刑期を終了した人には関われないという大前提がある。そういった点からも地域生活定着支援センターの職員がその役割を担う必要があると考える。

文書から得られる情報は本人の全てを表しているわけではなく、見立ての上では出発点である。あらゆる機関から情報を得ていたとしても、本人と面接す

る際には，疑問点については直接確認するよう努めなければならず，また，必要に応じて複数回の面接も検討しなければならない。また，対象者に知的な制約のあることに配慮し，できるかぎり平易な言葉に置き換え，本人が理解しやすいように対応しなければならない。また必要に応じて理解を促進できるような方法を工夫，検討する必要がある。

2. 本人から語られる言葉

　福祉的支援を検討するとき，本人を中心に置き，本人から語られる言葉を尊重し，できるかぎり本人の意向に沿うよう努めるのが福祉支援者の常である。知的レベルからも軽度，境界域にいる人たちであることから，日常会話も流暢にこなし，一見すると問題がどこにあるのかわからない人たちも多い。のぞみの園で受け入れを開始した2008年当時は，矯正施設における面接においても，支援者側の質問に対し，しっかりとした受け答えをして驚かされた覚えがある。矯正施設退所後の自己の目標について「しっかりと地に足をつけて地道に頑張っていきたいと思っています」「親孝行もしたいと思っています」などと語られると，長いあいだ重度の知的障害者に接してきた者にとっては会話が成立することにさえ驚いた。

　考えてみれば支援者自らが歪んだ考え方をしていたことと思うが，このような人たちに支援を提供するなかでわかったことは，言葉にできることと，その意味を理解し行動をすることとは別物であるということである。また，本人から発せられる言葉は極端な話が多く，支援者側も翻弄され疲弊してしまう場合も多い。知的にハンデを持っていることが不利になることを理解しており，そのことを悟られまいとする対人的な技術を持っている人たちである。加えて，発達障害を併せ持っている場合も多く，発達の凸凹から一般的な発達のレベルという視点では捉えられない人もいる。さらには「矯正という文化」に触れてきた人たちであるということを知っておかなければならない。本人が語る言葉については本人のプライドを尊重し，きちんと聴いて対応しなければならないが，信用すべきはそのことに伴う本人の行動や結果を見ておくことである。また，支援者を言葉によって操作しようとする意図を感じる場合もあり，支援者間を分断し，自己の利益へ誘導していく場合さえある。本人たちから見れば支援者への操作的な言動も生き残るための手段であり，そのような手段を取らなければ生きてこられなかった結果から身についた行動であると解釈している。

支援者としてはいろいろと翻弄されることが多いが，日々の情報を共有し，本人の発する言葉の意味と目的を考え，対応しなければならない。

3. 犯罪行為の要因について分析する

1） 静的リスクと動的リスク

犯罪行為の要因の分析についてはリスクの分析を行わなければならず，その際は静的リスクと動的リスクという二つの視点から見る必要がある。静的リスクは変化しない個人の特性や過去の出来事であり，性別，年齢，過去の加害歴，被害歴など，今となっては動かすことのできない過去に起こったことがそれにあたる。一方，動的リスクは今後変化の可能性のあるものであり，動的リスクはさらに安定的要因と急性的要因の二つに分けることができる。安定的要因はアルコールへの依存，暴力への肯定的な態度など，短期間では変化しにくいが変化が可能なもの，急性的要因はムードの悪化やアルコールによる酩酊状態などと分けて考える。

リスクは静的な部分に依拠していることも多く，それは育ってきた環境，家族との関係性，今まで生き抜いてきた方法など，対象者の年齢が30歳だとしたら30年かけて身に着けてきた，犯罪行為も含めて形成されたライフスタイルである。静的リスクは動かすことのできない過去に起こったことであり，変化しない個人の特性や過去の出来事であるため，支援者側は動的リスクに焦点を当て，アプローチの検討を行う。それらを福祉的な支援において一挙に変えることは無理であるが，時間をかけて支援を提供し，さまざまなことが起きたとしても，何も支援を受けなかったよりも良い状況を作っていくことが必要となる。福祉のプロとして関わるにはリスクを想定して取り組まねばならず，支援の行われる場が施設という枠組みであれば，そもそも抑圧的になりがちな構造を持っているということを支援者側はあらかじめ認識しておかなければならない。また対応については，適法で適正な手続きによらなければならないと常に肝に銘じておく必要があり，さらに障害者への支援では虐待への視点も忘れてはならない。

2） 要因の分析

リスクは静的なものに依拠していることが多いと述べたが，本人を理解する上では，収集した情報を生まれたときから今日まで，一覧表にして整理してみると成育歴を時系列によって捉えることができる。本人の具体的アセスメント

項目例として，以下に代表的な10点を記す。

　出生から学齢期における経過と状況，学校教育終了後の経過と主だったものを見る。①学校生活では友達はいたのか，いじめに遭っていなかったか，学業成績などについて検討を行う。②家族の状況では，両親がいるのか，親の交代，主な養育者の状況はどうだったのか，愛着の形成はできているのか，経済的な背景などを参考とし，親の役割は適切だったのか，養育のスタイルはどうか，他の家族の様子も参考になる場合もある。家族そのものに温かみを感じられなかったり，生活が困窮していたりと家庭内で非常に高い葛藤がなかったか，または両親に薬物の乱用，精神疾患の罹患がなかったか，犯罪ともいえるような問題はなかったかなど，家族からの影響について検討が必要である。特に少年の場合はモデルとなる人が身近に存在している場合が多く，父親の態度を真似たりしていたことがわかる。さらには家族が危機に直面した時期と本人の状態の悪化が重なっていたりとすることもあり，時系列で捉えることの意味がある。家族構成はジェノグラム，支援関係はエコマップで整理をする。一目でわかるものとなるので有効な方法となる。また，③その家族は地域のなかでどのような位置づけなのか，住所等がわかればどのような地域なのか，インターネットで検索して土地の様子なども参考とし，近所であれば実際に行ってみて確認するという方法も十分に役立つものとなる。

　本人の生活に関して，④日中の活動について雇用を含む形で整理をし，夜間および週末の活動・休みの日の様子を加え，本人の興味のある活動内容・また本人の得意なこと，苦手なこと，収入源，本人のサポーターとしてフォーマルなものインフォーマルなものなどがあったのか検討を行う。⑤住居歴については非常に流動性の高い人たちも存在し，親と同居していたとしても頻繁な転居などなかったかなど把握しておく必要がある。加えて住居が誰のものなのか，個人の住宅なのか賃貸のアパートなのか，それとも福祉施設なのか，または矯正施設なのか，野宿なのか，住居一つであっても，時系列で捉えていく。そして，そこには誰が一緒に住んでいるのか，生活の実態があったのかなども見る。対象者の住居は，ある意味その人の置かれている状況，特に経済的な状況や他の人との関係性を大きく反映する部分でもあるため，十分に検討する必要がある。

　また，⑥医療について，精神科医療の受診歴があったか，それが継続をされていたのかは判断の上では重要な事項になる。特に中断されている場合は注意

が必要となり，何を原因として中断されたのか，本人が拒否したのか，家族が反対したのか，連れて行くことができなかったのか，経済的に厳しかったのかなど検討を行う。主要な精神疾患については生物的な基盤に課題を抱えているということでもあり，医療との連携を視野に入れ取り組まなければならないものとなる。

⑦薬物等の使用歴について，特にアルコールを含めて見ていく必要があり，どんな薬物を使用していたのか，使用開始はいつ頃で，頻度はどの程度のものだったのか，自分から使用したのか，誰かに勧められて使用したのか，またそのことから問題は発生していなかったのかなどを検討し，特に注目すべきは，事件の発生時に使用していたか，飲酒していたかを知ることは大事な点となる。そして離脱していた時期はあったのかも見ておく必要もある。

また，⑧債務の状況について，債務額がどの程度で債権者は誰なのか。本人が把握していない場合も多く，利用されたり，搾取されていたりなども考えられる。支援の開始後に住所変更をした際に督促状が届いて判明することも多い。事前に本人からそのようなことがあったかの確認はする必要がある。加えて本人が無拠出の障害年金を受給していた人たちについては，矯正施設の入所中に支給が停止されていない場合もあり，その場合の年金については返還もしくは減額支給の手続きをしなければならないことから，年金の振込通帳を誰が管理しているのかも知っておく必要がある。

また，⑨暴力行為歴について，その行為がいつ発生しているのか，被害者は誰なのか（家族，友人，知人，見知らぬ人，または本人を担当していた専門職の人など），対象となった人に注目し，発生の状況，被害状況なども検討しなければならない。

最後に，⑩司法手続きの対象となっていない他の反社会的行動について，本人が基本的に隠しておきたいことであり，疑わしいエピソードも含めてさまざまなものが後々に出てくることもあるかと思われる。それらについても確認しなければならない。そして犯罪歴，非行歴，矯正施設などの収容歴についてはしっかりと情報として記録されていることから，調書の中から拾っていく必要がある。情報を事前に十分得た上でも，本人面接をした際にとても華奢な感じでどうしても犯行を想像することができないような人もいるが，はっきりと犯罪行為の記録があるならば，記録のとおりであると認識しなければならない。さらにさまざまなことを調べ整理すると，本人が落ち着いていた時期もあるか

もしれない。そこではなぜ，落ち着いて居られたのか，誰か支援者がいたのかなど，しっかりと見ていく必要があり，そこにリスクを回避していくヒントが隠れている可能性もある。

　さまざまな事柄を整理し，本人の成育歴を捉え，対応を考えていく。それは支援を提供していく上で大事な点であり，要因を考える上でも欠くことのできない取り組みとなる。アセスメントでは生物・心理・社会モデルを活用し，問題が一次的なものか二次的なものか分析を行うことも必要となる。また環境的要因の強いものか個人的要因の強いものかを見極めなければならず，行為の意味について本人の視点から分析をすることが重要となる。

5. 仮説を立てて対応する

　あらゆる場面を想定し，十分な本人のアセスメントができれば，リスク対応としてどのような方略を持つべきか見えてくる。悪い結果を招かないための事前の対応を考慮しつつ支援の提供を行い，本人の状況を見ていく。支援の中では何がリスクを促進し何が緩和に役立つのか，情報を共有して支援者間で本人の情報を常にバージョンアップすることが重要となる。あらかじめ危機的状況になったときの対応を考え，対応方法を個別に決めて支援者間で共有しておくことも大切となる。そして何より事業者としての基本姿勢，組織的な対応を決めておくことが，支援者自身が戸惑わないためにも最低限必要となる。

　また，支援の場である環境を考慮し，利用者間の組み合わせやパワーバランスにも注意を払い，必要に応じて介入することが求められ，そこでは想像を働かせ，手を尽くし，臨機に対応することが求められる。本人との関係性においては常に対等を意識した支援が必須であり，本人の同意は福祉事業者の基本的な事項であることを忘れてはならない。

　支援を提供する際には，リスクを意識しつつも，本人の生活の質の向上に向けた支援を継続し，常にバランスをとるのが課題である。加えて本人の支援計画が実行性のあるものとなっているのか，関係機関や地域の資源も含めて検討されなければならない。

6. 支援者への支援

　困難なケースにおいては支援者への支援も大切な取り組みとなる。日常的にヒヤヒヤ・ドキドキ・ガッカリすることが連続して起こることも多く，支援者

の疲労は蓄積しやすいものとなる。これらの状況下では支援者の燃えつきが起こりやすく，事業者としても大きな損失となることを認識し，事前に対応を検討しておかなければならない。上司によるスーパービジョン，支援者同士によるサポート，いわゆるオフも含めたサポートは必須である。日常的な業務の上でも事例の検討会やケース会議で十分な検討を行い，対象者の理解促進を図っておくことが重要であり，支援チームとして，日々対象者と接する支援者をねぎらい励ますことも燃え尽き防止の助けとなる。

また，支援者の安全確保は大変重要な課題であり，事故はないに越したことはなく，できる限りそうならないような手だてが必要となる。考え方として，対象者が危険な状況にある場合は対峙して得られる結果より，支援者側が回避・避難するほうが望ましい場合も多く，対象者との距離感も大事なものとなる。しかし，支援者が被害を受けるようなことが起きた際には，被害者への対応を十分に行うことに加え，加害を行った本人の人権と虐待防止という視点をセットで考えなければならない。その場合は何より事業者としての基本姿勢，組織的な対応方法をあらかじめ決めておくことが肝となる。リスクを意識した支援では，対象者のアセスメントを十分に検討し，そこから考えられるリスクについて想定して対応方法を事前に準備することが必要となる。

Ⅲ　さいごに

司法は障害または高齢の人の矯正施設出所後の支援について，矯正施設内に社会福祉士を配置し福祉との連携を進め，その後のコーディネート役として地域生活定着支援センターの設置など福祉との連携に力を注いできている。また，特別調整の事前調整など，いわゆる出口支援から入口支援へと，被疑者・被告人段階における拡大も行われている。

司法と福祉の連携の際，捉えておかなければならないことは，司法は社会統制であり，福祉は社会的な援助であるということである。それぞれの機関としての役割には違いがあり，同じ人を対象としていても，それぞれ目的が違うということになる。福祉の支援者として意識しておかなければならないことは，その本来的な役割である。福祉の本来の役割は対象者の生活を担い，対象者の権利保障を追求することである。ボタンを掛け違うと，福祉が再犯防止を担うものとなり，監視的役割を担う危険性を孕む。福祉の支援を提供する者は意識

して支援にあたっていかなければならない。

文献

水藤昌彦：資料／福祉の支援を必要とする矯正施設等を退所した知的障害者等を対象とする支援に関する連続オープン研修．国立重度知的障害者総合施設のぞみの園，2010．

内田扶喜子，谷村慎介，原田和明，水藤昌彦：罪を犯した知的障がいのある人の弁護と支援：司法と福祉の協働実践．現代人文社，2011．

国立のぞみの園：ニュースレター40号，41号，2014．

国立のぞみの園：福祉のサービスを必要とする罪を犯した知的障害者等の地域生活支援を行う施設職員等研修会〈中央研修会〉資料集．2016．

国立のぞみの園：福祉の支援を必要とする矯正施設を退所した知的障害者等の支援の枠組みとあり方に対する調査・研究：報告書：平成27年度生活困窮者就労準備支援等補助金社会福祉推進事業．2016．

第Ⅰ部 | わが国の触法障害者の地域生活支援

第3章
触法発達障害者の医療的支援

神経発達障害の診断と支援

内山登紀夫

Ⅰ 神経発達障害の概念

　本章では，知的障害（精神遅滞），自閉症スペクトラム，ADHD，学習障害の概念，診断について述べる。いずれの障害も触法行為と関係があるが，特に日本では知的障害，自閉症スペクトラムが議論の中心になり，アメリカではADHDの薬物依存などが議論されている。学習障害については直接犯罪行為と結びつくことは少ないが，合併する自閉症スペクトラムやADHDを示唆するきっかけとなることがあるので注意が必要である。いずれも主としてDSM-5（American Psychiatric Association, 2013）の概念にそって説明していく。DSM-5はアメリカ精神医学会が規定する精神障害の診断と統計マニュアル（Diagnostic and Statistical Manual of Mental Disorders, DSM）の第5版であり，2013年に発表され，日本語訳は2014年『DSM-5 精神疾患の診断・統計マニュアル』と題して出版された。

　DSM-5では発達期に出現し，通常の発達と異なることで特徴づけられ，そのために日常生活上の困難をきたす状態を「神経発達障害（neurodevelopmental disorders）」と定義し，知的能力障害（知的発達症），自閉スペクトラム症，注意欠如・多動症，限局性学習症，などに分類した。

1. 知的能力障害

　DSM-5では従来の精神遅滞，知的障害の該当する概念を表現するのに知的

［うちやま・ときお　大正大学大学院臨床心理学専攻教授／よこはま発達クリニック院長］

能力障害（Intellectual Disability, ID）という名称を採用した．従来のような知能指数による分類が廃止され，概念的（conceptual），社会的（social），実用的（practical）の3領域における知的機能と適応機能両面の不足があることが定義された．診断のためには以下のA，B，Cの三つの基準を満たさなければならない．

A. 論理的思考，問題解決，計画，抽象的思考，判断，学校での学習や経験からの学習などの知的機能の不足があることが臨床的評価および個別に行った標準化された知能検査の両方によって確かめられる．
B. 適応機能の不足のために，結果的に発達水準と社会文化的状況に応じた自立機能や社会的責任を果たすことができない．継続的な支援がないと，適応機能の不足のためにコミュニケーションや社会参加，自立した生活などの日常生活の活動が制限され，そのような状況は家庭や学校，職場，コミュニティなどの複数の環境下で生じる．
C. 知的機能と適応機能の不足は発達期に生じる．

DSM-5では従来のような知能指数による分類は採用されておらず，概念的領域，社会的領域，実用的領域の3領域における障害の程度をもとに，軽度，中等度，重度，最重度の3段階に重症度を特定する．

概念的領域とは，文字を読んだり，書いたりすること，本を読んで内容を理解する能力や数字や算数，時間，金銭の概念を理解しているかどうかなどを意味する．社会的領域とは，話し言葉の能力や友人と交際する能力，言葉や仕草，表情などで相手の意図をくんだり，自分の意思を表現するなどコミュニケーションの能力を意味する．実用的領域とは，食事，身支度，家事，銀行の取引なども含む金銭管理，同年代の他者と一緒にレジャーを楽しむなどの娯楽技能，健診をきちんと受けるとか病気になったら受診するなどの健康管理，入浴・排泄などの衛生の保持などの能力を意味する．

2. 自閉スペクトラム症

DSM-5では従来使用していた広汎性発達障害の概念を使用せず，自閉スペクトラム症（Autism Spectrum Disorder）の用語を採用した．この概念はローナ・ウィング（Wing, L.）の提唱した自閉症スペクトラム（Autism Spectrum Disorders, 以下ASD）とほぼ同義に用いられることもあるが，異なる概念である．ウィングのASD

表❶　自閉スペクトラム症の診断基準の要約（DSM-5より）（American Psychiatric Association, 2013）

A. 対人的相互交流
対人－情緒的な相互性の障害，非言語的コミュニケーション行動の障害，発達水準に相応し，仲間関係を築くことやごっこ遊びの障害。
B. 反復行動
限局された反復的な行動や興味，活動で，以下の少なくとも二つが現在あるいは過去にみられる。 　常同的／反復的な運動，物の使用，あるいは会話，同一性への固執言語あるいは非言語的行動の儀式的パターン，限局的で固着した興味，感覚の過敏さや鈍感さ
C. 児童期早期に明らかになる（しかし，周囲からの社会的要求が能力の限界を超えるまでは完全に明らかとはならないかもしれない）。
D. 症状全体で日常生活の機能を制限する。
E. これらの障害が知的障害や全般的な発達の遅れでは説明できない。

は，自閉症とアスペルガー症候群を連続した障害ととらえる概念である（Wing, 1997; Wing & Gould, 1979）。ウィングとグールド（Wing & Gould, 1979）は疫学研究の結果から社会性の障害とコミュニケーションの障害，イマジネーション障害の3領域の障害がセットで出現することを見いだした。さらに3領域の障害がある子どもの中で「自閉症」と診断された子どもが非常に少ないこともわかった。ウィングらは自閉症概念をレオ・カナー（Kanner, L.）が記載したような自閉症に限定せず，三つ組みの障害，つまり社会的交流，社会的コミュニケーション，社会的イマジネーションの障害の3領域の偏りがあることでASDを定義した。①社会性の障害としては社会的に奇妙で不適切な一方的な関わり方や超然とした態度，自己中心的，深刻な社会性の問題を持つなど，②コミュニケーション障害については最重度の場合は言語表出がない，言語はあってもオウム返しや独り言しか言わない，から，言葉を反復的に使用する，字義通りに受け取る，非言語性のコミュニケーションが乏しい，話はよくするが回りくどいなどで表現される。③イマジネーションの乏しさは興味関心の範囲が限局されている，反復的なルーティンがあるなどで表現される。

　一方DSM-5のASDの概念は，「対人的相互交流」と「限局された反復的な行動や興味，活動」の2領域で診断されるようになり，「アスペルガー障害」が使われなくなった。**表❶**にDSM-5のASDの診断基準を要約する。ウィングらは自閉症とアスペルガー症候群の両方を含んだ概念としてASDを提唱し，アスペルガー症候群の用語や概念の臨床的有用性を重視していた。

3. 注意欠如/多動症 (Attention-Deficit/Hyperactivity Disorder)

注意欠如/多動症（Attention-Deficit/Hyperactivity Disorder）（以下 ADHD と記載）は従来子どもの障害であり，成人期について議論されることは少なかった。近年では成人例，女性例についての関心が高まっている。DSM-5 では症状を不注意と多動性−衝動性に二大別して記載している。基準 A（1）が不注意，基準 A（2）が多動性および衝動性に関する項目である。基準 A（1），A（2）の一方または両方が 12 歳以前から，二つ以上の状況（家庭と学校など）で存在し，症状がその

表❷　注意欠如/多動症の診断基準の要点（DSM-5より）（American Psychiatric Association, 2013）

A. 不注意および/または多動性・衝動性の持続的な様式で，生活機能もしくは発達に障害となり，以下の 1. および/または 2. で特徴づけられる。

(1) **不注意**：以下の症状のうち 6 つ以上が 6 カ月以上持続しており，その程度は発達段階に不相応で社会的・学業的・職業的な活動に負の影響を直接的に与えている。

[注意] 症状は反抗的行動や挑戦性，敵対性の現れだけではなく，課題や指示の理解ができないためでもない。青年および成人（17 歳以上）では，少なくとも 5 つの症状が必要とされる。

(a) 学校の勉強や仕事，またはその他の活動において，しばしば綿密に注意をすることができない，または不注意な過ちをおかす（例えば，見過ごしたり，細かい点を見落としたり，仕事が不正確）。

(b) 課題または遊びの活動で注意を持続することがしばしば困難である（例えば，講義や会話または長い読書中に集中し続けることが困難）。

(c) 直接話しかけられたときにしばしば聞いていないように見える（例えば，何も注意を逸らすようなことがない場合でも，心ここにあらずのように見える）

(d) しばしば指示に従えず，学業，用事，または職場での義務をやり遂げることができない（例えば，課題を開始するが，すぐに集中しなくなり，容易に脱線する）

(e) 課題や活動を順序立てることがしばしば困難である（例えば，連続的な課題をうまく処理することが困難：題材とそれに関連する事柄を秩序立てておくことが困難/乱雑で無秩序な仕事/時間の使い方が下手/締め切りを守れない）。

(f) 精神的努力の持続を要する課題に従事することをしばしば避ける，嫌う，またはいやいや行う（例えば，学業や宿題/より年長の青年および成人では，レポートを準備したり，文書を完成させたり，長い書類を調べたりすること）。

(g) 課題や活動に必要なものをしばしばなくす（例えば，教材，鉛筆，本，用具，財布，鍵，事務書類，眼鏡，携帯電話）。

(h) しばしば外からの刺激によって容易に注意をそらされる（例えば，より年長の青年および成人では，関係のないことを考えるなど）。

(i) しばしば毎日の活動を忘れてしまう（例えば，雑用をすること，使い走り，より年長の青年および成人では，返信や，勘定を払うこと，約束を守ること）。

人の社会的・学業的，職業的な機能の妨げになっていることで診断される。

以下，DSM-5にそって症状の要点を述べる（**表❷**）。

基準A（1）の「不注意」とは細かい点の見過ごしや不正確な仕事，注意を持続することの困難，課題を最後まで遂行できない，なくし物が多いなど9項目で定義される。基準A（2）の「多動性－衝動性」は，そわそわする，座っていなければならないときに離席する，じっとしていない，しゃべりすぎる，他人を妨害し邪魔するなどの，やはり9項目で定義される。どちらの項目も6カ月以上継続し，生活や発達に障害となる場合に，その項目に適合されると判

表❷　（続き）

(2) 多動性－衝動性：以下の症状のうち6つ以上が6カ月以上持続しており，その程度は発達段階に不相応で社会的・学業的・職業的な活動に負の影響を直接的に与えている。 ［注意］症状は反抗的行動や挑戦性，敵対性の現れだけではなく，課題や指示の理解ができないためでもない。青年および成人（17歳以上）では，少なくとも5つの症状が必要とされる。 (a) しばしば手足をそわそわと動かし，またはいすの上でもじもじする。 (b) しばしば教室や，その他，座っていることを要求される状況で席を離れる（例えば，彼もしくは彼女の学級や事務所，または仕事場もしくは他の席に着いていることが求められる状況で，席を離れてしまう）。 (c) しばしば，不適切な状況で，余計に走り回ったり高い所へ上がったりする（留意すること：青年および成人では落ち着かない感じの自覚のみに限られるかもしれない）。 (d) しばしば静かに遊んだり余暇活動につくことができない。 (e) しばしば"じっとしていない"または，まるで"エンジンで動かされるように"行動する（例えば，レストランや会議等で長い時間静かにしていることができないか不快。他の人には，落ち着かず，合わせることが困難であると思われる）。 (f) しばしばしゃべりすぎる。 (g) しばしば質問が終わる前に出し抜けに答え始めてしまう（例えば，他の人の話しを終わらせる。会話の話す番を待てない）。 (h) しばしば順番を待つことが困難である（例えば，列に並んで待つことができない）。 (i) しばしば他人を妨害し，邪魔する（例えば，会話やゲーム，諸活動に干渉する。頼んだり許可を受けずに他者のものを使い始めてしまう。青年および成年では，他者が行っていることに割り込んだり，乗っ取る）。
B. 不注意または多動性・衝動性の症状が12歳になる前から存在している。
C. 不注意または多動性・衝動性の症状は2つ以上の状況において存在する（例えば，家庭および学校または仕事場。友達といるとき，親戚といるとき。その他の活動時）
D. 症状が，社会的，学業的，または職業的な機能に明らかに妨げになっているか，その質を低下させているという，明らかな証拠がある。
E. 症状は，統合失調症やその他の精神障害の経過中にのみに起こるものではなく，そして他の精神障害（例えば，気分障害，不安障害，解離性障害，人格障害，物質の中毒または離脱）ではうまく説明されない。

※本訳文は渥美義賢氏による訳文を一部改変した。

断され，それぞれ6項目以上適合される場合に基準を満たすと判断される。

「不注意」および「多動性－衝動性」の両者に該当する場合は「混合的な状態」，「不注意」に該当するが，「多動性－衝動性」には該当しない場合は「不注意が優勢な状態」，「多動性－衝動性」に該当するが，「不注意」には該当しない場合は「多動性－衝動性が優勢な状態」と診断される。

症状は12歳以前から存在することが必要である。これまでは児童期も成人期も同じ基準が使用されていたが，成人期の診断基準が緩和され，「不注意」，「多動性－衝動性」とも5項目を満たせばよいことになった。これにより，成人期に注意欠如多動症と診断される事例は増えることが予想される。

また，これまではASDと注意欠如多動性障害の合併診断ができなかったが，DSM-5では合併診断が可能になったことが大きな変化である。臨床の現場ではASDとADHDの合併症例に出逢うことはまれではない。

4. 限局性学習症 (Specific Learning Disorder)

一般に学習障害と呼ばれる障害をDSM-5では限局性学習症と規定した。今日，日本の教育界で使われる学習障害（Learning Disabilities）の概念は米国で1960年代に提出された概念に始まっている。これは，それまでのディスレクシアdyslexia研究の歴史との繋がりが乏しく，やや唐突に提出され急速にアメリカの教育界に広まった。英国やヨーロッパでは現在にいたるまで日米で用いられる学習障害という用語はあまり使われず，dyslexiaの概念が重視されている。

日本の教育界においては1999年の「学習障害及びこれに類似する学習上の困難を有する児童生徒の指導方法に関する調査研究協力者会議」（以下，協力者会議）の定義（文部省，1999）が用いられることが多い。その定義の要点は，基本的には全般的な知的発達に遅れはないが，聞く，話す，読む，書く，計算するまたは推論する能力のうち特定のものの習得と使用に著しい困難を示すさまざまな状態を指し，その原因として，中枢神経系に何らかの機能障害があると推定されるが，視覚障害，聴覚障害，知的障害，情緒障害などの障害や，環境的な要因が直接の原因となるものではない，というものである。このように学習障害の定義は「全般的な知的な遅れはない」ことにより精神遅滞を除外したうえで，「聞く，話す，読み，書き，計算，推論」の6領域のいずれかの障害をしめし，原因としては中枢神経系の機能障害を想定している。

DSM-5における限局性学習症の診断は，次の**表❸**のAからD項目で定義さ

れる。文科省の定義とは異なり「聞く」,「話す」についての項目はないことに注意が必要である。

表❸　限局性学習症の診断基準の要点(DSM-5より)(American Psychiatric Association, 2013)

A. 学習や学業的技能の使用に困難があり,その困難を対象とした指導がされているのに,以下の症状の少なくとも一つが少なくとも6カ月間持続している (1) 不的確または速度が遅く,努力を要する読字(例:単語を間違って音読したり,自信なくためらいがちに音読する,言葉を当てずっぽうに言う,言葉を発音することが苦手,(2) 読めていても,その文章の意味を理解することが困難(例:文章を正確に読めていても,単語同士の関係や,文章としてのまとまった意味,文意を理解していないことがある) (3) 書字の困難さ(例:文末の「は」を「わ」と書いたり,助詞を抜かしたり,漢字を間違える) (4) 文章を書くことの困難さ(例:文章を書くと文法や句読点の間違いが多い,段落のまとめ方が下手で,何を伝えたいのか不明確なことが多い) (5) 数字の概念,数,計算を学習することが困難(例:数字や,数の大小,数の関係の理解が乏しい,一桁の足し算を行うのに同級生がやるように数をイメージすることなく指を折って数える,計算の途中で混乱し計算方法を変更する) (6) 数学的推論の困難さ(例:定量的問題を解くために,数学的概念,数学的事実,または数学的方法を適用することが非常に困難)
B. 学業的技能の苦手さは,その人の実際の年齢に期待されるよりも,著明にかつ定量的に低く,学業や職業能力,日常生活活動に明らかな障害を引き起こしており,個別施行の標準化されたテストと総合的な臨床評価により確認される。17歳以上の人の場合は学校時代に学習困難が確認されていれば標準化された評価の代わりとすることも検討する。
C. 学習困難は学齢期に始まるが,苦手な分野の学業的技能に対する要求水準か,その人の限られた能力を超えるまでは完全には明らかにはならないかもしれない(例:時間制限のある試験や厳格な締切期限のある長文の複雑な報告書を読んだり書いたりすることや,過度の学業的負荷を求められるときに学習困難が表面化するなど)
D. 学習困難は知的能力障害群,視力や聴力の問題,他の精神または神経疾患,心理社会的な逆境環境,学業的指導に用いる言語の習熟度不足,または不適切な教育的指導などでは十分に説明できない。

315.00(F81.0)読字の障害を伴う:	読字の正確さ 読字の速度または流暢性 読解力
315.2(F81.81)書字表出の障害を伴う:	綴字の正確さ 文法と句読点の正確さ 書字表出の明確さまたは構成力
315.1(F81.2)算数の障害を伴う:	数の感覚 数学的事実の記憶 計算の正確さまたは流暢性 数学的推理の正確さ

II 神経発達障害の診断の方法

1. 現在の状態の把握

　脳波や MRI，血液検査などの医学的検査で発達障害を診断することは現時点では困難であり，診断は直接観察，発達歴の聴取，学校や家庭などの行動を関係者から聴き出して得られた間接情報を総合して，診断基準に適合するかどうかを経験ある臨床家が判断することでなされる。

　直接の面談や行動観察，保護者や関係者からの間接情報で診断の項目であげたような行動特徴があるかどうかを判断する。

　軽度の知的障害や ASD，ADHD は面談のみでは見逃されることが非常に多い。特に警察官や司法関係者など発達障害の診断や評価のトレーニングを受けていない人だと見逃されることが通常である。

　発達障害の行動特性の多くは同年代との対人交流場面や学校や会社などの対人交流場面で明らかになり，1 対 1 の短時間の面談で評価するのは困難である。

　また発達障害の特性の多くは他の障害と重複して生じやすい。例えば ASD と ADHD，ASD と知的能力障害の合併はごく一般的にみられる。さらに抑うつや不安などの精神科的症状も重複することも多い。

2. 心理テスト

　発達障害を疑えば，可能な限り標準化された知能テストを行い，全般的な発達水準（通常，知能指数）や発達の凸凹などの認知プロファイルを参考にすることが望ましい。日本で成人によく使われるのは WAIS-III と田中ビネー検査である。知能指数が 70 以下の場合は知的能力障害の可能性が高い。

3. 発達歴の聴取

　発達障害は発達期に行動特性が明らかになることが条件の一つであり発達障害を正確に診断するためには，診断を下す前に発達障害を想定して，過去の状態を推測しなければならない。過去の状態を推測するためには発達歴を系統的に聴取することが重要である。発達歴を一切聞かずに ASD とか ADHD の診断を行うことは不適切であり，誤診につながる。もちろん過去の情報が得られな

いなどの事情があることも成人の場合では多いが、それでも可能な限り過去の情報を収集する努力はすべきである。児童期の作文や成績記録、写真、ビデオなどである程度補うことができる。またうのみにするわけにはいかないが、クライアント本人の記憶も参考になることがある。

Ⅲ　対応困難な発達障害の人はどのくらいいるのか？

　触法や重度の引きこもり、自殺企図などの対応困難な問題を持つ人の中に発達障害の人がどの程度いるかについての情報は本書の読者にとって重要であろう。地域でどれだけ触法や他害、ひきこもり等の対応困難な人がいるかは重要な情報であるが、調査は多くない。

1.　地域社会における調査

　黒田らは地域精神保健分野における調査を三つの自治体で行った（黒田, 2016）。対象はASD特性やADHD特性が考えられる方で、触法（性的逸脱行為を含む）、他害行為、家庭内暴力、ひきこもり、不登校、自傷、物質依存などの社会行動面での課題によって新規相談となった事例とした。各地域の人口10万人あたり（18歳から39歳を対象）の新規相談発生件数は約20人から100人程度であった。性別については男性が7割以上を占めた。新規相談事例発生件数全体のうち、医療機関での精神科的診断の有無を調べると、どの自治体でもおおむね6割程度が精神疾患の診断を有していた。また、医療機関で精神疾患の診断を受けている事例のうち、おおむね8割程度がASDやADHDの診断であった。相談経路については、障害者相談支援事業所、発達障害者支援センター、保健所などがあったが、地域によりバラツキが見られた。

2.　一般精神科における調査

　小野ら（小野, 2016）は成人精神科外来クリニック（都内1,605施設）でアンケートを行い、発達障害の患者の割合と、その中で対応困難な行動を持つ人の頻度を調査した。発達障害の患者割合では5％未満の施設は62.7％であり32.7％の施設で5％以上を占めていた。発達障害の診断内訳ではASDが最も多く、次にASDおよびADHDの併存例であり、3番目がADHDであった。また併存障害は気分障害が最も多く、次に神経症性障害、ストレス関連障害および身体

表現性障害であった。対応の困難は80.6%の施設で何らか認められた。特に苦慮した症状は，こだわり，巻き込み型の強迫，暴言暴力であった。また行動上の問題で個々の行動を調査すると，暴力行為は，74.9%の施設で，窃盗は51.6%の施設で，放火は14.8%，殺人も4%の施設で発生していた。さらにひきこもりが84.7%，ネットゲーム依存が68.3%の施設で認められた。

　これらの調査結果から，地域社会において10万人に20人から100人程度の人々が対応困難な行動特徴を持つ人々であること，一般の精神科クリニックでも多くの対応困難な発達障害の人が受診していることが明らかになった。一方，支援の体制は十分ではなく，支援体制をどのように構築するかが課題である。

Ⅳ　医療的支援

1．発達障害における医療的支援とは

　発達障害における医療的支援とはなんであろうか？　関係者から相談を受けることの多くは診断と支援方法に関する事柄である。なかには薬物療法について相談を受けることが多いが，発達障害の支援において薬物療法の占める位置は極めて限定的である。そもそも，ASDや知的能力障害，限局性学習症には効果のある薬物はない。ADHDに対しては不注意や多動性－衝動性に一定の効果がある薬物があるが，薬物療法だけで対応するのは不適切である。

　発達障害の支援における医療の役割は，単に診断名を付与したり薬物療法をすることではなく，診断と評価に基づく支援方針についての提案を行うことである。

　発達障害の診断は行動特徴からなされるので，必ずしも狭義の医学的知識を必要とするわけではない。実際に欧米の多くの国では資格のあるクリニカルサイコロジスト（日本の臨床心理士とは全く異なるトレーニングを受けており同列には扱えない）が発達障害の診断を下し，アセスメントを行い新方針を立てている。

　日本では医師のみが正式の診断を下せるので，まず診断を行うのが医師の役割である。この場合，発達障害の有無だけでなく，精神科的診断全般についても重複診断を行う必要がある。さらに発達障害全般に精神科的疾患を合併することが少なくない。頻度が多いのは気分障害，不安障害であり，自殺企図や自殺関連行動を示すことが多い。このような事例については精神科的合併症の存

在を見逃さないようにして，必要な場合は合併症の治療を行う。合併症の治療には抗うつ薬や抗精神病薬などの薬物療法を行うことが必要なことも多いが，必ずしも薬物療法だけが合併症の治療ではない。職場や家庭での行動や家族の接し方について説明することも医療者の役割である。

2. 対応の原則——SPELLアプローチ

　発達障害のある人にどのような支援を行うかは個別の診断・評価に基づいて方針をたてる必要がある。その詳細を述べるのは本書の範囲を超えるので，発達障害の人を支援する際の基本原則について英国の「SPELLアプローチ」を紹介する。

　SPELL（Beadle-Brown & Mills, 2010）は英国自閉症協会（National Autistic Society, 以下NAS）が提唱する自閉スペクトラム症に対する支援理念であるが，発達障害全般に対しても参考になる。これはStructure（構造），Positive（肯定的），Empathy（共感），Low Arousal（穏やか），Links（繋がり）の五つの理念であり，大学生や一般企業に就労している高機能成人のカウンセリングや就労支援にもSPELLの理念が適用される。英国ではNASの機関に限らず，ASDを対象にした保安病棟などの医療機関，福祉，教育の領域でもSPELLの理念を採用した支援がされている機関が増えている。

　SPELLはASDにはASD特有の特性と支援ニーズがあるという認識から出発している。このような原則は一般のASDの人には当てはまっても，触法行為のあるような対応困難事例には適用できないという意見もあるが，むしろ触法行為のあるASDの人にはSPELLの考え方を一般のASDの人よりも徹底することが治療的であり，実際に効果をあげている機関もある。

　そのような例として英国のASDに特化したセントアンドリュース病院（St. Andrew's Hospital）の保安病棟でSPELLの理念がどのように実践されているかを紹介したい（内山・堀江, 2014）。保安病棟は触法精神障害者を対象とした精神科病棟である。セントアンドリュース病院にはASDに特化した病棟があり，対象は知的な遅れがなく触法行為のために隔離治療が必要とされた高機能自閉症やアスペルガー症候群の成人である。ここでは，ASDの治療のためにSPELLの理念を基本にしたさまざまな療育や心理学的・教育的支援がなされている。SPELLの最初の要素は，まずすべての患者に対して心理テストや行動観察を含めたアセスメントを行う。そして患者の問題のどの部分から治療的介入を行う

かの優先順位と、どのような治療的手法を用いるかの検討を行い、個別に計画をたてアプローチする。その際のアセスメントや支援プランの決定は医師，クリニカルサイコロジスト，スピーチセラピスト，専門看護師，作業療法士，ケースワーカー，教師（英国では成人の施設でも教師資格を持つスタッフが配置されていることが多い）など多様なスタッフで構成された多職種チームで行われる。

1）Structure（構造）

予測可能であること（見通しがあること），理解可能であること，安心できる環境を構築することが構造化の基本である。構造化はASDの人の自立や自律を高めることにも役立つ。例えば，あらかじめ予定をメモなどで視覚的に提示すれば，支援者が逐一指示する必要がなくなる。

セントアンドリュース病院では後述するようにさまざまな治療プログラムが準備されているが，これらの介入を成功させるために重要なのが構造である。どの治療プログラムにおいても，すべてのセッションは予定の時刻に始まり，予定の時刻に終わる。それによって安心でき見通しのある環境が確保される。治療セッションの時間だけでなく，その時間にどのようなテーマで取り組むかも予告する。ASDの人が不安なく理解できるように文字や図を多用し，視覚的に明白で具体的な情報を提供することでスタッフと患者のコミュニケーションが誤解なく成立するように配慮する。このような方略をとることで病棟内外の活動や治療セッションに安心して参加できるようになる。文章あるいは音声言語による指示や説明を行うときには，あらかじめ評価した結果に基づいて個々の患者が十分に理解できるように表現や文の構造，使用する語彙，どの程度の図示を行うかなどを多職種チームのスタッフで取り決めておく。

2）Positive（肯定的に）

支援は肯定的な雰囲気で注意深く行う必要がある，無理なことを要求したり威圧的な態度はとらないことが大切である。ASDの特性の一つは不安感を持ちやすいことであり，威圧的・強圧的な態度を支援者がとるとASDの人は不安が昂じ，問題行動が生じる可能性が高くなる。肯定的な雰囲気で支援するためには，個別のアセスメントを慎重に行い，それぞれのASDの人にあった課題やプログラムを設定する必要がある。

セントアンドリュースの保安病棟では，対象の患者の特性上，許容できない行動を呈する患者があり，禁止や制限を必要とする場面が発生する。なぜその行動が許容できないのか，その理由を穏やかに論理的に説明する。そうすると

患者の多くはその理由を理解する。患者の多くは自己評価が低く，自信のない人が多く，そのために苦手なことへの参加を回避しがちである。スタッフは患者の長所，才能，興味を積極的に評価することで患者の不安や自己否定感を取り除くように常に配慮する。例えば患者に強い興味関心の分野があれば，看護師などのスタッフで同じ興味関心のある人と話す時間を日課の中に設定する。

　ASDの人は一般にグループが苦手だと思われているが，SPELLの理念を適用することでグループ参加へのチャンスが高まる。彼らの特別な興味関心を肯定的に評価し，それを取り入れたグループ活動を提供する。積極的なグループへの参加のモデルを示し，ロールプレイに適切に参加したときなどにはそれに対し正の強化を行う。さりげない賞賛などのわずかな報酬であっても，患者の動機づけに大きな影響を与える。常に肯定的なフィードバックを与え，本人の興味関心を用いた自然な動機づけを行い，セラピーを行う部屋を静かな落ち着いた環境にするといった配慮がグループでの活動を可能にする。

3）Empathy（共感）

　ASDの人が環境をどのように認知しているかを理解して，換言すればASDの人の目を通して外界を理解し，ASDの人の苦痛や楽しみに共感することも支援の基本である。定型の人ならば何の苦痛もなく受け入れられる予定の変更も非常な苦痛になりうることを支援者が理解し，ASDの人の苦痛に共感することが大切である。そのためには，ASDの特性を意識した個別のアセスメントが必要である。

　セントアンドリュースではASDの患者に対してスタッフが話しかけるとき，あるいはさまざまなセラピーの場面で，できる限り具体的な言葉を用いるように，すべてのスタッフが配慮している。次々に指示を与え言葉が多すぎると患者は容易に混乱するので，具体的で明晰な言葉づかいをこころがけ，慣用句や皮肉などの曖昧な言葉を避ける。スタッフトレーニングの一環として，スタッフ自身が患者に対してどれだけ語用論的な慣用表現を使っているかを振り返ることが推奨される。語用論的な表現を誤解なく患者が理解することは難しいし，曖昧な表現によって患者が被害的になることもある。スタッフの言語コミュニケーションのあり方がASDの人に大きな影響を与えていることを理解できるように研修プログラムが組まれている。

4）Low Arousal（穏やかな刺激）

　ASDの人は音や光，臭いなどの感覚刺激に過敏なことが多い。どのような

刺激が苦痛かは人によってまちまちであるが，その人の苦痛になるような刺激は最小限にする。ASDの人を取り巻く環境は静かで予定外のことが少ない設定が必要である。そうすることによって彼の不安を減少させ集中力を高めることができる。例えば，スタッフの言葉を理解することや会話に十分な時間を確保することも必要である。

セントアンドリュース保安病棟は個々の患者にも食堂や娯楽室のような共用のエリアにも十分なスペースが確保されている。環境のさまざまな側面に配慮し，騒音，席の配置，照明なども個々の患者にとって苦痛がないように個別の配慮をする。選択的緘黙を合併している患者を含めて本人の好むコミュニケーションの形態も評価し，患者がどのような扱いを受けたいか，どのような名前で呼ばれたいかを尋ね，患者が希望する呼び方をする。他の患者やスタッフとの交流を希望しない患者には，それを強制することはしない。すべての患者に対し一対一の個別カウンセリングの時間を設け，患者の孤立や不安をさける。スタッフは常に温かい雰囲気で患者に受容的に接するようにし，患者との信頼関係を維持するように心がける。

5）Links（つながり）

ASDの人の生活のさまざまな場面で，治療的介入やASD特性への配慮がなされることで，彼らと支援者や社会との繋がりが維持，促進される。ASDの人と親や教師，医師，心理士などの治療者がチームとして一貫した方針のもとで協力して支援することがASDの人が不安なく有意義な生活を送り，社会参加するために必要である。ASDに関係した新たな知見やプログラムに関する情報は誰もが知ることができるようにする。

セントアンドリュース保安病棟でも患者とスタッフ，患者と家族や友人，地域社会とのつながりをできる限り持つべきであるし，さまざまな社会参加のプログラムが準備されている。

3. セントアンドリュース病院保安病棟における臨床心理学的介入方法

入院患者のほとんどはASDに加えて，不安，うつ，ADHD，パーソナリティ障害や，薬物依存などの問題を併存している。したがって基底にあるASD特性への支援に加えて，併存障害への支援も必要になる。基本的な支援理念は前述のSPELLに基づいたASD特性への支援であるが，より特異的な心理学的介入としては認知行動療法を基本に，Adapted DBT（ASD向けに改変した弁証法的行動

療法），バイオフィードバック，性教育，怒りのマネージメントなどの多様なプログラムが準備されている。

V まとめ

代表的な神経発達障害である知的能力障害，ASD，ADHD，学習障害について概説した。触法行為のある人の支援者は精神障害全般の知識が必要である。発達障害は見逃されやすい障害であり，発達障害の人をできるだけ早い段階で発見し，発達障害に適した支援を行うことが望まれる。

※本報告の一部は厚生労働科学研究費補助金障害者対策総合研究事業精神神経分野青年期・成人期発達障がいの対応困難ケースへの危機介入と治療・支援に関する研究，（主任研究者：内山登紀夫）として行われた。

文献

American Psychiatric Association: Diagnostic and Statistical Manual of Mental Disorders: DSM-5. Amer Psychiatric Pub Incorporated, 2013.

Beadle-Brown, J., & Mills, R. : Understanding and supporting children and adults on the autism spectrum: National Autistic Society. Pavilion, 2010.

Wing, L. : The History of Ideas on Autism: Legends, myths and reality. Autism, 1（1）; 13-23, 1997. (doi:10.1177/1362361397011004)

Wing, L., & Gould, J. : Severe impairments of social interaction and associated abnormalities in children: epidemiology and classification. J Autism Dev Disord, 9（1）; 11-29, 1979.

黒田安計：精神保健分野における予防と介入方法の検討．障害者対策総合研究事業青年期・成人期発達障がいの対応困難ケースへの危機介入と治療・支援に関する研究，平成25-27年度報告書，pp.31-50. 2016.

小野和哉：精神科臨床症例において，発達障害に併存する，精神障害の病態の解明と診断方法に関する精神病理学的研究に関する研究．障害者対策総合研究事業青年期・成人期発達障がいの対応困難ケースへの危機介入と治療・支援に関する研究．平成25-27年度報告書．pp.51-95, 2016.

内山登紀夫・堀江まゆみ：英国における発達障害（自閉症スペクトラム障害）の対応困難事例への治療的介入に関する研究．厚生労働科学研究費補助金障害者対策総合研究事業：精神神経分野：青年期・成人期発達障がいの対応困難ケースへの危機介入と治療・支援に関する研究，平成25年度総括・分担研究報告書．pp.113-122, 2014.

学習障害及びこれに類似する学習上の困難を有する児童生徒の指導方法に関する調査研究協力者会議：学習障害児に対する指導について（報告）．文部省，1999.

第Ⅰ部｜わが国の触法障害者の地域生活支援

第4章
地域生活支援の現状［1］

地域生活支援に携わる人々から見た現状
立場による意識の違い，そして社会に送り出す側から見えるもの

岡本英生

Ⅰ　はじめに

　障害等があり福祉的な支援を必要とする矯正施設退所者を社会につなげるために，厚生労働省は2009年度から「地域生活定着支援事業」を創設し，全国の都道府県に地域生活定着支援センターが設置されるようになった。法務省ではそれ以前から矯正施設での福祉の専門家の配置を開始していたが，厚生労働省の「地域生活定着支援事業」が始まると地域生活定着支援センターと連携し，矯正施設退所者の地域生活支援が手厚くできる体制となっている。そのほか，更生保護施設においても福祉の専門家が配置されるようになっており，障害等を有する矯正施設退所者を社会につなげる方策は充実してきている。本章では，このような「福祉支援を必要とする矯正施設退所者等の地域生活支援の取り組み」（以下，地域生活支援とする）に携わる人々の視点から，地域生活支援についての評価や課題などを明らかにする。障害等のある対象者を社会復帰させるという点では同じであっても，どのような立場からの関わりかによって意識や感じる問題に違いがあると思われる。そこで，まずはこれら意識などの相違をアンケート調査により明らかにする。そして，地域生活支援に最も期待していると思われる矯正施設，つまり対象者を社会に送り出す立場の側から見た地域生活支援の現状について検討する。

［おかもと・ひでお　奈良女子大学生活環境科学系教授］

Ⅱ 地域生活支援に携わる人々の意識調査

1. 目的

地域生活支援が本格的に開始されてから5年以上が経過したが，これらに関する業務に携わる者たちはどのような意識を持っているのかを明らかにする。

2. 方法

2014年9月および12月，地域生活支援の関係者を対象に実施された研修会の参加者を対象に無記名式でのアンケート調査を実施した。調査協力者は142人（男71人，女61人，性別不明10人／平均年齢44.2歳，SD12.3）であった。調査協力者の所属先は，刑務所や少年院等の矯正施設が14人，地域生活定着支援センターが27人，福祉施設や地方自治体の福祉関係部署（以下，福祉関係とする）が70人，不明者も含むその他が31人であった。

アンケートの主な質問内容は，①地域生活支援で特に有用と思われるものは何か，②地域生活支援で本当は必要であるにもかかわらず現時点で不足している制度や社会資源は何か，③地域生活支援についてどのように考えているか，についてである。①については，地域生活支援で有用と思われるものを16項目（「福祉専門スタッフの矯正施設・更生保護施設への配置」「療育手帳の取得」など）作成し，もっとも重要と思うものから順番に五つ選んでもらった。②については，「現時点で不足している必要な制度（システム）」「現時点で不足している必要な社会資源」についてそれぞれ自由記述をしてもらった。③については，地域生活支援に関して重要と思われる四つの視点（地域生活支援による再犯抑止効果，地域生活支援のそもそもの意義，犯罪者の立ち直りを支援する者，地域生活支援の今後の課題）についてそれぞれ6～11個の質問項目を作成し（合計31項目），5件法（そう思わない，どちらかといえばそう思わない，どちらでもない，どちらかといえばそう思う，そう思う）での回答を求めた。なお，アンケートでは地域生活支援のことを「刑事司法－福祉連携プロジェクト」とする旨説明し，そのように記述を統一している。

3. 結果

1） 地域生活支援で特に有用と思われるものは何か

設定した16項目のうち，地域生活支援の有用性として「もっとも重要」と

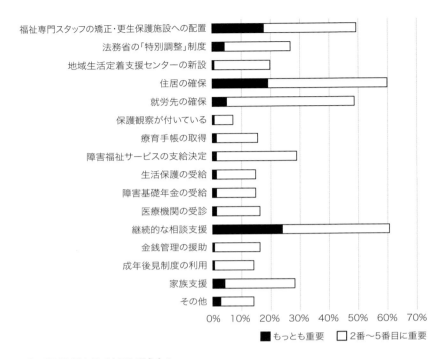

図❶　地域生活支援で有用と思うもの

する者が比較的多かったのは、「福祉専門スタッフの矯正施設・更生保護施設への配置」「法務省の『特別調整』制度」「住居の確保」「就労先（福祉サービスによる日中活動を含む）の確保」「継続的な相談支援」そして「家族支援」であった（図❶）。自立した生活を送るための基盤（「住居の確保」「就労先の確保」）、そして支援体制の仕組みや支援の継続性（「福祉専門スタッフの矯正施設・更生保護施設への配置」「法務省の『特別調整』制度」「継続的な相談支援」そして「家族支援」）が有用と捉えられているようである。

　逆に有用とする回答が少なかった（5番目に重要としたものまで含めても選択率が2割を切る）ものは、「地域生活定着支援センターの新設」「保護観察が付いている」「療育手帳の取得」「生活保護の受給」「障害基礎年金の受給」「医療機関の受診」「金銭管理の援助」そして「成年後見制度の利用」であった。金銭的な援助・管理といったものや大枠としての制度にはそれほど有用さが感じられないといったことであろう。「地域生活定着支援センターの新設」を有用と考える者が少な

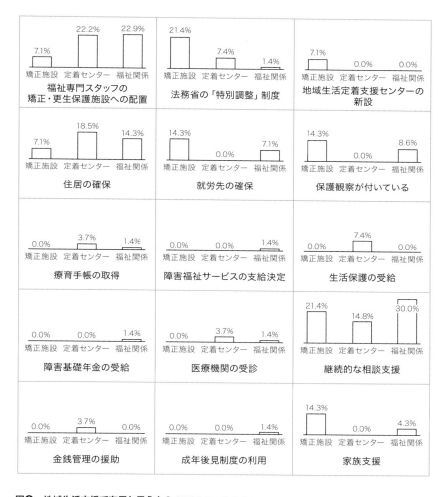

図❷　地域生活支援で有用と思うもの（勤務先別の集計。「もっとも重要と思うもの」のみ）

かったのは意外であるが，このアンケートの実施時点ではすでに全国の都道府県に地域生活定着支援センターが設置されていることから，これ以上は必要ないと考えた者が多かったのかもしれない。

　回答者を勤務先別（矯正施設，地域生活定着支援センター，福祉関係）に分けてみると（**図❷**），全体的に有用とする回答が少ないものはおおむねどの勤務先でも少なかった。一方，全体的に有用とする回答が多かったものについては，勤務先

別で見るとばらつきが見られた。特に，「法務省の『特別調整』制度」については，矯正施設に所属する者が比較的多く有用と答えており，矯正施設側からの制度に対する期待が大きいことがうかがえる。「福祉専門スタッフの矯正施設・更生保護施設への配置」については矯正施設が地域生活定着支援センターや福祉関係よりも低くなっていたが，これはあとでも述べるように，矯正施設には福祉専門スタッフの配置が進んできているためと思われる。また，「住居の確保」については地域生活定着支援センターに所属する者がもっとも多く有用と答え，「継続的な相談支援」については福祉関係に所属する者がもっとも多く有用と答えていた。どのような立場で地域生活支援に関わるかで有用と考えるものに違いが出ると考えられる。

2） 地域生活支援で不足している制度や社会資源は何か

「現時点で不足している必要な制度（システム）」については，実にさまざまな意見が書かれており特に多い意見といったものはないが，数人の者が現行の制度では支援の対象とならない者も支援の対象としていくシステムの必要性を指摘していた。

「現時点で不足している必要な社会資源」については，受入先や住居といった帰住先の確保を挙げる者が多かった。そのほかは，就労先や援助できる人的資源，領域間の連携，社会の理解などが挙げられていた。

回答者を勤務先別（矯正施設，地域生活定着支援センター，福祉関係）に分けてみると，「現時点で不足している必要な制度（システム）」において，現行の制度で支援の対象とならない者も支援の対象としていくシステムの必要性を指摘しているのは矯正施設と地域生活定着支援センター所属者のみであること，「現時点で不足している必要な社会資源」において就労先を挙げているのは福祉機関のみであることが特徴的であった。

3） 地域生活支援についてどのように考えているか

地域生活支援についてどのように考えているかを尋ねた31の質問項目のうちフロア効果が見られた3項目を除いた28項目について因子分析にかけた（主因子法プロマックス回転，因子数はスクリープロットにより4に決定）。そして因子負荷量の低い項目を除いて再度因子分析にかけ，同様な4因子を得た。ただし，以下の分析では，α係数が比較的高かった第1因子（α=.675）および第2因子（α=.617）のみを用いている。第1因子は「刑事司法－福祉連携プロジェクトは犯罪者の再犯防止に効果をあげている」「この連携システムを導入したことで日

表❶　地域生活支援についての考えの質問項目

第1因子 地域生活支援の 有用性	刑事司法－福祉連携プロジェクトは犯罪者の再犯防止に効果をあげている。
	この連携システムを導入したことで日本の犯罪は減少している。
	刑事司法－福祉連携プロジェクトでは，サービス提供にあたって，必要なアセスメントが行われている。
	刑事司法－福祉連携プロジェクトに関わることで，これまでの福祉に何が欠けていたのかが理解できた。
	福祉的な手当てを受けることで犯罪者は幸せになれる。
	刑事司法－福祉連携プロジェクトの中で，犯罪者は福祉サービスを継続的に利用している。
	刑事司法－福祉連携プロジェクトでは，犯罪者は多機関による連携のもとで支援されている。
第2因子 立ち直り支援への ネガティブ感情	障害の関わる犯罪からの立ち直りを支援することは，福祉よりも刑事司法機関が果たすべき役割である。
	犯罪者の多くはどれだけ援助しても立ち直ることがむずかしい人たちである。
	犯罪者の立ち直りを援助することに徒労感を感じている。
	犯罪者に支援をするのは被害者を含めた社会感情にそぐわない。
	再犯抑止には矯正施設への収容が第一である。

本の犯罪は減少している」「刑事司法－福祉連携プロジェクトでは，サービス提供にあたって，必要なアセスメントが行われている」などの7項目からなることから「地域生活支援の有用性」とした。第2因子は「障害の関わる犯罪からの立ち直りを支援することは，福祉よりも刑事司法機関が果たすべき役割である」「犯罪者の多くはどれだけ援助しても立ち直ることがむずかしい人たちである」「犯罪者の立ち直りを援助することに徒労感を感じている」などの5項目からなることから「立ち直り支援へのネガティブ感情」とした。なお，「地域生活支援の有用性」と「立ち直り支援へのネガティブ感情」の質問項目の内容は，表❶に示している。

所属先別（矯正施設，地域生活定着支援センター，福祉関係）で「地域生活支援の有用性」「立ち直り支援へのネガティブ感情」それぞれの合計得点がどのように違うかを見た（図❸，図❹）。「地域生活支援の有用性」あるいは「立ち直り支援へのネガティブ感情」を従属変数とし，所属先別を独立変数とするくり返しのない一要因分散分析を行ったところ，「地域生活支援の有用性」を従属変数とし

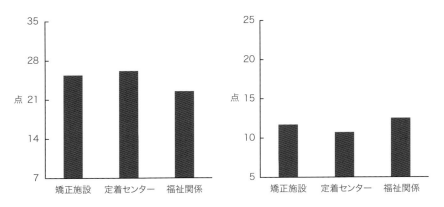

図❸ 地域生活支援の有用性　　　　　　　　**図❹** 立ち直り支援へのネガティブ感情

た場合で主効果が有意となった（F(2, 84) = 8.735, p < .01）。多重比較の結果,「地域生活支援の有用性」の得点は, 矯正施設と地域生活定着支援センターが福祉関係よりも高いことが確認できた（地域生活定着支援センターと福祉関係の間はp < .01, 矯正施設と福祉関係の間は有意傾向）。つまり矯正施設と地域生活定着支援センターで勤務している者は福祉関係で勤務している者よりも地域生活支援の事業がより有用であると捉えていることになる。

4. 考察

地域生活支援に携わっている者に対し, ①地域生活支援で特に有用と思われるものは何か, ②地域生活支援で不足している制度や社会資源は何か, ③地域生活支援についてどのように考えているか, について尋ねたが, 勤務先によって意識に違いがあることがわかった。障害等のある犯罪者の更生ということでは同じ仕事であるが, どのような立場で関わるかによって, 何を重要と捉え, 何を問題と感じるかに相違が出るものと思われる。矯正施設は対象者を社会に送り出す立場, 福祉関係は対象者を受け入れる立場, 地域生活定着支援センターは両者を橋渡しする立場である。矯正施設では地域生活支援の事業により, これまで引受先のなかった身寄りのない障害等を有する受刑者をうまく社会に戻すことができるという期待を持っている。しかし, 福祉関係では対象者を継続して見ていくことの重要性や難しさを感じている。このようなギャップは地域生活支援をスムーズに進めるうえで支障となるだろう。おそらく矯正施

設側には地域生活支援に対するさまざまな期待がある一方で，実際に業務を進めてみた結果，問題意識を感じていることだろう。次に，矯正施設，つまり対象者を社会に送り出す立場から見た地域生活支援の現状と課題について検討する。

III 社会に送り出す側から見た地域生活支援

1. 矯正施設の福祉専門スタッフ

　矯正施設に福祉専門スタッフを置くことの必要性が言われるようになったのはそれほど昔のことではない。矯正施設には高齢者や障害者が多く入所しているが，彼らに対する福祉的措置が適切になされていないために矯正施設への入退所をくり返しているのではないかという指摘が出されたのは今世紀に入ってからである（山本，2003, 2006, 2008）。法務省が2006年10月の時点で刑事施設に入所している者に対し調査を行ったところ（男子のみ対象のサンプリング調査），知的障害又は知的障害が疑われた者のうち療育手帳を所持していたのは6.3%（椿，2008）と，福祉的援助が必要であるにもかかわらず受けていない者がかなりの割合いた。さらにその後，法務省で行った別の調査（岡田ほか，2013）では，知的障害を有する者で再度刑事施設に入所した者のうち，前刑出所時の帰住先が「帰住先なし・不明」の者よりも「親族のもと」や「雇い主のもと」であった者のほうが再犯期間が長かった（それだけ再犯しにくかった）。また，今回入所前の主な収入源が「なし」の者よりも「生活保護・年金等扶助」であった者のほうが再犯期間が長かった。知的障害者で身寄りのない者や福祉的な手立てを受けられなかった場合に，容易に再犯しやすいことが示されている。知的障害以外の障害を持つ者についてはデータがないが，おそらく似たような状況であろうと思われる。何らかの福祉的援助が必要な者に対しては再犯防止のためにも必要な調整を行う必要がある。

　法務省では非常勤職員ではあるが精神保健福祉士を2004年度から，社会福祉士については2007年度から刑事施設に配置するようになった（法務省法務総合研究所，2012, p.277）。そのうち社会福祉士については2010年度までにほとんどの刑事施設に配置された（前澤，2011）。さらに常勤の福祉専門官が配置されるようになったのは2014年度からであり，初年度は12庁であったのが翌年度には

26 庁に増えている（矯正局，2015, 2016）。また，これらとは別に，2007 年から運用が開始された官民協同の PFI 刑務所では，民間職員の中に社会福祉士や精神保健福祉士有資格者が入っている（藤本，2009）。このように矯正施設における福祉専門スタッフの配置は充実しつつある状況にある。

2. 社会に送り出す側から見えるもの

　最後に，対象者を社会に送り出す側，つまり矯正施設から見た地域生活支援について検討する。この検討を行うにあたり，公開されている情報の収集のほか，複数の矯正施設の福祉専門スタッフへの聞き取り調査を行った。以下は，それらの結果を踏まえたものであるが，著者による解釈も混じっていることをお断りしておく。

　矯正施設における福祉専門スタッフの業務は，被収容者の社会復帰のためのさまざまな調整等を行うことである。ただし，特別調整対象者については地域生活定着支援センターに依頼することになる。地域生活定着支援センターは特別調整対象者の出所後の住居を確保し，福祉サービスを受けることができるよう手配してくれる。このような地域生活定着支援センターへの特別調整対象者の依頼に際しては，事務的手続きや情報の提供などのさまざまなやりとりが必要になり，それら連絡調整等は矯正施設の福祉専門スタッフが行わなければならない。それでも地域生活定着支援センターがそのネットワークを用いて，すべて手配してくれるなど，矯正施設の福祉専門スタッフとしては大いに助かる。

　しかし，出所後の調整に苦慮するケースのすべてを特別調整の対象者とすることができるわけではない。また，高齢あるいは何らかの障害を持っていたとしても，退所後の適当な住居がないこと，退所後に福祉サービス等を受けることが必要と認められること，特別調整の対象となることを希望していること等の条件を満たさないため，特別調整の対象者とすることが難しい場合がある。[註1]具体的には，①出所後ただちに医療機関に入院させる必要のある者，②矯正施設出所まで十分な期間がない者，③本人が特別調整を希望する意思が確認できない場合などである（桑原，2014, p.169）。これらのケースについては，矯正施設

［註1］　厚生労働省ホームページ「矯正施設退所者の地域生活定着支援 1. 矯正施設退所者の地域生活定着支援とは／地域生活定着支援センターの事業の概要」［http://www.mhlw.go.jp/stf/seisakunitsuite/bunya/hukushi_kaigo/seikatsuhogo/kyouseishisetsu/］

の福祉専門スタッフによる独自のネットワークで帰住先を確保するなどの調整が必要となる。

　特別調整の対象者であれば，地域生活定着支援センターが帰住先等を確保してくれるというのは，矯正施設側からすれば大変助かることである。しかし，障害等がありながら特別調整対象者とすることができないケースが出てくる。先にも示した，①出所後ただちに医療機関に入院させる必要のある者，②矯正施設出所まで十分な期間がない者，③本人が特別調整を希望する意思が確認できない場合がそうである。

　①については，短期間の入院で済む場合，医療機関を退院したあとの帰住先をあらかじめ確保しておくことが望ましいが，現状ではそれはむずかしいことになる。受刑者には健康上の問題を抱えている者が多いことから，医療的なケアもセットにした福祉的支援制度を作っていくべきであろう。②については，矯正施設に入所している期間が短い場合は，どれだけ重い障害等を有していても，特別支援の対象にならないことを示す。たとえ期間が短く手続き的に困難であっても，本当に支援が必要な者に対し支援していく体制づくりが今後必要であろう。③は，認知症などでコミュニケーションが困難な者は特別調整対象者となりにくいことになる。明らかに福祉的支援が必要であると認められる者については，意思の確認にかかわらず特別調整対象者とすることを今後検討する必要があるだろう。

　重要な問題を持ちながら特別調整対象者とならないケースについては，矯正施設の福祉専門スタッフが独自のネットワークにより帰住先等を調整することになる。しかし，基本的には矯正施設内での勤務ではその調整には限界がある。また，個人情報保護の制約から十分な情報を先方に伝えられず，調整がうまくいかないことも想定される。特別調整とならない者について矯正施設の福祉専門スタッフが十分な調整作業を行うことができるよう，新たなシステムづくりを考える必要もあるだろう。

Ⅳ　おわりに

　現在の福祉制度は矯正施設退所者が含まれることを前提とせずに作られ運用されてきた経緯がある。矯正施設の福祉専門スタッフに限らず地域生活支援に携わる人たちにとっては，業務を進めるうえでやりにくいと感じる点がいくつ

もあるようである．制度というものは，実際の運用を重ねていくにつれて，修正されていくものである．しかし，矯正施設退所者の地域生活支援事業が始まってまだ短い期間しかたっていないことから，その修正はこれからであろう．

文献

藤本哲也：PFI 刑務所の意義と展望．法律のひろば，62；74-10, 2009.
法務省法務総合研究所編：平成 24 年版犯罪白書：刑務所出所者等の社会復帰支援．日経印刷株式会社，2012.
矯正局：矯正の回顧［平成 26 年版］．刑政，126；336-60, 2015.
矯正局：矯正の回顧［平成 27 年版］．刑政，127；332-60, 2016.
桑原行恵：刑務所の福祉専門官になって思うこと．犯罪と非行，178；166-182, 2014.
前澤幸喜：刑事施設における社会復帰支援の新たな展開について：福祉サービスを活用した社会復帰支援を中心に．刑政，122；636-42, 2011.
岡田和也・塩島かおり・只野智弘・田中華奈子・寺村堅志・清水淑子・石川ゆかり：知的障害を有する犯罪者の実態と処遇．法務総合研究所研究部報告 52, 2013.
椿百合子：知的障害のある受刑者等の社会復帰支援について．刑政，119（8）；28-36, 2008.
山本譲司：獄窓記．ポプラ社，2003.
山本譲司：累犯障害者：獄の中の不条理．新潮社，2006.
山本譲司：続獄窓記．ポプラ社，2008.

第Ⅰ部｜わが国の触法障害者の地域生活支援

第5章
地域生活支援の現状［2］

地域生活支援に関する諸研究
障害福祉領域における実態調査から

大村美保

Ⅰ　はじめに

　矯正施設を退所した障害者への支援は，2008年から2012年までの5カ年に重点的に取り組むべき課題として定めた障害者基本計画重点施策5年計画に「矯正施設に入所している障害者等の地域生活支援の推進」として盛り込まれ，障害者施策上の課題と初めて位置づけられてから現在までに8年が経過した。厚生労働行政と法務行政が連携を図り，矯正施設に入所している障害者等について相談支援事業を活用することとされたもので，2013年度から始まる5カ年計画である障害者基本計画（第3次）においても「矯正施設に入所する累犯障害者等の円滑な社会復帰の促進」が明記されている。

　この間の具体的な施策としては，2009年度に創設された地域生活定着支援事業（現在は地域生活定着促進事業）の創設が挙げられる。これは，各都道府県に設置される地域生活定着支援センターが矯正施設入所中から矯正施設や保護観察所，福祉関係者等と連携して釈放後の支援を行うもので，2011年度末に全都道府県での設置が完了して全国での調整が可能となった。また，障害福祉サービスによる受け入れに関しては，障害者支援施設・グループホーム等で受け入れた場合の「地域生活個別支援特別加算」（2009年度〜），地域相談支援における地域移行支援の矯正施設退所障害者への対象拡大および報酬上の評価（2014年度〜），計画相談の対象拡大（2015年度完全実施）等，支援のためのメニューが漸

［おおむら・みほ　筑波大学人間系障害科学域助教］

次拡充してきたところである。

独立行政法人国立重度知的障害者総合施設のぞみの園（以下，のぞみの園）では厚生労働省の各種補助金を受けて矯正施設退所者支援に関する調査研究を2010年以降継続実施しており，筆者は2012年度から2014年度までのぞみの園研究部に所属して調査研究に携わったことから，のぞみの園が実施したこれまでの調査研究の結果を中心に紹介して，矯正施設を退所した障害者の地域生活支援の現状を概観するとともに今後の課題について検討する。

Ⅱ　障害福祉領域における「支援の3段階モデル」

障害福祉領域において，矯正施設を退所した障害者の支援ではいったい何が行われているのか。一般相談支援事業所への悉皆調査で把握された支援経験の高い相談支援事業所及び当該県の地域生活定着支援センターへのヒアリング調査で収集された77事例の分析から示された「支援の3段階モデル」（図❶）（大村ら，2015）は，障害福祉による支援は大きく分けて以下の3段階（図❶の①）があることを示している。すなわち，第1段階＝「医療」「当面の居住の場」「障害者としての社会的承認の手続き」，第2段階＝「福祉サービス」「経済的基盤（生活保護を含む）」，第3段階＝「就労」である。

このうち，第2段階までの支援は地域で生活をする上で基本的・基礎的な部分であるが，第2段階の支援までが確保されるには数週間から数ヵ月の「サービス利用までのタイムラグ」があることが少なくない（図❶の②）。このタイムラグとは，例えば，「福祉サービス」でいえば受給者証の発行からサービス提供事業者と契約し利用開始までの期間，「経済的基盤（生活保護を含む）」でいえば生活保護の申請をしてから支給決定されるまでの期間などが挙げられる。矯正施設退所後に相談支援事業所につながったとしても，このタイムラグ期間中に居所不明となる，あるいは収監前に馴染んでいた生活環境に戻ることも考えられ，支援経験の高い相談支援事業所ではタイムラグ期間中の本人を心理的・社会的に支え続ける努力を行っていた。また，第3段階の「就労」まで至るケースは多くなく77事例中の約半数に留まっていたことから，就労に向かう以前の基本的な生活基盤を修復すべきケースが少なくないといえるだろう。

さらに重要な点として指摘できるのが，維持・継続できる支援関係の構築（図❶の③）である。福祉の専門職は，相談に乗りサービスにつなぐ役割を持つ

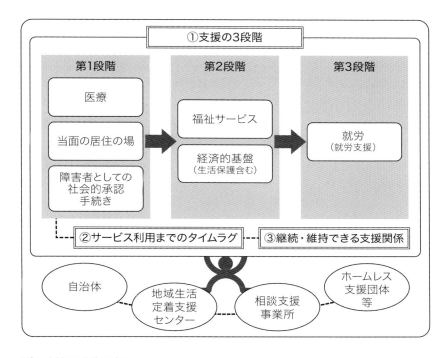

図❶　支援の3段階モデル

ことが多いが、それは福祉の機能のごく一部であって、対人援助職であるソーシャルワーカーの行動は常に価値や倫理を伴う。それは「利用者本位」「自立支援／自己決定」「ノーマライゼーション」「社会的包摂」などである。障害がある人への支援を行う際には、本人の理解や意思決定が難しいこともあるが、そうした場合には選択肢の提示や図式化、構造化した情報の提供などを行って自立支援・自己決定を行うことを助ける。つまり、本人の意思と自己決定に基づく特別な援助関係であり、マラソンに例えるならば、福祉の支援は伴走者であって、監督やコーチやトレーナーではない。矯正施設を退所した障害者への支援経験が豊富な相談支援事業所や地域生活定着支援センターでは、このような福祉の支援の基本である、維持・継続できる支援関係の構築を非常に大事にしていることがわかる。

Ⅲ 障害福祉サービス等による受け入れ

　次に，障害福祉サービス等による矯正施設を退所した障害者の受け入れ状況を見て行くこととする。障害者支援施設および障害者支援施設以外の障害福祉サービス事業所と，障害者の一般的な相談を受けることとされる相談支援事業所について，矯正施設を退所した障害者の受け入れに関する調査結果を以下に概観する。

1. 障害福祉サービス

　2009年度より，障害福祉サービスによる矯正施設退所者の受け入れが行われる場合には地域生活個別支援特別加算（障害者支援施設，宿泊型自立訓練，グループホーム）で入所後3年間に限り報酬上評価される。就労継続支援A型・B型，就労移行支援といった日中の就労系事業所については特段の加算は設けられていない。ここでは障害者支援施設およびその他の障害福祉サービスにおける受け入れ状況について述べる。

1）障害者支援施設

　障害福祉サービスのうち入所施設，すなわち障害者支援施設での矯正施設退所者の利用相談および受け入れ経験については2010年（小野ら，2011）および2014年（大村ら，2015）の全国調査で把握される[註1]。両調査の比較も含めて障害者支援施設での受け入れ実態を以下に示す。

a. 利用相談の経験および受け入れ経験

　1年間で矯正施設退所者の利用相談のあった障害者支援施設は2010年調査が12.5%，2014年調査が9.5%で，2014年調査のほうが有意に低い結果であった（$\chi^2=5.1915, df=1, p<0.05$）（図❷-1）。一方，1年間での受け入れ経験については2010年調査が5.6%，2014年調査が4.8%で，有意差は認められなかった（$\chi^2=0.7714, df=1, p=0.37>0.05$）（図❷-2）。

　2014年調査での利用相談283件に対する新規利用数は218件（77.0%）で，利用相談のあった矯正施設退所者については約8割が施設入所あるいは施設入所

［註1］　障害者自立支援法施行に伴う事業体系移行のため，2010年調査は旧知的障害者入所更生施設および旧知的障害者入所授産施設を対象，2014年調査は障害者支援施設を対象としたそれぞれ全数調査であり，両調査の母集団は完全には一致しない。

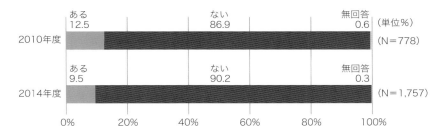

図❷-1　利用相談の有無

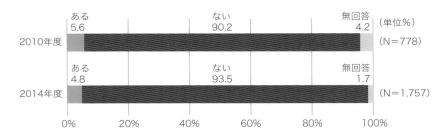

図❷-2　受け入れ経験の有無

支援に付置される短期入所に至っている。さらに，1施設あたりの新規利用人数は2010年調査では平均1.2人であるのに対して2014年調査では平均2.6人であり，2倍以上となっていた。

これらから，ほとんどの障害者支援施設では矯正施設退所者の利用相談も利用実績もなく，2014年では2010年よりもさらに利用相談は減少していること，矯正施設退所者の受け入れ相談があった場合には約8割が利用に至っていること，受け入れを行う障害者支援施設での1施設あたり受け入れ数は増加傾向にあることが窺える。

b. 利用相談があった場合の対応の意向

それでは，障害者支援施設の矯正施設退所者の受け入れ意向について2010年調査と2014年調査の比較から傾向を見ていきたい。矯正施設から当該施設に利用相談があった場合の対応については「ケースによっては受け入れを検討する」が最も多く，2010年調査で56.7％，2014年調査で66.6％と10ポイント以上増加した。一方で「受け入れを検討しない」は2010年調査で10.5％であ

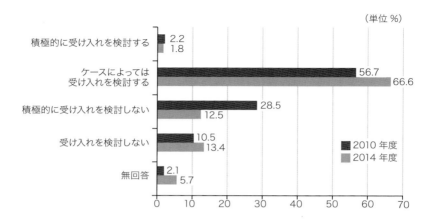

図❸　矯正施設退所者の受け入れ意向

るのに対して 2014 年調査では 13.4％と微増であった（**図❸**）。

　この結果は，矯正施設退所者支援に関する障害福祉分野における施策の拡充や啓発の効果を反映しているものと考えられる。受け入れ経験がない施設が 9 割を超えるものの，ケースによっては受け入れを検討する施設は約 7 割に上ることは，矯正施設，保護観察所，地域生活定着支援センター等にとっては大きなアドバンテージだと言えるだろう。また，比較的障害支援区分の重い者が利用することが想定される障害者支援施設では，比較的中軽度の知的障害者である矯正施設退所者は利用者像が大きく異なると考えられることから，「受け入れを検討しない」という回答施設の増加はすなわち，障害福祉領域での矯正施設退所者の受け入れに関する啓発が進み，矯正施設退所者の受け入れについて障害者支援施設がより現実的に検討するようになってきたためと考えられる。

　c. 受け入れの際の困難

　それでは，障害者支援施設ではどのような受け入れの困難があるだろうか。2010 年調査では矯正施設退所者を受け入れる際の困難を尋ねており，上位から順に「職員の負担（精神的・体力的）」「施設利用中の再犯の危険性」「入所施設利用後の移行先が見いだせない」であった。受け入れ経験のある施設が受け入れ経験のない施設に比べて多かった項目は「入所施設利用後の移行先が見いだせない」「必要な支援量からすると障害程度区分が低い」「無断外出・無断外泊がある」，受け入れ経験のない施設が受け入れ経験のある施設に比べて多かっ

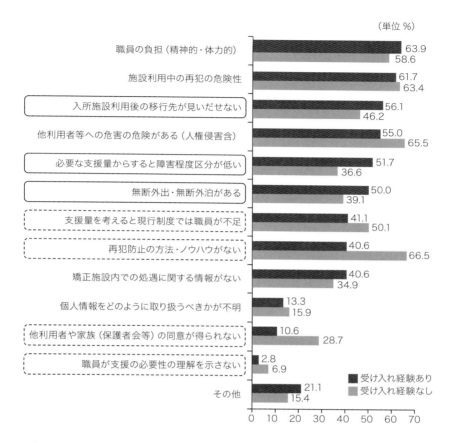

図❹　受け入れの際の困難

た項目は「支援量を考えると現行制度では職員が不足」「再犯防止の方法・ノウハウがない」「他利用者や家族（保護者会等）の同意が得られない」「職員が支援の必要性の理解を示さない」であり、受け入れ経験の有無によって受け入れの際に困難だと考える事項が異なった（図❹）。「必要な支援量からすると障害程度区分が低い」「支援量を考えると現行制度では職員が不足」については2009年度から地域移行個別支援特別加算が創設され報酬上の評価が行われたことから一定の対応が行われたと考えられ、それ以外のほとんどの困難は、外部機関との連携とケース検討の実施等の、受け入れた後の障害者支援施設からの地域移行も含めたフォローアップと関連する。つまり、受け入れた後の障

表❶　罪名

	2014年調査			2010年調査（参考）
	施設入所	短期入所	地域	
窃盗（「万引き」含む）	62 (61.4%)	30 (58.8%)	11 (45.8%)	26 (60.5%)
強制わいせつ（「致死傷」含む）	13 (12.9%)	2 (3.9%)	1 (4.2%)	6 (14.0%)
詐欺（「無銭飲食」含む）	12 (11.9%)	3 (5.9%)	4 (16.7%)	6 (14.0%)
放火	10 (9.9%)	15 (29.4%)	4 (16.7%)	4 (9.3%)
強姦（「致死傷」含む）	0 (0.0%)	0 (0.0%)	1 (4.2%)	3 (7.0%)
住居侵入	5 (5.0%)	3 (5.9%)	1 (4.2%)	1 (2.3%)
傷害・暴行	12 (11.9%)	6 (11.8%)	7 (29.2%)	1 (2.3%)
その他	15 (14.9%)	7 (13.7%)	2 (8.3%)	—

者支援施設のみに任せず，生活支援および地域移行を含めた個別支援について地域生活定着支援センターや相談支援事業所を含めたチームアプローチによる着実な実施が鍵であると考えられる。

2）障害者支援施設以外の障害福祉サービス事業所

障害福祉サービスのうち障害者支援施設以外のグループホームや就労継続支援事業等の障害福祉サービス事業所での受け入れ状況は十分に把握されていないが，2014年調査では5自治体における障害者支援施設以外の障害福祉サービス事業所を対象とした全数調査を行っており，その傾向を推測できる。有効回答のあった事業所452カ所のうち，1年間に矯正施設を退所した障害者の受け入れ相談があった事業所は18カ所（4.0%），利用のあった事業所は11カ所（2.4%）であり，障害者支援施設のそれぞれ9.5%，4.8%よりも低調であった。このことから，障害者支援施設以外の障害福祉サービスについては障害者支援施設以上に極めて限られた事業所のみが矯正施設退所者の利用相談を受け，利用されることが窺える。これは，障害福祉サービスの受給者全体の人数に対して矯正施設を退所した障害者の人数は非常に規模が小さいことを意味しており，考察で詳述する。

3）罪名

続いて，障害福祉サービスでの受け入れを行った矯正施設を退所した障害者の罪名を2014年調査から見てゆくこととする。

罪名（複数回答）は，窃盗（「万引き」含む）が103人（58.5%）と最も多く，次いで放火29人（16.5%），傷害・暴行25人（14.2%）の順であった。事業別に見る

と，施設入所では強制わいせつ（「致死傷」含む），短期入所では放火，地域では傷害・暴行の割合が比較的高い結果であった（**表❶**）。

施設入所および短期入所に関して平成22年度調査と比べると，窃盗（「万引き」含む）が約6割を占めたことはほぼ同様の結果であったが，施設入所および短期入所で傷害・暴行が9ポイント，短期入所で放火が20ポイント増であった。地域生活定着支援センターや地域の相談支援事業所等を中心とした支援の進展と，それに伴って，施設入所および施設に付置する短期入所に対して，以前よりも困難なケースの受け入れ要請が増加していることが窺える。

2. 相談支援事業

次に，相談支援事業での矯正施設を退所した障害者の支援について見ていきたい。2014年度から地域相談支援における地域移行支援の矯正施設退所障害者への対象拡大および報酬上の評価が行われた。つまり，矯正施設を退所する障害者については，障害者支援施設や精神科病院を退院する障害者と同様に，一般相談支援事業が行う地域移行支援の対象となり，住居の確保その他の地域生活へ移行するための必要な支援を受けることが可能となった。また，2015年度には計画相談が完全実施とされ，障害福祉サービスを利用する場合は指定特定相談支援事業所が作成するサービス等利用計画が必要となり，このことは矯正施設を退所する障害者であっても同様である。このように，相談支援事業は障害者の地域生活を支えるための重要な担い手として位置付けられる。

このような相談支援事業所における矯正施設を退所した障害者の支援実態はどうだろうか。市町村が実施（委託可）する障害者の一般的な相談を受ける一般相談支援事業を対象とした悉皆調査（大村ら，2013）によれば，2010～2012年度の3年間では相談支援事業所における矯正施設退所者の支援実績は年々増加しており，2012年度では23.3％の事業所が矯正施設を退所した障害者の支援経験があると回答した。つまり，障害者支援施設や障害者支援施設以外の障害福祉サービス事業所に比べると支援経験のある相談支援事業所はかなり高い割合に上るといえる。とはいえ，約4分の3の事業所では支援実績がなく，相談支援事業であっても矯正施設退所ケースに出会うことは決して頻繁ではなく，支援経験を蓄積しづらいことも併せて指摘できる。なお，相談支援事業所への相談経路は行政（24.3％）が最も多く，次いで地域生活定着支援センター（17.8％），矯正施設（17.8％），地域の福祉サービス事業所（14.4％）の順であった。

つまり、相談支援事業所へは地域生活定着支援センター以外からも矯正施設退所者支援に関する相談が持ち込まれている実態が窺える。

Ⅳ　障害福祉による支援が行われた後の経路

それでは、障害福祉による支援が行われた後に矯正施設を退所した障害者が辿る経路はどうなっているだろうか。以下では、障害者支援施設に入所した場合と、地域の相談支援事業所を中心に受け止めた場合について述べる。

1. 障害者支援施設

障害者支援施設からの地域移行に関する調査（木下ら，2013）では、障害者支援施設に入った矯正施設を退所した障害者の67%が障害者支援施設に入所中・あるいは再入所中であるとし、さらに、障害者入所施設から退所した者は同一法人のグループホームへ移行している実態があることを明らかにした。ここから、障害者支援施設に入所した後の地域移行の実効性は上がりづらい可能性が指摘できる。その背景には、障害者支援施設は自己完結的となりやすく外部の支援機関との連携を失う障害者支援施設の存在が挙げられる（大村ら，2015）。

ただし、矯正施設を退所した障害者について有期限（2年間ないし3年間）での受け入れを行う障害者支援施設等も存在する。[註2] これらは、サービス利用までのタイムラグ期間を支えつつ、支援付きの地域生活に向けた準備をすることに特化した機能を持つと言える。同様の有期限受け入れを行う事業所としては、障害者支援施設以外にも、宿泊型自立訓練事業、あるいは社会福祉法人・NPO法人が更生保護施設や自立準備ホームを持つ例などがある。今後、こうした異なる制度・施策での支援実態や効果、財政負担について比較することにより、サービス利用までのタイムラグ期間を支える機能の在り方を検討することも必要だろう。

2. 相談支援事業所・地域生活定着支援センター

それでは、相談支援事業所および地域生活定着支援センターにおける支援で

[註2] 国立のぞみの園自活訓練ホーム（群馬県），砂川厚生福祉センター（大阪府）が矯正施設を退所した障害者の有期限での受け入れを行っている。

相談支援事業所

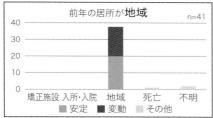

□1年後に「地域」が93%。
　安定(53%)：段階上がる，支援整理等も多い
　不安定(47%)：支援の枠に入りづらい，発達障害の特性強く地域でトラブル，アルコール依存
□不明ケースはいずれも出身地に戻ったため

□1年間継続して「入所・入院」が3ケース。うち1ケースは精神科入院中も性的逸脱行動あり
□障害者支援施設(公立)⇒(民間)1ケース
　療養型病床⇒特養1ケース

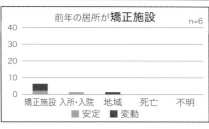

□1年後に「矯正施設」：すぐに再犯3ケース
□不安定：発達障害の特性が強い(2ケース)，20代(1ケース)，50代(1ケース)

図❺-1　前年度居所別にみる1年後の状況（相談支援事業所）

はその後の経路はどうなっているだろうか。支援経験の豊富な相談支援事業所および当該事業所のある地域生活定着支援センターに対して行った，71事例に関する1年後追跡調査（大村・相馬，2015）の結果を図❺-1，図❺-2に示す。

相談支援事業所，地域生活定着支援センターのいずれも，前年度に「地域」にいたケースでは，生活状況が不安定なケースが少なからず認められるものの，大半は1年後も「地域」で生活していることがわかる。先述した「支援の3段階」の段階を上がるケースも見られ，「継続・維持できる支援関係」の下で，ほとんどのケースで地域生活が維持されていると言える。

なお，地域生活定着支援センターの事例のほうが生活状況の不安定なケースの割合（67%）が相談支援事業所（37%）よりも多い結果であった。地域生活定

地域生活定着支援センター

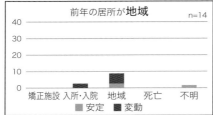

□1年後に「地域」が64％。うち安定33％，不安定67％。例：施設やグループホームの環境が不適合，攻撃性が強く地域でトラブル，アルコール依存
□逮捕後に「入所・入院」が3ケース中2ケース。
□不明ケースはいずれも調整・フォローアップ終了

□1年間後はいずれも「入所・入院」。
継続入院1ケース
精神科病院⇒障害者支援施設1ケース
障害者支援施設⇒精神科病院1ケース

図❺-2　前年度居所別にみる1年後の状況（地域生活定着支援センター）

着支援センターでは，対象者が矯正施設にいるという制限的な環境下で情報を収集し，短い期間で調整せざるを得ないという制約がある。こうして調整した福祉サービス等が対象者にとって不適合となるのはむしろ当然と言ってよいだろう。したがって，不適合が認められた場合には，速やかに再アセスメント・再プランニングが行われることが重要であることが示唆される。

　また，前年度に「入所・入院」，もしくは「矯正施設」であった事例の大半や，1年後に「地域」であっても変動群であった事例の一部では，（1）発達障害の特性の強さやアルコール依存，精神科疾患等により繰り返しトラブルが起きるケース，（2）1年以内の再犯ケースが含まれており，ケース数は非常に少ないものの支援者は時間的・精神的な労力を大きく割いていた。

V　障害福祉サービスによる矯正施設退所者支援の今後の課題

1.　受け入れおよびバックアップ体制の整備

　法務総合研究所によれば2012（平成24）年の知的障害受刑者の出所人数は

463人であり，精神障害，発達障害などを含めたとしても対象者のボリュームは障害福祉サービス全体の実利用者数77.7万人（2016年4月）に対して非常に小さい。年間に200件を超える人数が障害者支援施設に受け入れられている実態や，相談支援事業所の支援を受けながら地域で生活する矯正施設を退所した障害者の存在を勘案すれば，受け入れの量そのものが不足しているわけではないといえる。さらに，そもそも受け入れ相談のない事業所が圧倒的に多いことや，「ケースによっては受け入れを検討する」事業所が増加している実態を鑑みれば，潜在的な受け入れの可能性は十分にあると考えてよいだろう。

　それでもなお，矯正施設を退所した障害者の受け入れの調整において，矯正施設，保護観察所，地域生活定着支援センター等でそれぞれ苦慮している現状があることは否定できない。①出身地域の基礎自治体での支援を基本としつつ，②生活支援および地域移行を含めた個別支援を実施する事業所を支える体制の構築，③障害特性や犯罪の態様，被害者への配慮，加害リスクに応じ，障害保健福祉圏域もしくは都道府県を単位として受け入れが可能な事業所の計画的な確保の3点が重要であると考えられる。併せて，地域生活定着支援センターは，矯正施設や保護観察所の求めに応じて，援護の実施者である基礎自治体における地域自立支援協議会および相談支援事業所を基軸とした枠組みや当該地域のキーパーソンに関する情報提供を確実に行うことが求められる。

2．福祉による矯正施設退所者支援のスタンダードづくりと人材養成

　ソーシャルワーク専門職のグローバル定義が示すように，社会的包摂や人権，多様性の尊重は福祉による支援の中核をなす。福祉による支援は生活上の困難や生きづらさを抱える人やその環境に働きかけるものであり，その対象は当然のことながら矯正施設を退所した障害者を含むものである。経験の高い相談支援事業所で見られた，維持・継続できる支援関係の構築や，「支援の3段階モデル」はこうした福祉支援がより具体的・実践的に顕れたものであると言えるだろう。そして，相談支援事業所等が関わったケースでは，前年度「地域」にいたケースの1年後の状況は，生活状況が不安定なケースは決して少なくないものの，それでも再度矯正施設に収容されることなく「地域」に居住し続けており，福祉の支援による反射的な効果は低いものではないと考えれられる。

　本人がより良い生活を主体的に選択し続けられるよう本人や環境に働きかけ

ることが福祉による支援の基本であることを前提に，矯正施設を退所した障害者への具体的・実践的な支援のスタンダードを作ることが今後必要になってくるだろう．併せて，前述したとおり，矯正施設を退所した障害者は障害者全体から見ると圧倒的に数が少ないため，支援者は支援経験を蓄積することが非常に難しいだけでなく，そもそも対象ケースに出会う可能性が非常に低い．支援のスタンダードの習得に関して，福祉分野の人材養成における位置づけを検討する必要がある．

VI おわりに

矯正施設を退所した障害者の地域生活支援に関する障害福祉による対応について，調査研究の結果を示して地域生活支援の現状を概観した．受け入れおよびバックアップ体制の整備，および福祉による矯正施設退所者支援のスタンダードづくりと人材養成が今後の課題であると結論づけた．矯正施設退所者支援が障害福祉の政策課題として取り上げられるようになってからわずか8年であり，今後の着実な推進が期待される．

文献

法務総合研究所：知的障害を有する犯罪者の実態と処遇．2014.
厚生労働省：障害福祉サービス，障害児給付費等の利用状況について．2016.
内閣府：障害者基本計画（第3次）．2013.
小野隆一，木下大生，水藤昌彦：福祉の支援を必要とする矯正施設を退所した知的障害者等の地域生活移行を支援する職員のためえの研修プログラム開発に関する調査研究．国立のぞみの園紀要，4；1-25, 2011.
小野隆一，木下大生，水藤昌彦ほか：矯正施設を退所した知的障害者を受入れた障害者支援施設に関する実態調査（1）「地域生活移行の取り組みについて」．国立のぞみの園紀要，5；19-27, 2012.
大村美保，木下大生，志賀利一，相馬大祐：矯正施設を退所した障害者の地域生活支援：相談支援事業所に対する実態調査及び事例調査から．国立のぞみの園紀要，6；25-37, 2013.
大村美保，相馬大祐，五味洋一，信原和典，志賀利一：障害福祉サービスによる矯正施設退所者の受入れ・支援に関する研究Ⅰ「全国の障害者支援施設及び5自治体の障害福祉サービス事業の全数調査より」．国立のぞみの園紀要，8；99-112, 2015.
大村美保，相馬大祐：矯正施設を退所した障害者の地域生活支援に関する研究．司法福祉学研究，15；32-45, 2015.
障害者施策推進本部：重点施策実施5カ年計画．2007.

第Ⅱ部
地域生活支援の課題

第Ⅱ部｜地域生活支援の課題

第1章
刑事政策の観点から

「刑事司法の福祉化」の課題

辰野文理

Ⅰ　刑事政策における再犯防止への取り組み

　刑事政策は，社会秩序の維持・安定を図るためにとられる犯罪予防や犯罪者処遇の諸政策を指す（大谷，2009）。この観点からみると，犯罪は，その害が社会的に重大で，それを放置しておくと社会秩序の維持が困難になるものということになる。社会秩序の維持のため，すなわち，社会の安全を守ることにより国民の平穏な暮らしを確保するには，犯罪抑止や再犯防止のための施策や対策を探求する必要がある。ところで，犯罪の量という点からみると，近年，その認知件数は減少傾向にある。しかし，依然として，刑務所出所者や少年院出院者による再犯は続いている。刑事政策的な観点からは，犯罪の総量をさらに減らすために，再犯を減らす対策を講じることが重要となる。

　そこで政府は，2008年の「犯罪に強い社会の実現のための行動計画2008」において，重点課題として「身近な犯罪に強い社会の構築」に続けて「犯罪者を生まない社会の構築」を掲げ，その中で「福祉による支援を必要とする刑務所出所者等の地域生活定着支援の実施」に取り組むこととした。さらに2012年7月，犯罪対策閣僚会議において，「再犯防止に向けた総合対策」が決定された。[註1]

[註1]　平成19年版犯罪白書は「再犯者の実態と対策」と題した特集を組み，昭和23年から平成18年までの犯歴の統計から，有罪の確定裁判を2回以上受けた「再犯者」と1回だけ受けた「初犯者」を区分し，28.9％の再犯者によって57.7％の犯罪が行われていることを明らかにして再犯者対策の重要性を示した。研究の詳細は，染田惠・小板清文・郷原恭子・水上太平・櫻田香ほか：法務総合研究所研究部報告42：再犯防止に関する総合的研究（法務省法務総合研究所，2009）を参照。

［たつの・ぶんり　国士舘大学法学部教授］

同対策は重点施策として，対象者の特性に応じた指導及び支援を強化する，社会における「居場所」と「出番」を作る，など4項目を掲げている。このうち「対象者の特性に応じた指導及び支援の強化」は，高齢者または障害者など再犯リスクの高い対象者に対し，個々の特性に応じた効果的な取り組みを充実し，刑務所などの収容中から出所後まで一貫性を持って継続的な取り組みを進めるとしている。「居場所」を作る取り組みとして，更生保護施設や自立更生促進センターにおける受け入れの推進や，2011年度から開始された緊急的住居確保・自立支援対策による自立準備ホームなどの一時的帰住先の拡大などがある。

政府の再犯者対策と並行して，2006～2008年度の厚生労働科学研究「罪を犯した障がい者の地域生活支援に関する研究」は，15施設のサンプル調査の結果として，刑務所内の知的障害者またはそれを疑われる者410名のうち，療育手帳所持者は26名(6%)であることを明らかにしている。刑務所に収容されている知的障害者の多くは，生活の困窮や社会的な孤立といった問題を抱えたままに軽微な犯罪を繰り返しているのではないかという問題の指摘である。

知的障害者に限らず，高齢者やホームレスなどは，生活の困窮や社会的な孤立というほぼ同じような問題を抱えている。そうした問題を背景にして軽微な犯罪を繰り返す者の存在が注目されるようになってきたのである。犯罪の総量を減らすためには，こうした同種の犯罪が繰り返される状況に対応する必要がある。また，再犯することなく社会生活を送るためには，置かれた状況を改善する方向への対応策が必要と考えられるようになってきたのである。

こうした流れを受けて，全国に地域生活定着支援センターが設置され，刑務所などの矯正施設を出所した者で特別な福祉的支援を必要とする者に対するいわゆる「出口支援」が開始された。さらに，早期に福祉につながっていれば矯正施設に入らずにすんだ者も相当数いるのではないかとの指摘がなされるようになり，捜査の段階から福祉的支援につなげようとする，いわゆる「入口支援」も注目されるようになった。

一方，刑事政策的観点からは，①犯罪者を改善し，社会復帰を促すために効果的な処遇，②自由刑の弊害防止策やスティグマの回避策，③円滑な社会復帰を図るための方策，④人権保障に配慮した社会防衛のあり方，といった視点が必要である。

具体的には，再犯を防ぐためにはどのような方法が有効か，刑事司法においてどのように扱われるべきであるか，そして，それらの刑事政策的対応により

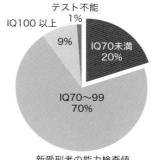

2015年の新受刑者のうち
IQ70未満の者の割合は約20％
（21,539人中4,270人）
- ▶ 男性 19.3％
- ▶ 女性 24.2％

罪名「窃盗」の者では
- ▶ 男性 27.7％
- ▶ 女性 33.4％

図❶　新受刑者のIQ（『2015年矯正統計』による）

国民の応報感情は満足するかといった点を検討することになる。そこで，本章においては，刑事政策的な観点から，こうした障害者による触法行為について，「犯罪を抑止する」ことに主眼を置いて検討する。

Ⅱ　知的障害者などの要保護犯罪者と犯罪行為

　刑事施設に入所する者の統計から，刑事司法が対象とする領域における知的障害を有する者などの状況について確認する。

1.　刑事施設における新受刑者のIQ

　刑事施設内の収容者の統計である『矯正統計年報』によると，2015年の新受刑者のうち，約20％がIQ70未満である（**図❶**）。受刑者の知能に関する検査は，CAPAS（Correctional Association Psychological Assessment Series）を用いて実施されており，矯正統計年報では，「新受刑者の能力検査値」とされている。あくまでもIQ相当値であって，この値のみをもって知的障害者数を把握することは正確ではないが，IQ70未満の受刑者を知的障害（の疑いのある）者ととらえると，その数

[註2]　おもに成人受刑者の能力や学力を測定するために財団法人矯正協会によって開発された検査。集団で実施される能力検査Ⅰ（主に作業適性や試行判断能力を測定する）と個別に実施される能力検査Ⅱ（基礎学力を測定する）から構成される。鴨下守孝・松本良枝編集代表『改訂矯正用語事典』東京法令出版，2009）。

[註3]　法務総合研究所研究部報告52によると，CAPAS能力検査値と個別知能検査値を比べ，両者の間には弱い正の相関が認められ，CAPAS能力検査値は，受刑者の知能をおおむね反映した結果であるとしている。ただし，特に高齢の知的障害受刑者の場合は実際の能力よりも相当低く出る傾向もうかがえたとされる。

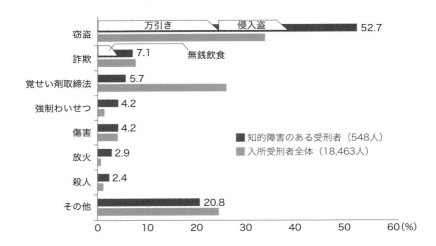

図❷　受刑者の罪名（2012年1月～9月末の入所者）（『法務総合研究所研究部報告52』pp.29-30より作成）

は全入所受刑者の2～3割となる（2006年以降の値による）。

　なお，新受刑者の知能指数の入所時調査については，従来，田中ビネー式知能検査を利用していたが，その当時の状況をみると，たとえば，1974（昭和49）年における新受刑者の知能指数79以下の者は，男子で33.0％，女子で50.7％であり，また，1977（昭和52）年の調査でも，男子36.0％，女子53.4％であることから，知的障害が疑われる者が刑務所内に相当数存在している状況は従来からあまり変わっていないといえる。

2．受刑者の罪名

　法務総合研究所研究部報告52は，知的障害を有する者と知的障害の疑いのある受刑者の罪名について調査結果を報告している（図❷）。同報告書は，全国の刑務所などを対象とした調査において，知的障害を有する者と知的障害の疑いのある者を合わせて「知的障害受刑者」とし，その罪名について，万引き，

[註4]　同報告書における定義は次のとおりである。知的障害を有する（受刑）者とは，各刑事施設において知的障害を有すると診断された者であり，矯正統計上の精神状況についての分類が「知的障害」とされた者と同義である。一方，知的障害の疑いのある（受刑）者として，「各刑事施設において，CAPAS能力検査等によって，知的障害の精査が必要と判定された者のうち，その後の精査によって知的障害の可能性が高いが，医師による確定診断や発症時期の証明等が未了のため，知的障害の認定に至っていない者」をいう。

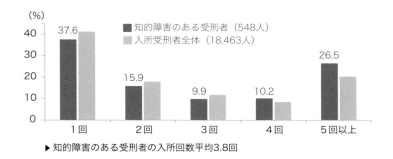

図❸　入所回数（2012年1月～9月末の入所者）（『法務総合研究所研究部報告52』p.31, p.162より作成）

侵入盗，無銭飲食が多いとしている。これらの罪種で受刑に至るまでには，一般的に，微罪処分や起訴猶予，執行猶予などの処分を経ていると推測される。すなわち，万引きや無銭飲食が常習化しており，何回も重ねた結果として，刑事施設に収容されているものと思われる。

3. 入所回数

さらに，法務総合研究所研究部報告52に報告されている知的障害を有する受刑者の入所回数をみると，平均は3.8回であり，5回以上の者の割合も26.5%と多い（**図❸**）。入所回数が多数となる背景として，出所後，短期間で再犯に至っているために，実刑を重ねている状況があると考えられる。

知的障害を有する者の定義が動くことや，軽微な財産犯罪の量は経済状況による影響を受けやすいことから，刑事司法が対象とする領域に知的障害者がどの程度存在していたかをさかのぼって確認することは難しい。しかし，刑事司法関係者の間では，軽微な窃盗などの犯罪を繰り返して刑務所を出たり入ったりする知的障害者が一定数存在することは以前から認識されており，むしろ，それほど問題視されずに経過してきたのではないかと考えられる。

Ⅲ　刑事司法領域における福祉的対応

刑務所を満期で釈放された者などは，住居や就労の課題を抱えているために生活が安定せず，再犯に陥りがちである。その再犯を防ぐために，釈放後，早

期に何らかの保護的な措置が必要であるという認識は従来からあった。その一つとして、更生緊急保護があげられる。その後、2009年以降、地域生活定着支援事業に代表されるような、司法と福祉の連携による、いわゆる「出口支援」と呼ばれる取り組みがなされるようになり、さらに、被疑者・被告人段階での「入口支援」も始められた。刑務所からの釈放者に対し、再犯を防ぐために行われる支援だけでなく、刑務所に入らないようにするための支援が求められるようになったのである。「司法の福祉化」といわれる動きである。

1. 更生保護段階での更生緊急保護[註5]

　更生緊急保護は、満期釈放者、保護観察に付されない執行猶予者、起訴猶予者、罰金または科料の言渡しを受けた者などが、刑事上の手続きまたは保護処分による身体拘束を解かれた後に、親族からの援助を受けることができない、もしくは公共の衛生福祉に関する機関その他の機関からの保護を受けられない場合、またはそれらの援助では改善更生することができないと認められる場合にとられる保護措置である。[註6]

　更生緊急保護の内容は、①金品の給与や貸与、②宿泊場所の供与、③宿泊場所への帰住援助、④医療、療養を助ける、⑤就職を助ける、⑥教養訓練を助ける、⑦職業補導、⑧必要な生活指導、⑨生活環境の改善または調整を図ること、であり、その保護の期間は、原則として、身体の拘束を解かれた日の翌日から6カ月を超えない範囲内である。

　ここでいう「公共の衛生福祉に関する機関その他の機関」として、生活保護法、生活困窮者自立支援法、障害者総合支援法、精神保健福祉法など基づき、医療や福祉サービスを提供する公共の機関や事業者などを指す。たとえば、生活保護を受けるための申請書を提出してもその決定までに数週間はかかることから、受給の決定を待っている間に所持金が尽きてしまう場合などがありう

［註5］　更生緊急保護は、1950年の更生緊急保護法（昭和25年法律203号）に基づき、満期釈放者や起訴猶予者などで刑事手続き上の身体の拘束を解かれた者に対して緊急的に実施される保護措置である。更生保護施設（従来の呼称は、更生保護会）に委託する措置もその保護の内容の一つである。更生緊急保護の規定は、その後の法改正などを経て、2007年6月に成立した更生保護法の第85条以下に規定されている。

［註6］　生活保護法と更生緊急保護法との関係について、優先関係は法律上存在せず、更生緊急保護の対象となる者であっても生活保護法の適用が可能であるとの厚生省の見解が制度発足当初に示されている。（昭25.9.21中委614号通達及び昭25.8.21社乙132号厚生省社会局長発都道府県知事あて通達）

る。更生緊急保護の措置は，そうした状況下で再犯に至ることを防ぐための保護や援助と位置づけられる。再犯に至るのを防ぐという刑事政策上の要請による一時的なものであるが，実際に行われる措置の内容は福祉的な支援に近い。

また，更生保護の対象者を受け入れる民間の施設として更生保護施設がある（2015年4月現在，全国に103の施設があり，全国の収容定員は約2,400人である）。多くは民間の更生保護法人によって運営されているが，近年は社会福祉法人やNPOが運営する施設もある。2009年度からは，指定された全国57の更生保護施設において，高齢または障害によって自立が困難な刑務所出所者などを支援するために，社会福祉士などの福祉スタッフが配置され，バリアフリー化が進められている。これらの施設においては，後述の特別調整による受け入れや，福祉施設に入所するまでの間の受け入れが行われている。

更生緊急保護の措置を受けるための手続きは，本人からの申し出の上で，保護観察所の長が保護の要否について判断し，必要に応じて措置が選定される。

そのため，軽度知的障害の者などへの対応においては，身柄釈放時に検察官や刑事施設の長などから受ける更生緊急保護の説明に対する理解，更生緊急保護の申し出をするために保護観察所に自ら出向くこと，保護観察所での面接において自分の置かれている状況を適切に説明できるかどうか，といった点に不安や課題がある。たとえば，更生緊急保護がどのような制度であるかを十分に理解しないまま保護観察所に来所するケースや，保護観察所までの交通手段や経路に不安が残るケースもある。さらに，更生緊急保護は，いわば必要最小限の措置であることから，そこでの措置は一時的な支援がほとんどであり，中長期的にみると，その先の保護につなぐ必要が生じる。

なお，被疑者段階で，障害が疑われる場合などへの対応として，2013年10月から「更生緊急保護事前調整モデル」が開始されている（後述の検察段階での「入口支援」参照）。

2．矯正段階における特別調整

障害や高齢の問題を抱えた犯罪者は，矯正施設を出た後の行き場所が定まらない者が多く，自立した生活を送ることが困難であることが多い。その結果，再犯に至る場合があり，矯正施設への入所を繰り返すことになる。

こうした状況に対応するため，厚生労働省は，2009年度から「地域生活定着支援センター」の設置を開始した。地域生活定着支援センターは，保護観察

所と連携して，矯正施設に入所中から，出所後に必要な福祉サービスの把握や出所後の受け入れ先調整などを行う（特別調整）[註7]。司法と福祉が連携することで，矯正施設を出所後，直ちに，障害者手帳の発給や社会福祉施設への入所などの福祉サービスが受けられることが期待される。

特別調整の対象は，被収容者であって，以下に掲げる要件のすべてを満たすものとされる。

① 高齢（おおむね65歳以上）であり，または身体障害，知的障害若しくは精神障害があると認められること。
② 釈放後の住居がないこと。
③ 高齢または身体障害，知的障害若しくは精神障害により，釈放された後に健全な生活態度を保持し自立した生活を営む上で，公共の衛生福祉に関する機関その他の機関による福祉サービス等を受けることが必要であると認められること。
④ 円滑な社会復帰のために，特別調整の対象とすることが相当であると認められること。
⑤ 特別調整の対象者となることを希望していること。
⑥ 特別調整を実施するために必要な範囲内で，公共の衛生福祉に関する機関その他の機関に，保護観察所の長が個人情報を提供することについて同意していること。

特別調整対象者は，新たに生活環境調整対象者となる者から，その者に対して特別調整の趣旨や内容を説明し，特別調整対象の候補者となることについての意向を確認して選定される。2012年の数値であるが，法務総合研究所研究部報告52によると，知的障害を有する受刑者535人のうち特別調整の要件に該当する者は150人（28%）であることが報告されている（図❹）。

3．検察段階での「入口支援」

検察段階においても，2012年度から，いわゆる「入口支援」が開始されて

［註7］この取り組みは，平成21年4月17日付け法務省保観第244号法務省矯正局長・法務省保護局長連名通達「高齢又は障害により特に自立が困難な矯正施設収容中の者の社会復帰に向けた保護，生活環境の調整等について」に基づくものである。

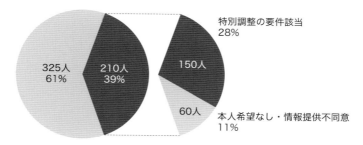

知的障害を有する受刑者（2012年1月〜9月末の入所者）総数535人

図❹　矯正段階／特別調整（『法務総合研究所研究部報告52』p.53より作成）

[註8]
いる。福祉関係機関と連携して福祉的な措置につなげる試みである。

　また、更生緊急保護を活用するいわゆる更生保護における「入口支援」についても、2013年10月から、複数の保護観察所をモデル庁として開始されている。[註9]これは、保護観察所が対応する検察庁と連携の上、起訴猶予処分が見込まれる勾留中の被疑者のうち福祉的支援を要する者を対象に、「更生緊急保護の事前調整」を行うものである。事前調整の対象者は、起訴猶予による更生緊急保護が見込まれる勾留中の被疑者であり、検察官からの依頼に基づき保護観察所が実施する。「事前調整」として、釈放後の福祉サービス受給や住居確保のための調整が実施され、さらに、本人から保護の申し出を受けた場合、起訴猶予処分となったときのフォローアップとして、更生保護期間6カ月の継続支援が行われる。

　2013年度に支援が実施された88人の罪名は、窃盗54件、詐欺10件（無銭飲食8件、無賃乗車2件）、占有離脱物横領5件、住居侵入・建造物侵入4件、銃刀法違反4件、暴行2件、傷害2件、その他7件であり、その状況は、ホームレス57人、知的障害14人、精神障害7人、身体障害3人、高齢者12人、アルコール依存症4人、認知症3人であった（重複計上あり）。支援内容は、居住地（更生保護施設、自立準備ホーム等）の確保66人、就労支援8人、生活保護受給の調整11人、

[註8]　検察段階での対応として、検察官が社会福祉士の助言を受ける取り組みが、長崎、松江、大阪、京都などの検察庁において試行されている。京都地検での取り組みを紹介したものとして、中村葉子：検察における起訴猶予者等に対する再犯防止の取組について：京都地方検察庁における取組を中心に．犯罪と非行，180；36-54, 2015を参照．

[註9]　更生緊急保護事前調整モデルは、2013年度から、仙台、福島、水戸、富山、広島、高松、熊本の7保護観察所で実施され、翌2014年度は、札幌、釧路、前橋、甲府、岐阜、名古屋、神戸、奈良、松江、徳島、佐賀、大分、宮崎の13庁が追加された。

福祉・介護サービスの利用の調整 17 人であった（重複計上あり）。また，フォローアップが 63 人に実施されている（法務省サイト，報道発表資料（平成 26 年 5 月 23 日）「起訴猶予者に対する更生緊急保護を活用した新たな社会復帰支援策の拡充について」による）。

「更生緊急保護の事前調整」により，被疑者の勾留段階からその特性（高齢者，障害者，ホームレスなど）に応じ，事後の措置について調整が可能となる。試行段階であり，今後の実績をみながら検討する必要はあるものの，起訴猶予者に対して，釈放後の生活の安定を支援することで，釈放直後の不安定さは解消され，再犯を防止する効果はあるものと考えられる。ただし，状況としてホームレスの者も多く，犯罪から遠ざかった生活を営めるようになるまでには時間がかかる。社会的役割や人間関係を築けるようになるための長期的な支援の提供にどのように結びつけるかが課題である。[註10]

4．警察段階での対応

いわゆる「入口支援」の前の段階として警察段階での対応がある。その一つとして，微罪処分による対処の可能性について検討する。

刑事訴訟法 246 条は，「司法警察員は，犯罪の捜査をしたときは，この法律に特別の定のある場合を除いては，速やかに書類及び証拠物とともに事件を検察官に送致しなければならない。但し，検察官が指定した事件については，この限りでない。」と規定している。この但し書を受けて，犯罪捜査規範は，「捜査した事件について，犯罪事実がきわめて軽微であり，かつ，検察官から送致の手続をとる必要がないとあらかじめ指定されたものについては，送致しないことができる」(198 条)としている。これが微罪処分である。

警察庁の犯罪統計書によると，2014（平成 26）年の刑法犯における微罪処分は，73,894 人であり一般刑法犯検挙人員の 29.4％にあたる。罪種別にみると，窃盗の中の非侵入盗が 44,704 人(60.5%)であり，以下，占有離脱物横領が 12,142 人(16.4%)，暴行が 11,236 人(15.2%)，乗り物盗が 3,601 人(4.9%)である。この非侵入盗を手口別にみると，万引きが 35,083 人であり，微罪処分全体の 47.5％を占める。微罪処分となり得る対象は，都道府県によって多少の違いはあるものの，①成人の事件であり，②窃盗・詐欺・横領については，被害額が

[註10] 被疑者・被告人段階で，福祉専門職が作成する「更生支援計画書」においては，具体的な支援策や中・長期的な支援計画の策定が求められる。堀江まゆみ・水藤昌彦監修／一般社団法人東京 TS ネット編著：更生支援計画をつくる：罪に問われた障害のある人への支援．現代人文社，2016，pp.34-36 を参照．

おおむね2万円以下であり，犯情が軽微なもの，③暴行については，凶器を使用せず，偶発的犯行で犯情が軽微，被害者が処罰を希望しないもの，④賭博については，賭けた財物が僅少なもの，犯情が軽微なもの，などである。[註11]

犯罪捜査規範200条によると，この場合に，①被疑者に対して厳重に訓戒を与えて，将来を戒めること，②親権者，雇主，その他被疑者を監督する立場にある者を呼び出して，将来の監督につき必要な注意を与えてその請書を徴すること，③被疑者に対し，被害者に対する被害の回復，謝罪その他適当な方法を講ずるようにさとす，などの処置がなしうる旨が規定されている。

そこで，たとえば，店舗から万引きや無銭飲食の被害が出された場合，実際の現場においては，担当警察官が取り調べを行い，動機や反省の度合いを確認したり，指導をしたりすることになる。

しかし，知的障害者の中には，質問に対して即答はするものの，質問の意味が十分にわかっていなかったり，表面的な決まった返答しかしない者もいる。応答の様子から多少の障害を疑っても，担当警察官が医療的・福祉的に判定することは難しく，また，そうした機能も求められていない。他方，すでに福祉施設に関わりを持っている対象者の場合は，施設の関係者に来署を求めて監督を委ねることがある。その場合，被害者側の態度によっては，微罪処分にも至らないこともあり得る。

ところで，現行の基準では，2度目以降の者は「素行不良者」とみなされるため，「窃盗，詐欺，横領」においては，原則として微罪処分は適用されない。犯罪者としての烙印の回避に重点を置くならば，警察段階より先に進むことを避けるために微罪処分の適用範囲を広げる必要がある。ただし，その場合，支援が必要な対象者にできるだけ早期に必要な支援が提供されることが重要となる。そのためには，警察段階で障害が疑われた場合にそれを調査・診断して判断する機関の存在や弁護士を介したダイバートの取り組みをシステム化することも必要となる。

Ⅳ　刑事司法の福祉化の課題

以上のとおり，刑事政策的観点からの取り組みは，従来からの更生緊急保護の保護措置に加え，近年，地域生活定着支援事業に代表されるような刑務所か

[註11] 一方，通常逮捕した事件や告訴告発事件，自首事件，否認事件は，対象から除外されている。

らの釈放者に対する支援や，刑務所に入らないようにするための支援が導入され，今後も拡充される方向にある。その一方，刑事政策の観点からみた場合，以下の課題がある。

1. 刑事司法の機能と限界

刑事政策における施策は，福祉にはない強制力がある。そのため，刑罰を科して刑事施設に収容することによって再犯を防止することや，処遇プログラムの受講や福祉施設への居住を義務づけることも可能である。しかし，刑期を終えた後は，強制力が働かず，継続的な生活面のサポートはできない。さらに，刑罰はその対象として，基本的には合理的判断ができることを前提とするため，刑罰を予定していても，十分な抑止力とならない可能性がある。

一方，刑罰を回避して福祉につなごうとすると，福祉への「丸投げ」になるおそれがある（浜井，2014）。司法と福祉の連携場面において，「丸投げ」とならないような実質的な連携が必要であるが，刑事政策の諸機関はそれぞれの役割や範囲を持っており，手を離れたケースに関わり続けることは現実的には難しい。

仮に，刑事政策の諸機関から調整を経て福祉施設などに保護されたとしても，多くの施設は，再犯を抑止する強制力を備えているわけではないため，再犯を防ぎきれない場合もある。しばられることを嫌うケースや放浪癖のあるケースなど，施設に落ち着かない場合もある（長崎新聞社累犯障害者問題取材班，2013）。まずは，凶悪性や窃盗癖などの改善が必要なケースもある。

2. 刑事司法が福祉化することに対する社会の理解

一度犯罪を犯した者が，社会で生活を送っていくためには，生活の場である社会の理解が必要となる。社会の中で居場所や役割を得られることが重要であり，承認が必要である。そのためには，犯罪者というレッテルや，刑務所出所者であるというレッテルはできるだけないことが望ましい。

他方，犯罪を犯した者に対して隔離や排除を求める声も根強く，福祉的な措置のみを推進することには人々の意識の中にも抵抗感がある。社会的に非難される対象が刑罰を受けることなく福祉に回ったり，福祉につながってからも犯罪行為を繰り返すような事態が重なると，対処方法に対する不信が高まったり，「やはり犯罪者は更生しない」という認識が広まることになる。その結果，福祉的な対応への不信が高まったり，より重い刑罰を科すことを求める声が高

まることになる。

　時間と労力が必要ではあるが，刑事政策が福祉的な対応を取り入れることに対する不安を徐々に払拭する必要がある。そのためにも，障害と犯罪を直接結びつけがちな一般意識の背景を明らかにしていくことが求められる。

3. 求められる刑事政策における対応

　これまでみてきたような比較的軽い犯罪を繰り返している知的障害者に対する一連の動きは，非刑罰的処理により単にレッテルを貼らないというだけではなく，再犯の防止も念頭に入れた福祉的措置を選択する方向に進みつつある。刑事司法システムから社会福祉システムへのダイバージョンの動きともいえる（石川，2014）。このダイバージョンの対象となる人々は，刑事司法の領域に至る前に福祉的な対応があれば，犯罪と無関係の生活を送れていた可能性もある。できるだけ早い段階での判断や介入が望ましい（宍倉，2015）。

　また，こうした人々の再犯を防ぐためには，対象者のもつ障害特性への理解と適切な対応がなされる環境を整える根本的な問題解決が必要となる（坂根，2016）。すなわち，犯罪を犯さない生活を送ることができるような環境整備が重要となる。

　刑事司法の各機関には，事例を積み上げることにより，ケースへの理解を深めるとともに，こうした人々が刑事司法の領域に回ってくることのないように根本的な問題解決をはかるための材料を提供していくことが求められる。

文献

浜井浩一：高齢者・障がい者の犯罪をめぐる議論の変遷と課題．法律のひろば，67（12）；4-12, 2014.
石川正興編著：司法システムから福祉システムへのダイバージョン・プログラムの現状と課題．成文堂，2014.
長崎新聞社累犯障害者問題取材班：居場所を探して：累犯障害者たち．長崎新聞社，2013.
大谷 實：新版 刑事政策講義．弘文堂，2009.
坂根真理：知的障害者と保護観察処遇．（今福章二・小長井賀與編）保護観察とは何か．法律文化社，2016.
宍倉悠太：罪を犯した発達障害者に対する法的対応策の考察：刑事司法システムにおける対応を中心に．早稲田大学社会安全政策研究所紀要，7；141-201, 2015.

第Ⅱ部｜地域生活支援の課題

第**2**章
司法福祉の観点から

地域生活定着促進事業の成果と課題

小長井賀與

Ⅰ　はじめに──本章の視座

　犯罪者処遇の主要な目的は再犯を防止することである。健常者であっても犯罪者の多くは不遇な成育歴等に起因するさまざまな問題を抱えるために、改善更生も社会復帰も容易ではない。触法障害者は障害をもつために、事態は一層困難であろう。

　そのような中、福祉ニーズがあるのに福祉のケアを受けられずにきたことが犯罪の要因となっている触法犯罪者が多くいることが社会に知られ、2009年度から地域生活定着促進事業（以下、「本事業」とする）が実施されている。本事業の趣旨は、福祉ニーズのある触法者を司法から福祉へ円滑に繋いで、地域に定着して安定した生活を送るのを助けることにある。

　本章では「地域生活に定着」という事業目的に沿って、本事業の成果と課題について考えていく。考察に当たっては、一般社団法人・全国地域生活定着支援センター協議会による平成26年度「都道府県地域生活定着支援センターの支援に関わる矯正施設再入所追跡調査」報告書、筆者が2014年度と2015年度に行った地域生活定着支援センター（以下、「センター」とする）2カ所での面接調査の結果および2009年度に行った更生保護施設2カ所での面接調査の結果を拠り所としたい。

［こながい・かよ　立教大学コミュニティ福祉学部教授］

Ⅱ 全国の地域生活定着支援センターの業務の成果

　センターの全国協議会が平成 26 年度に行った前述の調査報告書（全国の 48 センター中 45 センターが回答）によると，事業開始約 4 年半の間に支援した者 4,492 名中の再犯者率は 8.3％であり，刑事施設再入所率は 5.92％である。平成 27 年版犯罪白書に報告されている，平成 22 年の刑務所全出所者の 4 年間と 5 年間の累積再入所率のそれぞれ 34.9％，38.6％に比べ，相当低い。この数値は，本事業によって該当する触法障害者を刑務所出所後に円滑に福祉へ繋ぐだけで，相当程度の触法障害者の再犯を抑止できていることを表す。

　一方で，福祉的な支援を行っても再犯を防げない触法障害者が一定数いることも示されている。同報告書は，刑務所への再入所を繰り返す者に共通する個人的特性として，「人間関係を含めた環境適応上の困難，ストレスへの対処を含む感情統制の悪さ，衝動的な行動傾向，人間関係の困難，他人の権利を侵害しているという認識の欠如」を挙げている。さらに，再入所を繰り返す者への支援体制上の特徴として，「必要な福祉サービスと生活支援は提供済み，精神面での支援の不足，司法と福祉領域での支援体制の不備，リハビリプログラムの欠如，アセスメントの不充実，支援の質的内容への疑問，障害特性と支援とのミスマッチ等[註1]」があるとしている。

　以上の調査報告から，本事業がおおむね有効に機能しているが，一群の対象者への支援には課題があることが確認できる。では問題の所在はどこにあるのか，筆者が行った二つの調査結果に基づいて考察する。

Ⅲ 地域生活定着支援センター職員への面接調査

　筆者は，2014 年度と 2015 年度に地方都市および首都近県のセンター各 1 カ所を訪問し，本事業の現状と課題について半構造化面接調査を行った[註2]。その結果を前述の全国センター協議会による追跡調査を補強する質的調査と位置づけ，センター業務の実態を探っていく。

[註1]　表記は出典のとおり。
[註2]　科研費研究（研究代表者：生島浩，基盤研究（A）課題番号 25245062，課題名「触法障害者の地域生活支援プロジェクトの評価に関する実証的研究」）の一環として実施した。

1. 地方都市のセンターでの面接調査結果

　ある地方都市のセンターで業務の現状と課題について面接調査を行った[註3]。以下は被調査者の回答の概要である。

1）支援ニーズのアセスメント

　医療保護、生活保護、福祉就労、金銭管理指導の必要があるかどうか、また、犯罪のサイクルを特に注意していく必要があるかどうかを主な指標としている。刑務所・保護観察所の情報を参考にしながらも、定着相談員は、対象者に対し、矯正施設入所中に、定期的に複数回の面接を重ね、より確かなニーズ把握に努めている。

2）再犯リスクのアセスメントと管理

　定まったアセスメントの方式はない。個々の対象者の一定の状況下での反応パターンはわかるので、そこから各人の再犯リスクを推し測っている。ただし、再犯リスク管理の定まった方法はなく、問題が生じたらその都度対処している。

3）再犯リスクに関連して当面する課題

　当センターは受託団体である。対象者に行動を強制する権限はなく、言葉で指導・助言するだけである。処遇困難ケースは、関係機関でケース会議やケア会議を行う。福祉施設入所ケースに関して問題が生じたら、誤解や偏見を解くと共に必要な助言を行い、取り成す。しかし、最終的な判断は各施設に委ねる。

　対象者は満期釈放者が大半である。保護観察所と異なり、センターで扱うケースには満期がない。センター開所後4年で支援対象者が増加してきた。福祉サービスに馴染まないケースや、周囲の誤解や偏見のために対応困難ケースも多く、障害者相談支援事業所への移行は思うように進んでいない。また、地域で生活している者にはアフターケアをする義務がある。定着相談員のアフターケアやフォローアップがあってこそ、地域生活が継続できているケースも多い。

4）できた支援

　生活環境に適応できる人には次の共通点があると思う。このような対象者への支援は実を結ぶ。

- 金銭管理ができる人。第三者（後見人、当センターなど）に管理を任せられる人。
- 家族と歩み寄れた人。たとえ引き取られなくても、家族関係がある程度修復できた人。
- 過去帰住地が一定であった人。たとえ過去に市町村と問題を起こしていても、住む所が一定なら、市町村も住民として扱わざるを得ない。

5）できていない支援とその理由

　事業開始5年目で、福祉ニーズだけの人は出尽くした感がある。今受理するのは、福祉支援だけでは収まらない人が多い。対象者の8割には薬物やアルコール問題があって、医療に繋がる必要がある。しかし、医療は、薬物・アルコール問題がある触法者の受け入れには慎重である。一方で、当センターの近くにダルクがあるが、ダル

［註3］　2014年8月6日に所長と相談主幹、さらに2015年3月23日に所長、相談主幹、相談員に対し計3時間45分の面接調査を実施した。

クのプログラムの理解を基本に長期のトレーニングを要するため，適する人間は限られる。このように福祉ニーズだけでない人への支援は，移行先の確保を含めて簡単ではない。

6）センターに繋がるまでの問題点

刑務所・保護観察所と当方には認識の違いがある。刑務所は福祉へ引き継いだ時点で対象者から離れるが，対象者がその後の生活で課題を抱えている場合が多い。刑務所では出所直前の釈放前教育を行う程度である。刑務所勤務の社会福祉士がいるが，待遇が不安定な非常勤が多く，定着しない。その結果，福祉的支援を安定的に行えず，矯正施設内での発言力も弱い。刑務所内で対象者の改善更生と社会復帰のための教育プログラムを確立させるべきである。

一方，保護観察所では，特別調整担当官や観察所間での認識の差が大きい。特に福祉的支援が必要な発達障害者等で自己反省や障害受容ができてない人が特別調整に選定されると，かなり問題が生ずる。保護観察所も刑務所同様に，特別調整終了時点で対象者との関係は終わる。刑期終了後は一般人となるため当然の対応といえるが，地域社会で暮らす準備段階において何らかの対応が必要である。

7）センターに係属してからの問題点

対象者は単なる福祉ニーズのある者ではなく，高齢者・障害者という類型で単純に括れない特性をもつ。多様な特性やニーズに応じて，関係機関が連携して支援する必要がある。矯正施設の職員には，対象者の特性を理解するための研修が必要である。センターの職員には「国立のぞみの園」，全国センター協議会，法務省による研修が実施されているが，さらに充実してほしい。「犯罪」に目を奪われることなく，その人に寄り添い，福祉本来の対応を支えるような研修が必要である。厚労省・法務省の連携でそのような研修を行ってほしい。

8）必要なプログラムの不備

刑務所で対象者に「罪の意識」「社会に生きるということ」を含む教育プログラムを行うべきである。さらに，薬物・アルコール問題のある者，犯罪性の進んでいる者には，刑務所や保護観察所でそれに対処する処遇プログラムを行ってほしい。

9）制度上の問題点

［全般的事項／制度設計］事業創設の趣旨は，累犯の障害者・高齢者のなかには，生活環境・場所を整備すれば救える人がいるということだろうが，人口規模が小さい当地での事業はそういう段階は過ぎた。福祉で生活の基盤を整えても再犯を行う対象者がいて，現状ではその割合が増えている。そもそも地域に受け皿を整えて，それを基盤にサービスをデザインすべきだった。地域の受け皿が十分にないので対象者を医療機関に繋ぎがちであるが，医療機関は犯罪性のある者を忌避する傾向がある。福祉側の制度設計とともに，厚生労働省と法務省が協働し，対象者の犯罪性に対処できる，矯正と福祉が融合した中間施設を創るべきである。対象者の特性に見合った受け皿がない中で，野放し状態である。責任の所在も明確でない。センターは単なる事業の受託団体で，何の権限もない。もし対象者が入所施設やアパートで放火をしても，どの組織も責任を取れる体制にない。

［自治体との関係］この事業の課題はセンターというより，地域にある。今まで見えなかった対象者に焦点を当てたことに意義があるが，福祉ですべて賄えない。地域

移行後の住まいについては市長や知事に責任を持たせるべきであり、本来自治体が直でやるべき事業である。その上で、福祉、医療、矯正・保護が役割分担を明確にして、協働すべきである。2015年4月から国の予算が4分の1削減される。減額には、地域の障害者福祉や高齢者福祉の枠組みで対象者を支援せよという厚労省の意図が読み取れる。しかし、自治体には何の動きもない。

［課題］地域移行させる対象者は、分散させるべきである。特定地域に集中させることは、新たな犯罪リスクを生むことになる。地域移行後のフォローアップ体制をどう作るかも課題である。矯正・保護の目的は再犯防止、福祉の目的は「個々人の生活上の満足度を高めること」。つまり、日々の生活が充実していれば再犯には至らないだろうというものである。そのために支援するが、事業の土台ができていない中で、支援者個人のがんばりに負うところが大きい。だが、そもそも対象者の幸せが何かは難しい。「社会の中にあることが幸せ」と思って支援しているが、それぞれの対象者にとって何が望ましいかは簡単ではない。

2. 首都圏のセンターでの面接調査結果

さらに、首都圏のセンターで業務の現状と課題について面接調査を行った[註4]。以下は被調査者の回答の概要である。

1）支援ニーズのアセスメント

福祉サービスというのは、結局「人が人を見る」というスタンスで支援することである。特別なことは何もなく、対象者の能力、精神状態、体調、自己統制の状態を見て、今問題がないか、生きづらさがないかを見て、困っているようだと判断したら支援する。なぜ生きづらいかをみていくこと。とにかく孤立させてはいけない。見守り、相談にのる。障害は治らないけど、全体的・包括的なケアをして、よりよく生きられるように支援する。全体的ということには家族丸ごとということも含まれる。家族にも障害があり、それが当人の生きづらさを増幅している場合がある。だから、家族の生きづらさを軽減する支援をすると、当人の生活が楽になる。そういう生活全体からの見立てが大切である。立ち直りには、自分自身で生活に区切りをつけ、張りを得ることが必要である。それには対象者が自分自身の内面に対峙せねばならないが、それは大変困難な作業であり、そこへ至るまでは周囲で支える必要がある。

2）再犯リスクのアセスメントと管理

刺青や犯罪前歴があると、いろんな面で福祉側の受け入れが難しいが、そういう者であっても生活基盤ができれば再犯リスクは減る。

3）再犯リスクに関連して当面している業務課題

ない。

4）できた支援

刑務所の社会福祉士や保護観察官から知的障害の疑いがあると連絡がきて、その是非を検討して特別支援の対象とする。さらに、一般調整事案でも支援ニーズがあればケアする。彼らは障害に関わる何らかの問題をもちながら、福祉サービスにアクセスできないでいたと思われる。しかし、高齢者の場合、18歳以前の障害を証明するの

[註4] 2015年3月27日に所長、同年4月22日相談員に計3時間の面接調査を実施した。

はほぼ不可能である。18歳以上の問題は認知症と分類される。こういう潜在障害者もいるので，センターでは広くニーズを認めて支援すべきだと考えている。居住地をもたない事例では，一定期間自立準備ホームに居住して現住所としての実績を作り，自治体に知的障害者手帳と生活保護の申請をした。そして，生活保護を受給して，障害者のグループホームに入所した。今は，障害者就業・生活支援センターの援助で，障害者雇用へと移行しようとしている。

5）できていない支援とその理由
できていない支援はない。

6）センターにつながるまでの問題点
刑務所と保護観察所の対応には地域差がある。刑務所についてはセンターの存在，犯罪者理解，社会福祉士の役割に関して刑務所間で認識に差があり，それが地域への繋がり方に影響する。刑務所には福祉職の必要性を認識してほしい。刑務所内の社会福祉士は非常勤が多い。そういう不安定な雇用形態が，業務遂行上の桎梏となっている。刑務所の中で，障害者を適切に発見することが肝要である。そして，刑務所内で障害のアセスメントを適正にしてほしい。さらに，本人に障害受容をさせてほしい。ここまでが，地域の福祉サービスに繋がる前提である。特別調整に該当する対象者かどうかを判断するのは保護観察所。「適当な住所」と「福祉サービスを受けることを必要とする」という点で，保護観察所によって判断が異なる。

7）つながってからの問題点
ない。

8）必要なプログラムの不備
当県全体で再入所率の平均は2.5%と大変に少ない。つまり，リスクアセスメントも処遇プログラムも必要ないということである。物を手に入れるため，あるいはストレスを解消するために犯罪を行っている。そのサイクルを解きほぐし，時間をかけて，地域の資源を活用しつつ違う生活のサイクルを作るしかない。特別なことをやらなくても，社会に繋げていけば再犯は防げる。触法者は場の空気がわからなかったり，態度が荒っぽかったりするので，周囲に溶け込むのに時間を要するが，適応できないわけでない。ただし，社会に早く溶け込むには，刑務所内で障害受容をし，福祉サービスを受けることを受容することが必要である。触法障害者は地域にあるケアの仕組みに繋がらず，必要な支援を受けていないので生活に困って，あるいは社会から孤立して犯罪に至っている。そこで触法障害者を出さないためには，早い段階での福祉からのアウトリーチが大切である。その例として障害児に対する発達巡回支援事業（＝保育園等を巡回して障害者を発見）や市町村の相談支援事業がある。療育手帳の発行は都道府県によって運用が違う。18歳未満時の情報がなくてもよいこともある。当県では，必要に応じて総合リハビリテーションセンターの心理判定員が出張して判定してくれる。

[註5] 特別調整は，「地域生活定着支援センターの事業及び運営に関する指針」（厚生労働省社会援護局総務課長事務連絡，平成21年5月27日付社援総発第0527001号の別添）に，「生活環境調整のうち，高齢（おおむね65歳以上）であり，又は障害を有する入所者等であって，かつ，適当な帰住予定地が確保されていない者を対象として，特別の手続に基づき，帰住予定地の確保その他必要な生活環境の整備を行うもの」と規定されている。

9）制度上の問題点

［全般的事項／制度設計］特に認識していない。

［自治体との関係］2,500万円の年間予算で，2015年度から4分の3は国が，4分の1は自治体が出す。県によっては出さないところもある。地域の障害者対策という認識の有無で差が出ている。「障害福祉サービス」と「介護保険サービス」の援護地については，今までどこの自治体が援護するかでもめていたが，厚労省の通達が出て，「住居地」，「現在地」が特定できない場合には「逮捕地」の自治体で援護することになったので，状況は改善した。[註6]

［関係組織との関係］調整がうまくいくかどうかは，いろいろな事業所とのネットワークにかかっている。日頃から連携関係を築き，委託したケースを定期的に訪問するなどのフォローアップに努めている。例えば，日頃から，関係団体に対し，助言や（本人や家族の）犯罪と関連する事項のみならず生活全般の問題のアセスメントを提供している。関係作りには，時に保護観察官も協働している。また，センター自体がどれだけ地域や福祉事務所と繋がっているかもポイントである。

［個別サービスの繋ぎ方］対象者の年齢によって細切れの制度，縦割り行政の弊害，領域ごとにずたずたの福祉制度をワーカーがどう繋ぐかということがポイントである。対象者のニーズを汲んで，今ある資源を使って有効に制度を運用していく必要がある。そのためには，対象者や関係機関と顔の見える形でいい人間関係を築くことが大切である。

［課題］刑終了後もケアが必要だが，どこがどういう支援をできるかが課題である。しつこく後追いすることはできないが，ケアが必要であることは確かである。福祉は「措置から契約」に移行した。行政の措置ではなく，当事者の権利という発想であるが，当事者には権利意識がないことが多いので，福祉行政のこの流れの中ではいかにニーズのある人にアウトリーチするか，そして，当事者主体のサポート体制をいかに築くかがポイントである。

両センターによる事業評価──共通点と相違点

以上，二つのセンターによる事業評価を概観した。これを手掛かりに，本事業の現況と課題を考えていく。両センター共通の認識事項は次のとおりである。

1) 本事業は本来地域の障害者対策として位置づけるべきであり，自治体の主体的関与が不可欠である。
2) 支援は矯正施設入所中から開始すべきで，福祉専門職がニーズの発掘とアセスメント，対象者に障害受容と支援受容を働き掛けてほしい。しか

［註6］厚生労働省・介護給付費等に係る支給決定事務等について（事務処理要領）最終改正平成26年4月1日，第1／支給決定等の実施主体，Ⅱ／居住地の特例，(2) 運用上の取扱いに規定されている。

し，現状では福祉専門職の採用・勤務条件は不安定で，必要な職務を行える環境が整っていない。
3) 保護観察所との協働は不可欠である。ただし，地方都市のセンターは対象者の犯罪性への介入を期待しているが，首都圏のセンターは対象者の適正な選定やネットワーク構築での協働を期待している。
4) 地域社会に定着後もアフターケアが必要である。しかし，どの機関がどういう形で行うかに関して制度化するのは，容易ではない。

一方，事業評価では対照的な反応であった。違いは両センターの職員の職業的理念や専門性ではなく，主に置かれた業務環境に起因すると思う。具体的には次の4点が考えられる。

1) 自治体の当事業に対する認識と関与体制

首都圏のセンターに対応する自治体は，本事業は地域の障害者福祉における一事業として位置付けている。そのことは，2015年からの厚生労働省の予算減額に対し，減額分を全額自治体が補填していることからうかがえる。

一方，地方都市のセンターに対応する自治体にはその認識がなく，したがって，センターは実態も職員の意識も厚生労働省の事業を直接受託している形となっており，自治体や地域内の関係機関に対峙して孤軍奮闘している。これではセンターの業務は相当厳しいものとなり，また，自治体を含めた関係組織との信頼関係構築も困難なものとなるだろう。

これに対し，厚生労働省自体の立場は，本事業を地域福祉の中に位置づけるというものである。同省の関連文書では，2014年4月以降は特別調整対象者に限らず触法障害者の地域移行を障害者の地域生活移行支援個別支援特別加算の対象とするとし，事業の運用実績については，センターの設置以降算定対象者数が着実に増加する傾向はあるものの，一部に算定実績が全くない自治体があることを問題視している（厚生労働省，2014, pp. 174-176）。ただし，何ら強制的措置の権限をもたない福祉機関が触法者をケアすることの困難を，同省がどれほど理解しているかは不明である。

2) 地域の社会資源

両センターの業務実績報告書によると，地域の社会資源の多様性にも大きな差がある。地方都市のセンターの移行先は多くはなく，異なる問題特性をもつ触法障害者の移行先を適宜に調整するのは容易ではないと思われる。

［地方都市のセンターでの移行先］障害者支援施設，救護施設，障害者グループホーム，民間アパート，更生保護施設，自立準備ホーム，薬物依存者リハビリ施設，病院

［首都圏のセンターでの移行先］障害者支援施設，救護施設，障害者グループホーム，障害者ケアホーム，知的障害者生活寮，自立訓練施設，民間アパート，ケアハウス，更生保護施設，自立準備ホーム，支援付き共同住宅，病院

3） センターの管轄区域

一般に，事業には適正規模がある。本事業も同様であろう。日本の地方自治では1999年以降全国的に市町村合併が推進され，管轄区域が大きくなった。その功罪は種々聞かれるが，福祉領域では専門職が地域の実態を把握しにくくなったと指摘されている(総務省, 2010, pp. 19-21)。

今回の調査対象の地方都市のセンターでは全県を管轄しているのに対し，首都圏のセンターでは県内を4分割してそれぞれに下位センターを設置している。同センターもその一つであるが，同時に全体を統括する機能も担っている。地域の実態把握，住民のニーズの把握，社会資源の開拓と活用，関係組織との関係構築という目的に沿って，合理的な構造を有していると思える。

4） 保護観察所の業務体制

一般に，組織が大きいほど専門領域別に組織分割を行っている。今回の調査対象の首都圏のセンターに対応する保護観察所は比較的規模が大きく，5人体制の福祉専従班を組み，特別調整対象者以外でも対象者に福祉ニーズがあると判断すれば，センターへ繋いでいる。

厚生労働省の関連通知が特別調整対象者の要件として示す「適当な帰住予定地」と「福祉的支援を必要とすること」[註7]を判断するのは保護観察所の専権である。保護観察所のアセスメントの力量が高まることで，センターの福祉専門職と対等に協働ができるカウンターパートとなり得る。その結果，福祉ニーズのある者を過不足なく福祉サービスに繋げて，再犯を防止できる。[註8]

なお，地方都市のセンターで受理した対象者が全員満期釈放者であったこと

[註7] 地域生活定着支援センターの事業及び運営に関する指針（平成21年5月27日付社援総発第0527001号別添）に依る。

[註8] 関連して，専従班を編成することで福祉の知識とケアのスキルが保護観察所全体で共有されるようになる様子が，保護観察官によって報告されている（坂根，2016）。

も気になる。それには事情があろうが，センター職員の指摘するとおり，特別調整にして福祉に繋げば万能という刑事司法側の意識も反映しているかもしれない。満期釈放だと，保護観察官が社会内で指導監督する余地はない。

Ⅳ 事業創設前時点での更生保護施設での面接調査

次に，センターとは異なる視点からの知的障害者処遇に関する見解を紹介したい。筆者は2007年に，本事業創設の契機となった厚生労働研究の一環として，地方の更生保護施設2ヵ所で触法知的障害者受入の状況や課題について半構造化面接調査を実施した[註9]。以下は回答の概要である。

地方都市の施設での面接調査結果1

1）施設概要
職員は全員矯正施設のOB。就労支援と独立資金の貯蓄指導を処遇の中心に置く。

2）知的障害者受入状況
2006年度に受理した環境調整事件44件中9件（6件仮釈放，2件満期釈放，1件更生緊急保護）がIQ（CAPAS）69以下の者であったが，全員が知的障害者かどうかは不明である。刑務所で測定したIQは参考程度にとらえる。刑務所で当人に面接し，健康で就労意欲があり，刑務所である程度集団生活ができると判断したら受け入れている。受け入れた9名中1名は早々に所在不明となったが，残り8名はよく働き，当施設での寮生活に問題はなかった。

3）知的障害者の処遇
知的障害者に特化した処遇はせず，対象者と信頼関係を築き，彼が社会で自立して生きていける力を養うことを目標にしている。施設在会中に働くことを中心に良い生活習慣をつけさせること，少しでも多く独立資金を貯めさせることが肝要である。当施設には就労意欲さえあれば誰でも雇ってくれる協力雇用主がいて，車で送迎してくれる。われわれも弁当を持たせて定刻に送り出すから，多少知能が低くてもやれている。

ただし，知的障害者には彼らにできる仕事を考えてやらねばならない。農業もいい。農業をやらせる自立更生保護施設を，国が福祉と連携して営むのもいいだろう。

どの対象者にとっても家族との再統合は大切である。積極的に介入していないが，対象者が支援を求めてきたら仲介している。

[註9] 2006年，2007年更生労働研究：清水義直「触法等の障害者の社会復帰における更生保護と福祉等の連携に関する現状と課題」，「罪を犯した障害者の地域生活支援に関する研究」（代表者：田島良昭）において，筆者は清水班の一員として2007年6月18日に隣接する二つの県の更生保護施設で施設長と補導員各2名に対し，約2時間の半構造化面接調査を行った。

4）課題

国から示される食費付宿泊の委託期間が短すぎて，十分な独立資金がたまらない。国には予算の制約があるので，保護観察所と連絡を密にして，期間の短い更生緊急保護対象者も適当に織り込んで，平均委託期間が国の基準内に納まり，かつ仮出獄者もある程度長く居て独立資金を貯められるような運用をしている。

知的障害者を更生保護施設で受け入れてほしいという社会的な要請があるとすれば，十分に予算の裏付けをして，国でそれに相応しい更生保護施設を運営してほしい。民間の更生保護施設の役割は，就労支援を核に更生していくことが可能な人をできるだけ多く社会に戻すことにある。

地方都市の施設での面接調査結果2

1）施設概要

施設長は元少年鑑別所長，補導員には元更生保護職員や元福祉施設職員がいる。就労支援と独立資金のための貯蓄指導を処遇の中心に置くが，心理療法，薬害教育，福祉や医療サービスへの仲介も行っており，対象者の2割程度までは知的障害者を含む処遇困難者を受け入れるよう努めている。

2）知的障害者の受入状況

2006年度に受理した環境調整事件363件中知的障害が推定される者は67名。うち，受入不可としたのは32名。同年中に5名の知的障害者（全員仮釈放者）を引き受けた。

3）知的障害者に対する処遇

犯罪はある意味で社会的行動である。知的障害があっても，罪を犯した点で触法者にはある程度の社会的行動力があり，全く社会適応ができない人は少ない。働いた経験が2～3年以上あると本人が言い，刑務所で言われたことが理解でき，刑務作業ができていれば更生保護施設でも処遇できる。現実には知的にはボーダーでパーソナリティ障害が加わったケースが多いと，経験上思う。

ただし，更生保護施設で集団生活に適応するが，在会者仲間から馬鹿にされることが多く，職員にはけ口を求めてくる。職員はそれを受け止めるように心掛けている。

家族との再統合には，家族に本人に障害があることを理解してもらうことが必要な場合もある。今まで本人から被害を受けてきたために忌避していたのが，障害を知ることで本人を受け入れるようになることもある。

4）課題

社会的自立には，健常者よりも時間を要する。2～3カ月という委託期間では足りないので，委託期間経過後は生活保護の受給を助け，長めに在会させて処遇している。安心して必要な処遇ができるよう，仮釈放中は国の予算で十分な期間の委託をつけてほしい。

触法障害者には一般の知的障害者よりも社会的行動力がある。だから，大方の触法障害者は，郊外にある大規模な障害者福祉施設には住みたがらない。また，授産施設や通所のサービスへ行くには，彼らの能力は高過ぎる。彼らは自分に見合った就職先に恵まれると10万円程の収入を十分得ることができ，不足分を生活保護で補填してやれば生活できる。

本人に相応しい住居に居住させ，社会生活上の困難やストレスをケアできる体制を作れば，自立的な生活を送らせても再犯を防げる。ただし，よほどしっかりとした保証人がいない限り，単独で住居の賃貸解約を結ぶのは困難だ。管理人つきのグループホームのような住居が必要である。

　司法と福祉の制度の狭間にいる彼らには，なるべく自立させながら足りないところを補うといった再統合の形が望ましい。彼らは福祉ニーズだけの弱者ではない。更生保護施設は規則でがんじがらめに管理するのでなく，規則はできる限り緩やかにして，彼らに試行錯誤させながら，自立生活の準備をさせるのが望ましい。刑務所では，実践的な職業訓練をしてほしい。

両施設の知的障害者処遇に関する見解

両施設長の経歴や職業的バックグラウンドは異なる（行刑職員と心理技官）が，知的障害者の処遇についてかなり似た見解を持っていた。すなわち，

1) 刑務所で測定したIQだけで知的障害者に分類しないで，社会的能力を総合的に見て処遇の方向性を決めるべきである。ある程度の社会適応性があり就労可能だと判断できれば，知的能力に制約があっても，就労・貯蓄支援を中心とした通常の処遇でも社会に送り出せる対象者が一定数いる。
2) ただし，地域移行後は適切な住居，当人の能力に見合った職種，社会生活上の困難やストレスをケアできる支援体制，収入の不足分を補う生活保障が必要である。
3) 知的に制約のある者の更生保護会委託期間は，2〜3カ月では短かすぎる。[註10]

V　司法福祉の観点から「触法障害者の地域生活支援」を考える

最後に，ここまでの考察を踏まえ，本事業の成果と課題を統括してみたい。

1. 本事業の成果

前述の全国センター協議会の追跡調査のとおり，大半の対象者は刑務所から福祉に円滑に繋がることで地域に定着して安定した生活を送っており，再犯が

［註10］　委託期間については，2011年に触法障害者・高齢者を主な対象とした特別調整の仕組みができ，1年までは委託を延長できるようになった。

ない。ある意味で，福祉サービスは本事業を通じて福祉ニーズのある者にアウトリーチして，必要な支援をしている。本事業は有効に機能しているといえる。

　実際に，前述の首都圏のセンターの例では，制度に関わる諸アクターは有効に連携している。すなわち厚生労働省による本事業全体に対する予算的措置と対象者の地域移行に掛かる予算の制度化，自治体による地域の障害者福祉事業であるとの認識に基づく本事業への予算的措置，保護観察所の適正な対象者選択，センターによる地域の資源をうまく繋げた連絡調整・アフターケアが相まって，所期の目的を十分に果たしている。そこでは多職種による多機関連携が機能し，触法障害者はもはや司法と福祉の狭間から抜け出して地域に定着し，安全・安心な生活を営んでいる。

2．本事業の課題

　一方で，再犯・再入所に至る対象者もいる。再入所事例について，センター協議会は問題として司法と福祉の連携の不足，司法と福祉の双方での両者の支援体制・内容の不足・不備などの問題を指摘している。

　問題の背景として，自治体の本事業に対する認識と関与の不足，一部の地域での社会資源の不足，センターの管轄区域の規模が大きすぎることなどが考えられるが，筆者は最も根源的な問題は不適切な特別調整事例の選択，また，刑務所・保護観察所・地元警察（特に生活安全課）といった刑事司法側の関与の不足にあると考える。前述した地方都市のセンターや2カ所の更生保護施設での面接調査結果から推すと，福祉的な支援が補足的に必要だが通常の犯罪者処遇の方がより適合する触法障害者の一群がいると思われる。触法障害者処遇においても，なるべく犯罪者処遇の「ノーマライゼーション」を図り，足りない処遇は福祉サービスを含む地域の資源で補うべきではなかろうか。

3．触法障害者の福利のために

　地方都市のセンター職員の指摘どおり，「対象者の満足と幸せ」を考えることなく個別のニーズに見合う支援をデザインすることはできない。そのためには適正なケースアセスメント，特別調整事例の適切な選択，対象者の望む福利への理解が不可欠である。

　地域福祉のアプローチに準拠して支援のあり方を考えると，「生活上のさまざまな困りごとを，自助－互助－共助－公助を適切に組み合わせることによっ

て解決し、住み慣れた地域社会で自分らしい暮らしを続けていけるようにすることを理念・目標として行われる、サービスや活動及びそのための基盤整備、並びにそれらがつながっている状態を作り出す」（森本，2016, p. 227）よう取り組むことが考えられる。

　当人が主体的に自分の困難に対峙して解決を図り（自助），足りない部分は家族・近隣・ボランティア・NPO 等地域の助け合いの中で支援され（互助），可能なら医療保険，年金保険，介護保険，雇用保険等相互扶助の仕組みを活用し（共助），基盤は生活保護，医療保護，障害者福祉等の福祉制度（公助）に底支えされ，四つの「助」を補完的に活用してその者が生きづらさを解決しつつ，自分らしい暮らしを見出すのが望ましく，それを社会全体で支援をすることが適正な処遇であろう。触法障害者には自助に制約があり，緊縮財政化の公助には限界があり，かつ，拠出金を基礎とする共助は犯罪者には敷居が高い中で，互助には発展の余地が残っている。協力雇用主や地域住民による生活支援をさらに充実させることが望まれる。

　同時に，触法障害者は犯罪者であるという厳然とした事実に立ち戻り，刑務所や保護観察所は犯罪性に対する働き掛けを行わねばならない。施設内外での継続・一貫した処遇と保護観察所による再犯防止指導のためには，仮釈放制度の積極的な運用が必要である。

　さらに，本事業が機能するには，各アクターが互いの役割を理解していることが前提となる。刑事司法関係者は福祉制度や地域の社会資源を，福祉関係者や地域住民は犯罪者処遇制度を含む刑事司法制度を理解することで，地域における多機関連携が実を結び，触法障害者の地域生活を支援していける。そして，そのことが地域社会の安心・安全に結実する。

文献

- 一般社団法人・全国地域生活定着支援センター協議会：平成 26 年度「都道府県地域生活定着支援センターの支援に関わる矯正施設再入所追跡調査」報告書，2015.
- 厚生労働省：地域定着支援の手引き，2011.
- 更生労働省社会・援護局障害保健福祉部障害福祉課：障害保健福祉関係主管課長会議資料（平成 26 年 3 月 7 日），pp. 171-180, 2014.
- 坂根真里：知的障害者と保護観察処遇．（今福章二・小長井賀與編）保護観察とは何か．法律文化社，pp. 242-253, 2016.
- 総務省：「平成の合併」について，2010.
- 森本佳樹：システム論的視点からの地域福祉論確立の試み．立教大学コミュニティ福祉学部紀要，13；221-233, 2016.

第Ⅱ部｜地域生活支援の課題

第**3**章
犯罪心理臨床の観点から

犯罪からの離脱のための支援
障がいのある犯罪行為者の心理臨床

藤岡淳子・奥田剛士・益子千枝

Ⅰ　はじめに

　「触法」という言葉は，厳密には，犯罪行為に責任を負えないほどの障がい者，病者，少年，を法律上意味していると考えられるが，医療以外の臨床現場，特に心理臨床現場では，法律的な有責性とは異なる文脈での対応を求められることがほとんどである。本論では，「障がいはあっても（限定された）有責性がある人」，すなわち「障がいのある犯罪行為者」を前提として論考を進める。

　障がいのある犯罪行為者の地域生活支援は，福祉と医療を中心に行われている。比較的手厚い福祉的サービスと医療的サービスが提供されるようになってきているが，現実問題としては，支援者の熱心なサービス提供にもかかわらず，対象者がそのサービスの枠組みからはずれてしまい，再犯を繰り返すということもそれほど珍しくもないように思われる。「障がい」と「犯罪行為」の両方を持つ対象者に対しては，その両方の側面を視野に入れる必要があることは言うまでもないが，福祉と医療の枠組みからは「障がい」に重点的に焦点があてられ，「犯罪行為」にはなかなか介入しない，できないという傾向があるように思う。

　もともと医療・福祉の分野では，病気や障がいは生物学的な身体的差異であり，本人には障がい・病気の責任はなく，ケアし治療される対象とみなされる。障がい者，病者であると医師に認定されることによって，労働と同様に，

［ふじおか・じゅんこ　大坂大学大学院人間科学研究科教授］
［おくだ・たけし　大阪府政策企画部青少年・地域安全室治安対策課］
［ましこ・ちえ　精神保健福祉士］

犯罪行為に関わる責任も減免あるいは免除される。そのかわり，対象者は障がいや病気を受け入れ，回復を望み，専門家から治療に関する助言を求め，従うことが期待される。ところがそうした手厚いケアこそが，かえって本人のニーズを軽視し，無力な状態に押しとどめ，それに甘んじない対象者たちを枠組みからの逸脱行動へと再びおいやるといったことがないだろうか？　また，現行法制度上の「責任」とは，過去に行ったことについての責めを負う（処罰を受ける）「責任」ということに解されがちであるが，現時点において自身の行動とその結果もたらした周囲の人々への悪影響を振り返り，謝罪・償いの行為を行い，将来に向けて再犯を防ぐという「責任」を少しずつでも果たせるようになる支援を行うことが専門家の責任ではあるまいか？　犯罪を行った個人への「理解」と「変化への期待」は，障がいのある犯罪行為者の支援の両輪であると考えている。犯罪臨床の分野では，個人のニーズへの配慮と社会の安全への配慮との均衡が求められる。

　犯罪心理臨床の立場からみると，犯罪行為は，たとえ外からみて「とんでもない」行動であろうとも，そして結果的には本人にとって不利な状況をもたらすものであろうとも，少なくとも一時的には本人の内的なニーズを充足させるからこそ行われる。障がいを持とうと，犯罪行為を持とうと，基本的な安心・安全と衣食住のニーズ充足に加えて，自身を良しと思え，他からも受け入れられていると感じるような社会的ニーズの充足が，誰にとっても不可欠である。犯罪心理臨床は，この20〜30年間にかなりの展開を見せ，再犯の防止と本人のより良い人生の達成に力を貸すことができるようになりつつある。もとより，一人の人間は，生物的側面，社会的側面，心理的側面といったように分断できるわけではなく，医療，福祉，心理などの分野は，専門家がアプローチするための便宜上の区分にすぎない。本章では，最近の犯罪心理臨床の観点から，福祉・医療を含めすべての支援者が知っておいた方がよいと思われる基本的知見について述べ，次いで地域社会内で性犯罪を行った人たちの心理的支援を行う際の実践と留意点について記載し，最後に福祉的支援に心理的支援を組み入れている実践とその際の留意点について考察する。

II　犯罪心理臨床アプローチの基本的考え方

　犯罪行為は，環境の要因と個人の要因の両方によって規定されるものであ

り，その修正・変更には，環境と個人両方への介入が必要であるが，心理臨床が主たる介入のターゲットとするのは，個人的要因である。個人的要因に甚大な影響を与えている環境要因，例えば家族関係なども介入の対象となりうるが，あくまで二次的となる。実際には，衣食住などの基本的生活基盤がない場合は，その支援も不可欠であり，個人的要因と環境的要因の両輪を統合的に支援していくことが重要であることは言うまでもない。

1. 犯罪のプロセスと介入プラン

　犯罪行為そのものを扱い，その再起を防ぐための介入は，犯罪心理臨床では不可欠である。ここでは性犯罪を例に説明する。ディビッド・フィンケラー(Finkelhor, 1984)によれば，犯行行為は偶然生じたものではなく，①被害者になりそうな人を見つけ，やってはいけない性加害行為をやりたくなる→②自他に言い訳をして，やってもよいことにする→③被害者に接近して犯行の機会を作る→④被害者の抵抗を乗り越えて実行する，という犯行のプロセスがある。本人は，「覚えていない」「忘れた」などと言うことも多いが，犯行は「たまたま」ではない。大切なのは，自身の犯行過程を思い出し，正直に話すこと，話してもらえるような信頼関係を作ることである。この犯行プロセスを一緒に作成していくことが，クライエントと治療者が加害行動を話し合い，理解していく共通基盤となる。そして，この犯行プロセスに基づいて介入プランを作成し，実行していくことが大きな方向性となる。

　すなわち，やってはいけない性加害行動をやりたくなるのは，本人に何かしらの不充足感があり，暴力を用いてでも自身の欲求を満たそうとするからであって，社会で認められる方法で欲求を充足できれば，性加害の動機そのものが減少すると考える。

　この「動機の壁」を高めるには本人の社会適応力やスキルを伸張する必要があるので，ある程度の時間を要するし，育てる環境を作っていく必要がある。心理的介入でまず行うのは，各段階を進めるさまざまな言い訳（反社会的認知）に気づき，修正させることである。重要なポイントなので後述する。同時に，被害者に接近する機会を作らないように本人と環境とに働きかける。例えば，SNSで被害者と接近して加害を行っている場合は，スマートフォンにフィルターを掛ける，電車内の痴漢であれば自転車で通勤するようにするなど，本人と家族などの重要な人々と相談しつつ犯行の機会を減らす工夫も特に介入当初

は重要である。被害者の受ける悪影響や被害者の抵抗を抑圧するのに使っていた言い訳などについても教え、少しでも被害者や社会の視点を理解するよう支援する。

2. リスク-ニーズ-反応性 (RNR) 原則

　個々の犯行プロセスは、人によって異なり、一人ひとりのプロセスに応じた介入プランを作成することが大切であるが、犯罪全般において犯行の危険性を高める要因も明らかにされており、それを知っておくことも有益である。すなわち再犯を防ぐために「犯因性リスク」を管理することである。

　犯因性リスクとは、犯罪の原因となる要因のことで、①行動履歴、②反社会的人格パターン、③反社会的認知、④反社会的仲間関係の最重要の四つと、⑤家族・婚姻関係の問題状況、⑥学校・職場の問題、⑦余暇活動、⑧物質乱用を加えた、ビッグ4セントラル8と呼ばれる要因が統計的に導き出されている (Andrews & Bonta, 1998)。そのうち、①の行動履歴は変えられないが（静的リスク）、②〜⑧は変えられる動的リスクであり、裏を返せば、再犯防止のために介入を要するニーズということになる。静的リスク (Risk) と動的リスク (Needs) を評価し、介入によって改善可能な動的リスクの具体的内容を特定した上で、最も適した方法を選択する (Responsibility) のが RNR 原則である。動的リスク＝ニーズのうち、心理的介入が最重視するのは反社会的認知の修正であり、最終的には反社会的人格パターンから成長して抜け出すことが目指される。

　上記は犯罪全般のリスクであるが、性犯罪を予測する要因群も発見されており、同時に犯罪から遠ざける主体と環境の保護要因も見出されている。介入においてはニーズに応えて動的リスクを低減させ、保護要因を強化することによって再犯を防止することをまずは目指すことになる。RNR 原則に基づいているか否かで、治療教育の再犯防止効果は統計的有意差があることが示されており、RNR 原則を念頭に置くことは重要であると考えられている。

　知的障がいの有無によりリスクは異なるのではないかという問いにはまだ十分な答えは出ていない。しかし、静的リスクのアセスメントツールで測定すると、知的障がいのある性犯罪者でも、中〜高の予測精度 (ROC AUC 0.77) が示されており、障害がない者のリスクとほぼ同様であり (Lindsay & Taylor, 2009)、動的リスクにおいても、多少の異なる要因はありうるが、現時点では一般のリスクを参考にするのが適切であろう。ただし、知的障がいや発達障がいなどがあ

る場合，その反応性に合わせて伝え方を工夫する必要があるとされている（反応性原則）。

3. 認知行動療法的アプローチと反社会的認知の修正

RNR 原則は，「犯罪行動は学習された行動である」という認知行動論（以下 CBT と略称）と組み合わされて使われている。CBT では，「人間の反応や行動は，その人が環境や状況をどのようにみなすかによる」とされている。環境や状況は容易には変えられないが，その認知を変えることによって，行動は変わり，結果も変わるということを理解させ，練習を繰り返し，身につけさせていく。反社会的行動を支える反社会的認知（「思考の誤り」「認知の歪み」等さまざまな呼び方をされる）をリストアップして学び，自身の反社会的思考に気づき，修正する練習を繰り返すことになる。

反社会的行動に関わる三大認知は，①支配性／パワー大好き，②認知的未熟／衝動性，過度の一般化，極端な判断，③自己中心性／いつでもどこでも自分のことばかり，であり（Kroner & Morgan, 2014），反社会的行動を支えるこれらの反社会的認知に気づき，修正し，向社会的認知に置き換えていくことを支援するには，支援者自身が非機能的認知を熟知し，現実的思考ができること，問題解決力やそのスキルを有していることが望まれる。性犯罪の犯行プロセスや反社会的思考の修正に焦点をあてたプログラムについては，ティモシー・カーン（Kahn, 2009）によるワークブックが出版されており，実際の心理教育で活用できるとともに，支援者にとっても基本的な知識を得ることができる。

4. グッドライフ・モデル (Good Lives Model : GLM)

RNR 原則に基づく CBT アプローチは，現時点で犯罪行動への心理学的アプローチの王道ではあるが，弱点もある。一つは，リスク回避的な目標が中心で，我慢しすぎるとそれがかえってストレスになるということであり，二つには，全人的アプローチによる「資源」への着目が乏しいということである。それがあいまって，介入のおおもととなる本人の変化への動機づけの維持が難しくなる。

トニー・ワード（Ward, 2002）は，性犯罪への治療的介入から「性犯罪者は『悪』と見られているが，彼らも普通の人と同じニーズがあるだけ。ただ，欲求充足のための内的・外的リソースが不足している。適切にニーズを満たす力

を養成して、性犯罪からの離脱を助けよう」と主張し、RNRアプローチの弱点を補うGLMアプローチとして注目を集めている。

GLMは、基本的に本人のニーズを充足させるリソースに注目し、全人的成長を支えるという「考え方」であるが、いくつかの基本的前提がある。①人間にはさまざまな目標や価値があるが、人によって優先順位が異なる。本人にとってどんなニーズを充足するのが大事かをはっきり知る、②どのニーズが達成できていて、何が達成できていないかを知る、③ニーズを実現するための手段は妥当か、④再犯につながるニーズ充足の手段を別の手段に変える、⑤周囲ができるサポート、持っているリソースは何かを探索していき、うまくいかないときには、①充足の手段が不適切、②範囲が狭すぎる（一つか二つにこだわりすぎている）、③矛盾するニーズを抱えている、④スキル不足、⑤機会がないなどの課題を洗い出してニーズ充足のための適切な対応ができるように支援することになる。

現時点では、RNRアプローチとGLMアプローチはどちらも同程度に有効であるとされているが（Print, 2015）、臨床場面では、RNRとGLMを組み合わせることが現実的であると感じている。

III　地域社会内で行う心理的支援の実際
　　　──心理職の立場から

1.　事例提示

これまで犯罪離脱のための支援アプローチを概観したが、実際にはどのように適用されるのだろうか。二つの創作事例を通して、心理職として地域で提供する支援の流れを示しながら、彼らが犯罪に至った経緯、障がいに対する周囲の反応、支援アプローチの適用を見る。そして、障がいと犯罪の関係を考察する。

事例A（20歳代男性）

人懐っこい笑顔で挨拶してきたAさんは、路上で女児を物色し、刃物で脅して強制わいせつに至ったことがあり、受刑後、両親とともに再犯防止と生活の立て直しのために治療教育に訪れた。IQは60程度と推察され読字が苦手、会話での意思疎通は良好であった。Aさんの家庭は比較的裕福で、両

親が愛情をかけてAさんを育ててきたことが会話からひしひしと伝わってきた。両親は，Aさんが小さい頃から生活環境を整え，特別学級に通わせていた。Aさんのニーズは，恋愛がしたい，親元を離れ自立するため仕事を続け安定収入を得たいという，人として当たり前のものであった。そして，各ニーズについて，前刑のきっかけが当時恋人から振り回されたこと，職場の人間関係でうまくいかなかったことであったと思うことを気にしていた。

　2回目からはAさんひとりで通うことになり，Aさんに日常生活の様子を話してもらい，それに基づき，GLMの観点からAさんのニーズをかなえるためにどうしていけばよいのか一緒に考えることとした。このとき，Aさんの能力的な反応性を考え，Aさんが興味を持つニーズの課題について一緒に取り組んでいくこととしたが，Aさんは，各ニーズを割にバランス良く志向していた。他方でAさんは，加害の責任の重さを強く表現するなどしていたため，すぐにはRNR的再犯リスク回避を必要としないと考え，Aさんのニーズを扱っていくことで，犯罪離脱と自分なりの幸せを目指すために，欲求充足の方法とそれを邪魔するものについて一緒に考えていくこととした。

　治療教育開始後間もなく，Aさんに好きな人ができたが，ここで課題となったのは，Aさんに「自信がない」ことで生じていると思われる関係性のあり方であった。Aさんは，その相手に自己主張できず相手のいいなりになっていたり，四六時中相手と一緒にいようとしすぎてしまい，かえって相手から嫌がられてしまっていた。そして，相手の気持ちが離れていると感じると，余計べったりして，相手の気持ちを確認しようと強く詰問していた。そこで，Aさんにとってわかりやすい図式にして心の動きを見ていくと，親しい人から見捨てられる不安をずっと抱えていたこと，その背景として，小学校の頃から特別学級に通っていたことで周りの子からいじめを受け，自分を受け入れてくれる人は限られていると思い，仲良くなった人を離したくないと執着していたことに気づき，相手と「何よりも自分自身を束縛していた」ことを理解できたようである。今は，「昔は恋人を作ろうとして間違った方法を使ってしまっていた。今は，ちゃんとした方法で見つけたい」と述べ，相手との連絡回数を決めるなどし，相手とのほどよい距離感を体験的に学んでいる。

　恋愛と平行して，職場関係の話もしていた。治療教育を始めてからほどなく，Aさんは仕事を見つけた。Aさんは，「障がいを受け入れている」と繰り返し述べていたが，一方で「健常な人に負けたくない」と強く思い，健常者枠での採用を得た。しばらくは「うまくいっている」と話していたが，

その後,「嫌な人がいる,いじめられている」とこぼすようになった。話をよくよく聞いてみると,Aさんは,周囲と同じようには仕事を覚えることができず,焦りと苛立ちが募る中で,周囲から仕事のミスを指摘されても素直に受け止めることができず言い訳を繰り返したり,怒りを制御できず物に当たっていたことがわかった。Aさんは支援者の助言を受けながら,冷静に怒ることと適切な自己主張を練習していった。しばらくは状況に変化なく過ごしていたが,Aさんには,親や職場の信頼する人など,複数の人から言われた「自分ができてると思っていても,相手もそう思ってくれないと,本当にできていることにならない」という言葉が腑に落ちたようである。そして,Aさんは「自分は健常な人のようにはできないとわかった」と自分の限界を受け入れ,改めて障がい者枠での雇用を得て頑張っている。自立はまだ先の目標になると思われるが,親はいつまでもいるわけではないとAさんは述べ,福祉的バックアップ施設を利用できるように自治体とすでに調整済みである。

事例B（30歳代男性）

Bさんは,今風の派手な服を着て,軽い調子で喋る少し居丈高な態度の若者であった。Bさんは,街中で女児を物色し,刃物で脅して縛り強制わいせつに至っていた。そして,同様の事犯で二度服役していた。地域福祉担当からの要請もあり,Bさん自身も「これ以上親に迷惑を掛けたくない,捨てられたくない」という思いから,治療教育受講に至った。BさんのIQは推定60程度,意思疎通は良好で,発達障がいは認められなかった。

Bさんは二度服役し,一度目の出所後1年後に再犯に至っていたこと,Bさん自身もなぜ自分が犯行におよんだのか理由を知りたいと希望したこと,そして,福祉担当者がBさんの地域定着にあたって,グループ施設入所が必要になるものの,グループ施設が性犯罪者の受け入れを渋るケースが多く,再犯について気をつけるべき点と対応策がわかればグループ施設受け入れと入所後にケアしやすくなると考えたこともあって,まずは主にRNRアプローチを用いて,Bさんの犯行の流れやパターンとその対策を一緒に考えていった。

Bさんにこれまでのことを尋ねると素直に話してくれた。Bさんの両親は離婚しBさんは母親と暮らしていたが,母親がBさんの状態を十分に理解していなかったようである。なお,母親の障がいの有無は不明である。実際Bさんは,二度目の服役を終えるまで障がい認定されておらず,それまで健常者として学校に行き仕事をしていた。その中で,Bさんは,「母親の

思う良い子になろうとしたけど無理だった」そうである。学校では勉強も運動も苦手で、いじめられて面白くないと思っていた。なんとか高校を卒業し、働いてはみたものの、仕事は長続きしなかった。家の生活が苦しく、母親はBさんに仕事を続けるように繰り返し述べ、仕事を辞めると母親から感情的に怒られ、その都度Bさんは母親の期待に応えられない自分が情けないと思ったという。仕事は、きついわりに給料が安く、よくミスをしては注意され口論となっていた。そんな日々の中、あるとき、仕事を辞めたことを「母親に言いたかったけど言えなかった」ことが事件の引き金になったという。母親に黙って仕事を辞めたが、母親には仕事に行くと嘘をついて街中を徘徊するなか、コンビニで女性を陵辱する漫画を見た。そしてこのとき、「ストレスが消えた」。その後も街中を徘徊していると、ふと、女性を陵辱する漫画と同じことをやりたくなったそうである。その計画と準備に没頭していたときは、仕事も母親も忘れることができた。被害者に女児を選んだのは、脅しやすかったからだという。数件の犯行後、一度目の逮捕・受刑となった。矯正施設では、苦痛よりも、やることが決まっていて従ってさえいればむしろ楽だと感じていた。そのとき知的障がいが判明したが、出所後、母親はBさんの障がい認定手続きをせず、やはり健常者として働きだした。そして、一度目と同様の過程を経て二度目の犯行に至った。

　これらを流れ図で示すと、Bさん自身も一度目と二度目の犯行パターンが同一であると気づいた。また、Bさんは、母親の幸せが自分の幸せになってしまっていたことについて、支援者の〈自分だけの幸せもあるはず〉という提案に納得し、考え始めた。そして、かつて漫画で見た女性を陵辱する空想がまだあったため、その止め方と健全な性的空想の使い方を練習している。また、「悩みを相談することが難しい」と、強がる自分をなだめる思考法と、悩みがあればすぐに誰かに相談する練習を続けている。

2．事例から読み取れる犯罪に至った障がい者の特徴と留意点

　AさんBさんともに、知的障がいをもつことで、周囲からいじめられて「できない自分を責め」怒りをためていたが、障がいが彼らを犯罪行為に至らしめたとは明確には言えない。なぜなら、その核を「できない自分を責めていた」と捉えれば、実は健常な性犯罪加害者と同じだからである。障がいを抱える加害者の治療教育の留意点は、RNR原則の「反応性」であり、当事者が理解しやすいようやさしい言葉を選んだり、図で示したりする工夫と、障がいを抱え

ることで社会選択の幅が狭いことを念頭に置き福祉サービスを活用すること，学習に時間がかかる場合が多いので根気強さを持つことであるかもしれない。すると彼らは，犯罪に関わる問題を理解でき，その責任を取るべく対策を立てることができていた。

　障がいがあろうとなかろうと，人の基本的ニーズは共通しているため，その実現のために適切な方法を見つけ習得すれば，犯罪離脱が可能であると考えられる。そして，当事者たちの再犯リスクは，人間関係における自己と他者の受容という課題の中に潜むことが見てとれる。事例からの課題として，能力的制約と同時に，本人と周囲の人によるその否定的な理解は，本人も周囲も生きづらくさせ，犯罪へと追いやると考えられる。現状の能力を素直に受け止め，成長や幸福を志向することが必要だと考えられる。

Ⅳ　福祉従事者が心理的支援を行う際の実践と留意点

1．犯罪臨床心理的視点と福祉的支援

　ここからは，福祉支援者が犯罪臨床心理的視点で行う支援を示し，その強みと留意点について考えたい。筆者（益子）は地域生活定着支援センターの相談員として従事し約6年が経つ。犯罪臨床心理の視点で関わる……などというと，福祉従事者からはムリ！　ムリ！　ムリ〜！！　という声が聴こえてきそうだし，心理士でも，触法行為に対する介入は行っていないという意見をしばしば聴く。筆者は福祉従事者の立場で，福祉的支援の現場において，認知行動療法（CBT），リスク－ニーズ－反応性（RNR）モデル，グッドライフ・モデル（GLM）など近年犯罪心理臨床の分野で提唱されている理論の実践を有用だと考え試みている。試みるにあたっては「もふもふネット」[註1]の専門研修などで理論と実践について学ぶことができ，その際に，心理職でなくても行えると言われたことが大きい。また検査データは必要であるが，それに頼り過ぎず，理論は軸として理解し，実践においては相手をずうずうしいくらいによく見て，仮説を立てては修正し，自分の持ち味を活かして行うことも学んだ。またある精神科医から「できない理由があってやらないのは，実はやらないでおこうという決意が先にあり，やらないための理由を決めている。つまり，やる勇気をくじ

［註1］　犯罪の加害と被害への心理的介入を行う一般社団法人。［http://mofumofunet.jimdo.com/］

かれている。他者から頼まれもしないことに土足で踏み込まない，けれど言葉で協力を依頼されたら，今私ができることを考え，実行しよう」とも教えられた。これらのことで，軸はあっても，限定的な人や場所で決まった内容をそのとおりに行う必要はないと理解できたし，協力を求められたらやるべきだと思えた。試行錯誤しながらやってみると有効であるという手ごたえを感じる一方，今後の現場での般化はなかなか容易ではないとも感じている。その理由は後述する。

2. 福祉従事者の育ちについて

　筆者は福祉従事者としては，一般企業からの転職組である。顧客の中に時折，高齢者や障害者と思しき人がいて，もっと専従的に関わりたいと考えたのが転職のきっかけだった。ありがちなパターンで少し学校に通い，就職してから資格を取得した。今から思えば，一般企業で高齢者や障がい者の別なく徹底的に顧客として応対したことは，転職後の支援姿勢にも影響を与えている。福祉従事者となってからも，野宿者に対する巡回相談員としてアウトリーチをおこなったことで「その人の」「今の」関心を意識し，それを大切に扱わなければ，こちらが思う支援など受け入れてもらえないことを実感した。ただ，それは，一対一に近い関係では結びやすいが，例えば施設（施設を否定する気持ちは毛頭ないが）などの組織の中では，支援者と被支援者という立場と関係が固定化，同一化されやすいように感じている。

　ここでこんなことをお伝えしたのは，福祉従事者は生活の場面で支援を行うことが多く，仕事という立場で関わっていても，しばしばその人が育ちの中で培った価値観などが表出し，良きにつけ悪しきにつけ，自覚なく態度や支援方法に反映されていると思われるためである。対象者の成育歴だけでなく，支援者自身も自分の育ち方などを知っておくことは，対人援助の場面で有用だと考えている。

3. 実践内容について

　筆者の実践内容を福祉的支援の一例としてまずは共有いただきたい。筆者の方法は決まったテキストを使わない。ツールは本人と話し合う中で作り，理解の確認をしながら使っていくものを決めている。そして，話している内容を視覚化する。話しながらこちらで書くこともあるし，相手に書いてもらうこともあ

る。グラフで数値化したり量を見ることもあるし，フローチャートのように書いたり，イラストや文章で表現することもある。対話のみにして，終了後に内容を手紙で送っている例もある。このようにだいたい紙を挟んで話し合いながら協働作業していく。目的にしてもテーマにしてもツールや行う場所についても個々に話し合いながら検討する。以下に共通する手順を順を追って説明する。

① 同じ目的に向けて協力し合う関係が作れるかどうかを確認

　できるだけ正直にありのままに話してもらえるよう依頼し，秘密を守ることと，治療や支援に最低限必要な情報共有メンバーについて合意形成しておく。親や身近な支援者には相談内容を伝えないで欲しいという人が多いが，そのための個別面接なので，緊急性や危険がない限りその点は守る。ゆくゆく伝えたほうがよいと判断したことについては，筆者からではなく，本人から言えるように勇気づけていくようにしている。

② いつ，どこで行うか，相談する

　こちらからいつもする提案は，双方が出かけてきて待ち合わせすること。空腹状態を避けること，地域で生活する普段に近い一場面であり，互いに心地よいと感じられる，その人一人であるいは他の人とも利用できる場所であること。この提案の理由は，約束を覚えていて，互いに出向いて，会う。これが成立するだけで，関係はフラットで相当安定していると思われるからである。

　何らかの犯罪行為を行った障がい者の特性として，「今ここ」の心地良さや関心で行動していく傾向が強いように感じている。また，思考より体験したことのほうが反復しやすいとも思う。加えて尊重された経験が乏しい人も多いので，本人が知っている，自分で来ることができる，安心で好きな場所を教えてもらう。たとえ筆者との関わりが終わっても，身近な場所で経験したよい記憶として想起してもらえることもあるかもしれない。

　このように，こちらの目的も当然ありながら，押しつけず，本人の関心や意志，経験値，安全圏の範囲に注目しながら，筆者側の都合や思いなども伝えつつ決めていく。

③ 本人と行うことについて

　待ち合わせは本人の生活拠点に近い，チェーン飲食店でとなることが多

く，飲食しながら月1回，約2時間の予定で行うことを確認する。枠組みは，こちらから次の形で提案することが多い。

　前半，空腹や口渇を満たしつつ，お互いに会えたことに感謝の意を交換しあう。飲食の場面は，その人の情報（好み，体調，慣習，対人スキル，マナー等々）の宝庫であると思う。食後，吐き出しの時間として約20分，言いたいことを言う。この1カ月のチェック。場合によりツール使用，45分。そのあと，その人に合わせたリスクと望ましい像の確認をする。

　ある連続非建造物放火の知的障がいのある男性の場合は，一見障がいがあるようには見えないのだが，筆者は初めて放火したきっかけや，その日時，場所，季節，服装，持ち物，出来事などこと細かく情景が浮かぶように聴かせてもらった。その結果，「夜中に，ナンパ目的で，さみしいという気持ちで，一人，自転車に乗って，たばことライターを持って，外出する」というパターンで犯罪行為が起こっていることがわかった。ところが，これを共有し，想起してもらうことが案外難しかった。1カ月後に前回話し合った自分のリスクについて覚えていられない。そこで，紙一枚に上記の内容を書き，重要なキーワードを（　）で空欄にして穴埋めをしてもらうことにした。すると，理解し記憶できた。同時に回避プランも作り，適切な行動について話し合い，記録することができた。回避プランは，本人の発想をもとにした，すでにできていることの強化なので，理解や記憶はリスク要因より難しくなかった。

　これらの行程の留意点として，「考え」は「行動」に，「（犯罪行為を）しない」は「（向社会的であり本人が実行可能なことを）する」に（「Xをしない」ではなく「XのかわりにYをする」に）最終的に置き換える手伝いをする。

　最後にあらかじめ相談して決めた「終わりの儀式」をして，次回の日時を決める。相談の中で犯罪行為が想起され感情が揺さぶられることもあるので，リセットして今の生活に戻ってもらう目的で，ごく短くシンプルに行う。例としては，深呼吸，スイッチを切るイメージを持つ，チョコレートを食べるなど，何か一つを一緒に行い気分を確認し，感謝し合って終了する。

4．実践のまとめと課題

　福祉の支援現場で犯罪心理臨床の視点を導入することは可能であり効果もある。これまで担当した6事例それぞれの形で協働し，福祉的支援による環境調整との相乗効果により嬉しいことに再犯には至っていない。一方，般化が困難

と感じる理由は，健常者と比較した場合，ほとんどの対象者は資力が乏しく，移動などに同行が必要で，グループではなく個別で行うことを要望される。時間や回数を要し，理論を軸にしながらも個々の関心や理解力，障がい特性に合わせたテーマとツールを用いる工夫が必須で，ここにお互いの持ち味が大きく作用する。とても魅力的な行程であると同時に大変手間がかかり，さらにセンス（のようなもの）を要する非常にアナログな手仕事のような世界である。

現状，この支援に対して根拠となる法律がない。そのうえ，その人に関わる保護者や支援者から，そんな対応では甘いのではないか，厳しく反省させるべきでは，といった逆風が吹くことがしばしばある。しかし逆風こそ高い関心の表れであり，わかちあう貴重な機会である。個々の意見を聴きながら，チームとしてはどうなっていきたいのか共有したり，本人の「いつも，絶対」していると言われる望ましくない行動は，実は365日24時間起こっていないことを確認し，起こしていないときはどう過ごしているのかに着目してみる。

福祉的支援に関わる機関や人の数は多い。サポーターが多いことはよいことなのだが，チームでの合意形成ややりとりの一つひとつをグループワークのように感じることがある。今後，このような支援の必要性が認められ，犯罪行為から離脱し，その人ごとの幸せを見出した「生き証人」が増え，他の専門分野から協力を得て，地域生活場面で実践可能なよりよい形が整っていくことを祈念しつつ，今できることを続けていきたい。

文献

Andrews, D. A., & Bonta, J. : The Psychology of Criminal Conduct. 2nd ed. Anderson Publishing Company, 1998.

Finkelhor, D. : Child Sexual Abuse: New theory and research. New York: The Free Press, 1984.

Kroner, D. & Morgan, R. : An Overview of Strategies for the Assessment and Treatment of Criminal Thinking. In R. C. Tafrate and D. Mitchell（eds.）Forensic CBT. Wiley-Blachwell, 2014.

Kahn, T. J.（藤岡淳子監訳）：回復への道のり：ロードマップ．誠信書房，2009.

Lindsay, W. & Taylor, J. : The assessment of treatment-related issues and risk in sex offenders and abusers with intellectual disability. In A. R. Beech, L. A. Craig, K. D. Browne（eds.）Assessment and Treatment of Sex Offenders: A handbook. Wiley, 2009.

Print, B.（Ed.）（藤岡淳子・野坂祐子監訳）：性加害行動のある少年少女のためのグッドライフ・モデル．誠信書房，2015.

Ward, T. : Good lives and the rehabilitation of offenders: Promises and problems. Aggression and Violent Behavior, 7 ; 513–528, 2002.

第Ⅱ部｜地域生活支援の課題

第4章
システムズ・アプローチの観点から

支援の多機関連携と課題
「窃盗更生支援プログラム」の開発

生島　浩

Ⅰ　はじめに

　20年余りの保護観察官経験，そして，臨床心理・家族臨床を専攻する大学院教員の立場をリソースとして，触法障害者の地域生活支援を進展させるためにシステムズ・アプローチの観点から実践研究を行っている。

　その一つは，事件化されるか否かにかかわらず，刑事・福祉施設内における「物の貸し借り」に絡まるトラブルも含めて取り扱う「窃盗更生支援プログラム」を刑事司法・福祉機関が連携するシステムズ・アプローチとして開発することである。基本理念やアプローチ手法の異なる刑事司法と福祉関係者双方の〈すり合わせ〉プロセスを重視して研究会を組織し，効果研究に不可欠な情報共有等に関する「共同研究協定書」を締結した。

　従来，よく見られた一部の者による試行にとどまることなく，組織的に導入・展開されるための広報を兼ねた全国レベルでの福祉領域主催の研修会に参画，さらには，関連する刑事司法・福祉双方の専門機関のスタッフを対象とした技法修得のための勉強会も継続的に実施している。

［しょうじま・ひろし　福島大学大学院人間発達文化研究科教授］

Ⅱ 窃盗更生支援プログラムのシステム展開

1. プログラム開発の目的

　平成27年版犯罪白書によると，2014年の窃盗認知件数は刑法犯全体の50.9%であり，最も大きな割合を占めている。また，平成26年版犯罪白書では，「窃盗犯罪者の再犯」という特集が組まれており，2014年の窃盗の再入受刑者のうち，前回の罪名が窃盗であった者は76.2%を占める。特に女子は87.7%と高率であり，同種罪名による再入受刑者のうち，他の罪名と比較しても窃盗の再犯リスクが高いことがわかる。

　さらに，2015年の矯正統計年報によると，窃盗犯の新受刑者の能力検定値（相当値）は，IQ70未満が2,028人であり，テスト不能者も含めると約3割の新受刑者が知的障害を疑われる者である。また，法務総合研究所研究部報告「知的障害を有する犯罪者の実態と処遇」(2013)によると，2012年の知的障害受刑者の調査対象者の中で，罪名別の再犯期間を比較すると，窃盗の再犯期間の平均値が最も短いことが明らかとなっている。

　以上から，窃盗犯罪者の中でも，知的障害者への再犯防止プログラムのニーズは高まっており，再犯期間の短さから，社会内処遇の最初の段階での働きかけを行うことが必要であると考えられる。しかし，窃盗受刑者に対する再犯防止指導については，それぞれの刑事施設が独自に窃盗防止指導を実施し，出所後の社会内処遇を担う更生保護では，全国的に統一された標準的なプログラムは存在していないのが現状である。また，刑事施設および更生保護，さらには福祉施設・機関との連携が図られた，刑務所出所後の統合的，境目のないシームレスな支援となるよう配意された窃盗犯の更生に関するプログラムは開発されていない。

　筆者らは，知的障害のある窃盗犯のニーズと，プログラムを実施する上での刑事司法と福祉の連携が課題となる中で，刑事・更生保護施設と福祉施設の専門スタッフを対象にインタビュー調査を行い，支援の現状と課題を明らかにした。その課題を基に，刑務所・国の更生保護施設，地域の福祉施設で組織的・継続的に適用できる汎用性のあるプログラムの開発を行った（児玉・生島，2015）。インタビュー調査の結果，(1)刑事・更生保護施設の実践から，処遇の焦点が再犯防止に当たっており，窃盗行為に焦点を当てた生活歴の聴取などが

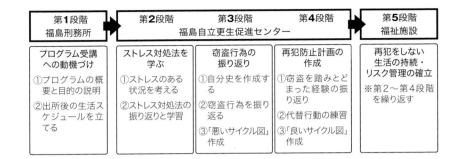

図❶　窃盗更生支援プログラムの概要と流れ

本人・処遇者双方の治療的動機づけを高めるために有用である。(2) 福祉施設での実践から，言語的な支援の限界と内省の難しさがあるために，ロールプレイによる行動リハーサルが組み込まれた SST を通して具体的な生活上のスキルを身につけていく支援方略が必要である。(3) 更生保護・福祉施設に共通する日常生活上のストレス対処をプログラムに織り込むことで，両施設での生活に関わるシームレスな支援構築が可能となること，などの臨床実践上の示唆が得られた。

2. 窃盗更生支援プログラムの概要と流れ

前述の結果を踏まえて，保護観察所が主催する「窃盗更生支援プログラム研究会」において，福島刑務所，福島大学および地元の福祉関係者が加わり，全 4 段階のプログラムの作成を行った。プログラムは，第 1 段階が福島刑務所，第 2 段階から第 4 段階までは刑務所から仮釈放後の地域生活支援を行う国の更生保護施設である福島自立更生促進センターが担当し，さらには，必要なケースには刑期満了後の地域生活支援を担う福祉施設において第 2 段階から第 4 段階まで繰り返し行うことを予定した構成となっている（**図❶**参照）。

プログラムは，地域生活支援を目的とする社会生活上のスキル獲得という観点からグループ・アプローチを原則とした。なお，一つの段階は 1 回に限らず，グループ受講者の進度に合わせて複数回行う場合もある。各段階について，以下に記す。

●第1段階／プログラム受講への動機づけ

　この段階は，更生保護施設に繋がる前に刑事施設で行う段階である。処遇経験が集積されている性犯罪や薬物事犯者への認知行動療法に基づくプログラムの基本を援用して，"枠組み"がある場所で動機づけを高め，組織的に導入が図られるよう設定したものである。

　本プログラムは，窃盗は誰もが手を出す可能性があり，かつ，ストレスがあると窃盗のリスクが高まることを受講者に伝えることから始まる。そこで，ストレスとのつき合い方等，再犯リスクを回避する方法を探していくことを本プログラムの目的とする。

　次に，本プログラムが原則グループで進められることを説明する。これまで対人関係でのトラブルを経験してきた受講者も多くいると考えられるが，一方で仲間付き合いの中で癒され，元気づけられるなど，ポジティブな経験もあると推測される。そこで，良い対人関係をもつためにも，グループの目標やルールを受講者で決める。

　なお，ここで決めたルールは先のプログラムの中でも何度も繰り返して伝えていき，常に意識づけていく必要がある。

　プログラムの進め方についての説明後には，これからプログラムを進めていく中で，自分が"変化すること"にどのような気持ちを抱いているかを確認する。この段階では，変化することに対して抵抗を示す者もいると思われるが，そのような自分の心のつぶやきに耳を傾けることが，プログラムをやり遂げるためにも重要であり，その機会が必要だと考える。

　続いて，認知行動療法について説明をする。ある出来事について，思ったこと（認知），感じたこと（感情）から，どのような行動をとると，どのような結果になるかということを，それぞれ失敗の流れと成功の流れに分けて考える。ワークシートは流れを表す図を活用し，視覚化した。認知行動療法については，この第1段階のみで理解することは困難だと考えられるため，第3段階で改めて取り組むこととする。

　最後に，自分の人生の目標を立て，次の更生保護施設での具体的な生活や目標を明確にする。先の見通しがもてないことに対する不安感の減少を目的とし，スケジュール表に自ら書き込んでいく形とした。この部分は，次の更生保護施設のスタッフも同席し，施設での生活についてより具体的に考えると同時に，顔合わせ，情報の共有を図るものである。

●第2段階／ストレス対処法を学ぶ

　この段階から，更生保護施設およびその先の福祉施設での実施となる。

ここでも，更生保護の分野で処遇経験が集積されている性犯罪や薬物事犯者への認知行動療法に基づくプログラムの基本を援用して，社会内処遇の枠組みで実施されやすい内容となっている。

　この先，集団，さらには社会の中で生活していくことを踏まえると，早期の段階でストレス対処法を学ぶこととした。上手にストレスに対処できず，更生保護施設・福祉施設，そして家族からの離脱こそが最悪のリスクとなるからである。まず，自分がストレスを感じやすいことについて話し合いを行う。対人関係や仕事など，分けて考えることで，ストレスに感じやすいことを明確にしやすいと推測し，項目ごとのストレスメーターを作成し，色を塗る形のワークシートを作成する。

　次に，今まで自分が行ってきたストレス対処法を振り返り，ひとつひとつの対処法の良い点，悪い点について話し合いながら考え，効果を確認する。加えて，いくつかのストレス対処法や呼吸法を紹介し，その場で実践する。実際に行うことで，自分に合うものを体感できると，本人の強みとなることを狙ったものである。

　最後に，今まで自分が行ってきた対処法，新たに学んだ対処方から，「自分の対処法リスト」を作成する。

●第3段階／窃盗行為の振り返り

　まず，更生保護施設および福祉施設に入所して，改めて目標や希望を話し合う。第1段階で立てる目標は，やや大まかなものであるが，ここでは人付き合いや仕事，住居など，将来の目標を項目ごとにより具体的に考えていく。イメージした自分らしい生活に近づくために，プログラムと施設での生活を進めていくことを再度意識してもらう。

①自分の生活歴の振り返り

　ここからは，それぞれの生活歴を振り返る。小学校に入る前の年代から現在に至るまでを，家族や友人のこと，身体や仕事，お金のことなど，微細に聴き，整理していく。グループで話すことに抵抗を示す者も現れると推測されるので，個別での実施も可能である。

　生活歴の振り返りについては，犯罪には直接的に関係のないことも語ってもらう。聴き取った情報から，本人のものの見方を理解し，犯罪につながるおそれのある因子を探るアセスメントを行う。その際支援者は，受講者の話を否定せずに聴くことが重要で，自分は受け入れてもらえているという，本人の安心感に繋がっていく。

　生活歴の振り返り後，その中の窃盗をしたとき，もしくは，しそうな

きについて，考えていく。ここでは，警察の取り調べや裁判でも話せなかったことも含めて話してもらう。

〈自分がした窃盗について〉
◎窃盗をした日，場所や物，どのようなとき，などを表にまとめる。
◎"なぜ"「その日」「その場所」「その物」「そのとき」だったのか，ひとつずつ聴いていく。

この，"なぜ"という質問は，本人にとっては難しいものとなる場合も考えられるが，ここでじっくりと考えてもらうことがポイントである。

〈窃盗をするすぐ前と後について〉
◎そのときの考えや気持ちをそれぞれ分けて聴いていく。

〈窃盗をして得したこと，損したことをそれぞれ考えて挙げてもらう〉
各項目に沿って明確に話がなされないことも当然あるが，その場合は支援者の側でまとめ直す。視覚的にまとめられた情報が，本人自身の整理に有効と思われる。

②窃盗行為の機能分析

ここからは，再度グループワークとする。それぞれの窃盗を項目ごとに振り返ってきているが，ここで自分の「悪いサイクル」を見つけ出し，サイクル図にまとめるワークを行う。窃盗に近づいている"危ない"生活状況⇒つい考えてしまう"心のつぶやき"⇒ついやってしまう場面⇒盗むときの心のつぶやき⇒やったことの言い訳・気持ち，といった内容についてできるだけ具体的なものにしていく作業である。完成したら，受講者同士でサイクル図を発表し合い，共有する。

●第4段階／再犯防止計画の作成

①窃盗を我慢できた経験

第3段階において，窃盗をしたときの考え方やクセについて考えてきた。しかし，誰しもいつも窃盗をしてきたわけではない。そこで，ここでは窃盗をしなかったことについて振り返る。そのときの考えや気持ちも細かく尋ねていく。そこから，今後の生活のなかで窃盗をしないために工夫できることを話し合う。

②再犯防止計画の作成

今後工夫したいこと，できるようになりたいことなど，考えた中から，実際にその場で練習できることがあれば，その時間も設ける。

自分で考えたこと，他受講者の考えを聞いた上で，自分のこれからの生

> 活にプラスにしたいことを項目ごとに話し合い，今後の再犯防止計画とする。さらに，自分の「良いサイクル」図にまとめるワークを行う。
> 　最後に，これからの生活が良くなるように，自分の願いを込めて，「おまもり」を作成する。身につけられるもの，家に飾れるもの，各々の好きなものに今後の目標などを自由に書き入れておまもりとする。プログラムをやりきったという，達成感を味わえるものになることを目的とする。

　なお，第2～第4段階に関しては，更生保護施設，福祉施設で繰り返し実施していく。プログラム実施中には，受講者はワークシートを作成し，刑事施設，更生保護施設，福祉施設と携帯することができるようにした。また，知的障害のある者を対象としていることから，ワークシートの作成において以下の点について特に配意した。

　ワークシートの構成としては，見開きの左側を説明，右側を図や表とした。受講者は右側の図や表の作成をワークとして取り組んでいく。左側の説明は，支援者と一緒に読み進める。まとまりごとに枠で囲い，また，テーマ，説明，ワークに使用する枠の色を分け，その色を固定し，可能な限りわかりやすく視覚的に伝わるようにした。加えて，まとまりごとにチェック欄を設け，読み終わったところで，チェックをつけていく形とした。右側のワークの最後には，コメント欄を設け，支援者からのコメントを書くこととした。自らのワークを見てもらえているという喜びを感じ，受講意欲につなげることを狙いとした。

　ワークシートとは別に「振り返りシート」を作成した。プログラム中には話せなかったこと，プログラムを受けて新たに思ったことなどを，セッションごとに後で記入してもらうものである。本人，支援者と共有し，受講者はその日のプログラム内容を思い出すことで，復習の機会となる。最後に，今日のプログラムを自己評価させて点数化するものとなっている。

3. プログラム評価と更新，課題

　三つの尺度を選定してプログラム評価を行うべく，特に知的障害のある犯罪者に対して効果測定の可能性を吟味するため，刑務所・更生保護施設・福祉施設の79名の対象者に予備調査を実施し，80項目の質問紙を作成した。選定した尺度は，以下の三つである。

1) 問題解決や肯定的解釈などのコーピングスキルが身についているかをみる「3次元モデルに基づく対処方略尺度」（神村ら，1995）
2) 本プログラムのグループ・アプローチの効果をみる「コミュニケーション・スキル尺度 ENDCOREs」（藤本・大坊，2007）
3) 行動変容の段階から再犯防止に対する動機づけを測定する「The University of Rhode Island Change Assessment」（Rosemary, 2011）

　2016年1月から本格実施が開始されたが，窃盗事犯で相当の仮釈放期間が得られて，自立更生促進センターに帰住するという要件に該当するケースは限定されることもあって，この1年間でプログラム受講者は11ケースにとどまっている。量的研究のためには事例が一定数を超える必要があり，プログラム受講の感想を刑務所・自立更生促進センターの両方で尋ねるアンケート調査などによる質的研究を先行させることとしている。前述した「窃盗更生支援プログラム研究会」は，保護観察所において毎月開催され，プログラム運営上の問題点について検討・更新が常に継続されていることも特記したい。
　また，「知的障害のある」という処遇対象者の特性に合致したプログラムとなっているかについて検証も必要であるが，IQは55以下もいるが，70台，80台が現在のところ中心である。そのため，服役回数は重ねているものの，刑務所では本プログラムを未受講である者についても，入所中の福祉施設において，前述したプログラムの第2から第4段階までを筆者のスーパーバイズのもと大学院・修了生が実施する取り組みを並行している。これも事例数は少ないが，対象者と支援者に次のような影響を与える過程のあったことが報告されている（塩田・生島，2016）。

　　「プログラムの初期では，対象者は導入のわかりやすさから受講への意欲につながった。また，プログラムの実施者である筆者との浅い関係の中で，自分をよく見せよう，受け止めてほしいという気持ちがある反面，自分の問題と向き合わなければいけないことへの負の感情や葛藤を持つようになった。その後，心理教育的機能や対等な関係を維持しながらプログラムが進んでいくと，実施者との関係性が深まり，犯罪の振り返りや自分の気持ちについて自分の言葉で話す様子が見られた。その過程で，自分の気持ちを話してもよいという安心感が確立され，さらに心の整理を行うことで，再犯防止・対人関係の改善への動機づけや行動の変化につながっていった。また，福祉施設の

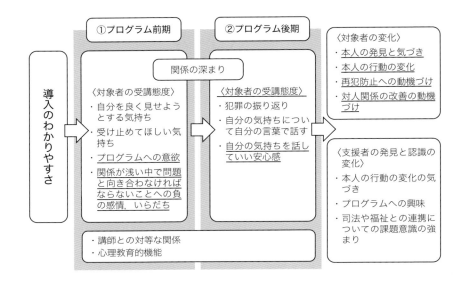

図❷　福祉施設でのプログラム試行における対象者の変化

支援者についても，プログラムの試行を通して，プログラムへの興味や刑事司法と福祉分野との連携についての課題意識が強まったという変化が生じた」（図❷参照）

2016年度で3回目を迎える，国立重度知的障害者総合施設のぞみの園主催の「非行・犯罪行為に至った知的障害者を支援し続ける人のための双方向参加型研修」の分科会において，この「窃盗更生支援プログラム」をロールプレイも交えて提示し，参加した刑事司法に携わる福祉関係者からその場でヒアリング，さらにはアンケート調査を行い，内容の修正を間断なく行っている。調査回答の概要を紹介すると，次のとおりである。

1) プログラムの内容に関する意見では，刑事司法分野は「窃盗」への効果に着目していたが，福祉分野は「知的障害」への考慮や動機づけに着目していた。
2) グループ・アプローチへの意見では，刑事司法分野は，プログラムの「実施者」の立場から所見を述べており，ファシリテーターのスキルがどのように対象者に影響するかに着目していた。福祉分野は，プログラム

の「受講者」の立場から感想を述べていた。背景には，福祉関係者のグループ・アプローチへの馴染みのなさがあり，自信がないことやファシリテートの難しさに着目する一方，受講者の立場から，多様な視点からグループ・アプローチの可能性について期待が表明されていた。
3) プログラムの使用への動機づけでは，刑事司法分野と福祉分野で「使用動機につながるもの＝考え方の過程」が異なっていることが明らかとなった。刑事司法分野は，プログラムへの肯定的評価，プログラムの有効性やその成果が実証されることが，使用動機に結びついていた。一方で，福祉分野は，プログラムへの肯定的評価は使用動機には結びつかず，自分の視点を持った上で意見や指摘ができること，支援対象者のニーズに照らし合わせてプログラムの良し悪しを考えることが，使用動機につながっていた。

また，両分野で共通に出た視点と課題は，一つ目には，「プログラムの肯定的な評価」と「刑事司法と福祉の連携の進展」という，プログラムへの期待に関する内容であった。二つ目には，障害の特性と犯罪性に関する「アセスメントの必要性」と人権擁護の観点からの「倫理的側面への配慮」という，プログラムの課題が共通の視点として明らかとなった。福祉関係者にとって，「刑事司法の再犯防止施策には与しない」という姿勢は譲れないものであろうが，「刑事司法の関与と福祉的支援が必要不可欠な対象者が現にいる」という原点に立ち返った協働体制の構築を急がなければならない。

そのためには，ユニバーサル・デザイン，すなわち，全国的規模で同一レベルの処遇・支援プログラムが展開されることが，触法障害者の地域生活支援には絶対的条件といえるのではないか。「窃盗更生支援プログラム」のシステミックな実施を実現するために，「福島県触法（障碍）者支援研修会」の名称で，福島刑務所において，刑事司法・福祉相談支援者の合同学習会をこれまでに4回開催している。プログラムを実施する基礎となる，グループワークや認知行動療法，多職種間でのケース引き継ぎ，事例検討会をテーマに「協働する経験」を積み重ねていくことが，地域生活支援の有効性の維持には不可欠であることを強調したい。欧米のエビデンスが実証されたプログラム，例えば，筆者が専門とする家族臨床では「マルチシステミックセラピー（MST）」が，開発者の手を離れて各地域で展開されると急激に有効性のエビデンスが喪失するという現実が指摘されている（生島，2016）。プログラムを忠実に実施させる濃密なスー

パービジョンだけでは十分でなく，支援者にとって「使い勝手の良い」，そして，対象者の支援ニーズに適わなければ，元も子もないことは自明である。

III　おわりに

窃盗は，古今東西，世界中どの時代でも最も多い犯罪である。その要因も「お金がない」といった単純なものではなく，遊び心からの万引きから「窃盗症（クレプトマニア）」という精神疾患まで態様の幅が広く，よって対処法もさまざま，有効な技法が特定されていないことは周知の事実である。さらに，対象を知的障害のある者に焦点を当てることによりアプローチは明確となったが，われわれの目的を「立ち直りのための地域支援」であることを強く意識して，プログラム作成，その展開過程をシステムズ・アプローチの観点からまとめてみた。刑事司法における処遇プログラムは，継続的実施と絶え間ない更新こそが最重要であることを自らに銘記している。

謝辞：本プログラムの共同開発者である「窃盗更生支援プログラム研究会」の皆様，大学院ゼミの修了者である児玉彩（国立重度知的障害者総合施設のぞみの園），塩田英美（いわきたいら心療内科）の両氏に深く感謝申し上げます。

文献

藤本学・大坊郁夫：コミュニケーション・スキル尺度 ENDCOREs．2011．（堀洋道監修／吉田富士雄・宮本聡介編）心理測定尺度集V．pp.272-277, 2007.
法務省法務総合研究所研究報告：知的障害を有する犯罪者の実態と処遇．2013.
法務省法務総合研究所編：平成26年版犯罪白書：窃盗犯罪者と再犯．2014.
法務省法務総合研究所編：平成27年版犯罪白書：性犯罪者の実態と再犯防止．2015.
法務省矯正統計年報，2015．[http://www.moj.go.jp/housei/toukei/toukei_ichiran_kousei.Html]
神村栄一ほか：3次元モデルにもとづく対処方略尺度．1995．（堀洋道監修・松井豊編）心理測定尺度集III．pp.27-30, 2001.
児玉彩・生島浩：窃盗防止プログラムに関する研究：知的障害のある施設入所者を中心に．福島大学臨床心理研究，10；9-14, 2015.
Rosemary, A. N., et al. : The undersigned members of the Graduate Faculty of Western Oregon University and the administrator, research & evaluation unit Oregon department of corrections. 2011.
佐藤郁哉：質的データ分析法：原理・方法・実践．新曜社，2008.
塩田英美・生島浩：知的障害のある犯罪者に対する処遇プログラムの一考察：窃盗更生支援プログラムを中心に．福島大学心理臨床研究．pp. 1-6, 2017.
生島浩：非行臨床における家族支援．遠見書房，2016.

第Ⅲ部
地域生活支援の事例・実践

第Ⅲ部｜地域生活支援の事例・実践

第1章
保護観察官による事例

保護観察所の業務と
触法障害者の見立て・処遇

佐々木啓文

Ⅰ　はじめに

　筆者は，現職に至る以前は20数年間にわたり社会福祉協議会でソーシャルワーカーをしていた。社会福祉協議会は，地域のさまざまな問題に対応する地域福祉の中核的組織であり，地域組織化により住みよい地域の醸成を目指す民間団体である。その対象は，地域に住む住民全てにおよび，なかには罪を犯した者も含まれている。今から15年ほど前になるが，平成16（2004）年から平成17（2005）年にかけて保護観察中の対象者等による重大再犯が続いたちょうどその頃，筆者も保護司（犯罪者等の立ち直りを助ける法務大臣が委嘱する更生保護のボランティア）として委嘱を受けた。保護司としての研修を重ね，保護観察対象者と関わるにつれ，大きな疑問を抱くようになった。福祉に携わる者は，高齢者や障害者（以下「要援護者」という）を福祉サービスの「お客様」として捉えている。しかし，そういった要援護者でもひとたび罪を犯してしまうと「犯罪者」というレッテルを張られてしまい，一般の要援護者とは区別される。筆者は，そのことに対し大きな抵抗を感じていた。
　そういったなか，高齢者や障害者の再犯率が高まり，刑事司法と福祉の連携が強く求められ，現在，法務省では，社会福祉士や精神保健福祉士，臨床心理士などの有資格者が，検察庁のほか，刑務所などの矯正施設，保護観察所などの刑事司法機関に採用されるようになった。筆者もそういった経緯で採用され

［ささき・ひろふみ　盛岡保護観察所保護観察官］

た一人である。

　保護観察所は，法務省保護局に属する更生保護と医療観察の第一線の実施機関である。更生保護とは，罪を犯した人や非行のある少年を社会の中で適切に処遇することにより，その再犯を防ぎ，非行をなくし，彼らの自立と改善更生を助けることで，社会を保護し，個人と公共の福祉を増進しようとする活動である。保護観察所の具体的な業務は，保護観察，生活環境の調整（刑務所等に入所している人の帰る場所の調整），更生緊急保護（保護観察に付されている人や，刑事上の手続き等による身体の拘束を解かれた人を対象に，援助や保護が必要な場合に行う措置），犯罪予防活動，犯罪被害者等施策などである。

　保護観察は，保護観察官と保護司が協働して行っており，①指導監督（定期的な面接などで対象者の生活ぶりを把握して守るべき事を指示したり，薬物など特定の犯罪的傾向がある者には，心理学や社会学など専門的な知識に基づく指導をしたりする），②補導援護（住居確保の援助や就労支援，生活面でのさまざまな支援）で成り立っている。

　現在，筆者は主に更生保護施設（刑務所等を出所した後の行き場のない人に，一定期間，宿泊場所や食事を提供し，生活指導や職業指導を行う施設）と更生緊急保護を担当しているが，その対象者の中には障害者がかなりの割合で含まれている。前職においても数多くの困難事例に対応してきたつもりであるが，保護観察業務においてはそのほとんどが困難事例であり，支援可能な期間が定まっている等，福祉とは異なる点が多く，日々対応に苦慮している。本章では，その中からいくつかの事例を紹介したい。

　なお，以下に記述する事例はあくまでも筆者の実践であり，個人が特定されないよう必要な修正を行っている。また，見解についても私見であることをご理解いただきたい。医療観察については別章で詳述されており，ここでは触れていない。

［事例1］
II　窃盗累犯者への地域生活支援

1．対象者の概要

　対象者はA男（40代）。軽度の知的障害（IQ相当値＝66）がある。療育手帳を持ち，1カ月8万円ほどの障害年金を受給している。窃盗行為を繰り返し，これまで6回の服役歴がある。今回は，刑務所を満期出所し，更生緊急保護の対象

になった。家族は実父のみである。

[対象者の生活歴]

A男（以下，「本人」と呼ぶ）は，P県内の小さな町である，S町で一人っ子として生まれた。両親は本人が幼い頃に離婚し，実父に育てられている。本人は，小学生の頃から万引きや空き巣，車上荒らしなど，触法行為が目立つ，いわゆる「不良少年」であった。中学校では特殊学級に編入され，児童相談所も関与するようになった。それでも本人の窃盗行為は止まず，3年生のときにはとうとう実父の手にも負えなくなり，児童自立支援施設に入所することとなった。中学校を卒業すると，本人は職業訓練学校に入学して木工を学び，無事に卒業して就職したものの，対人関係のトラブルを起こしてすぐに辞めてしてしまった。その後も窃盗行為は収まらず，本人が24歳のとき，はじめて保護観察を受けることとなった。この頃には，本人はS町では犯罪者としてすっかり知れ渡ってしまっていた。そのため実家には帰ることができず，P県の更生保護施設に入所することになった。その後も本人は窃盗行為を繰り返し，25歳から38歳までの間に5回の服役をすることになった。

4回目の服役（本人32歳）の際には，素行不良を理由にP県の更生保護施設から引き受けを拒否され，隣県であるQ県の更生保護施設への帰住を余儀なくされた。一部の更生保護施設では平成21（2009）年4月から，福祉系の専門資格を持つ職員（以下，「福祉職員」と呼ぶ）が配置されるようになっていたが，この福祉職員の援助を受けて，本人は平成22（2010）年に療育手帳を取得した。福祉サービスを利用できるようになった本人は，障害者施設に入所したが，38歳のときにまたしても窃盗事件を起こし，服役することになった。刑務所を満期で出所した後は，逮捕前に入所していたQ県の更生保護施設に入所していた。

2. 保護観察官の見立て・処遇方針

本人は，優しそうではあるが軽度の知的障害を持った青年という第一印象だった。言動や施設内での生活にも特に問題はなく，他の入所者との共同生活にも馴染んでおり，記録から読み取れるような累犯障害者には見えなかった。

本人は更生緊急保護の対象者であり，刑務所から刑期を終えて釈放された者である。本人の申し立てにより保護を行っており，本人に自立更生の意欲がない場合には，援助の継続は困難となる。しかし，保護観察官としては本人の更

生と再犯防止を第一に考えなければならない。

近年,更生保護では,対象者の再犯を防止し自立更生を図るためには,「居場所と出番(住居と仕事)の確保」が重要であるとしている。さらに,「罪を犯した者を受け入れる地域の理解」も重要な要素の一つと筆者は痛感している。住む場所を確保したところで,犯罪者を差別的に扱うような地域であっては,いかに住む場所が快適であろうと生活はできないからである。

本人の場合,これまでは民間のアパートで生活しながら,障害者の作業所で仕事をしてきたが,再犯につながっていた。本人に聞いても答えなかったが,孤立した生活を送ってきたことは間違いない。本人の再犯を防止し,更生を図る上でも,地域で本人が理解され,温かく見守ってくれる環境の確保が重要と考える。

3. 処遇経過

本人は,刑務所に入所している間にも障害者年金を受給し,自立に可能な預金額は備えていた。福祉職員は地域生活定着支援センター(以下,「定着支援センター」と呼ぶ)に相談をして,本人を受け入れてくれる退所先の調整を行っていた。しかし,本人が累犯障害者であることから,受け入れ先の調整は難航した。当県の場合,定着支援センターの運営母体は,障害者施設を多数運営している福祉団体である。更生保護制度に関する研修会を自主的に開催するなど,職員の触法障害者等に対する理解は深まっていた。そのため,団体の運営する障害者施設への入所調整を行ったところ,本人を引き受けてくれることになった。退所後,半年が経過するが,本人は障害者総合支援法に基づく訓練等給付を利用して,グループホームに入所しながら,再犯なく平穏な生活を続けている。

[事例2]
III 触法精神障害者に対する医療支援の関係調整

1. 対象者の概要

対象者はB男(70代)。IQ相当値は72,長谷川式スケール(認知症を評価するスケールで,20点以下で認知症と判断される)では28点であった。幻覚と幻聴があり,後に統合失調症と診断されるが,当初は明確な診断はなされていなかった。障

害者手帳，要介護認定なし。無銭飲食を繰り返し，これまでに16回の服役歴がある。今回は，刑務所入所中に「特別調整」の制度ができたために自ら申し出を行った。家族は，姉・弟と所在のわからない子どもが3人いる。

［対象者の生活歴］

B男（以下，「本人」と呼ぶ。）は，Q県の小さな町であるT町，で3人兄弟の長男として生まれた。地元の中学校卒業後，首都圏へ出稼ぎに出るが，人間関係が原因で離職を繰り返していた。本人が28歳の頃，結婚し3人の子どもをもうけるが，その後離婚し，子どもは別れた妻と一緒に生活をしていた。離婚以降，本人は自暴自棄となり，全国各地を転々と放浪し，無銭飲食で受刑生活を繰り返すようになった。本人が42歳となったとき，詐欺で初めて刑務所に入所。以降，70歳までに16回，20年間を刑務所の中で生活してきた。そのほとんどが無銭飲食による詐欺で，一度だけ仮釈放となり，Q県の更生保護施設に入所しているが，本人の奇妙な言動から，翌日には退所している。70歳のときに，詐欺により刑務所に入所し，新設された特別調整の対象者に選定された。特別調整では，本人がQ県への帰住を希望し，Q県地域生活定着支援センターが，帰住先であるアパートの調整や，本人の言動に問題があることから，出所後の精神科病院受診の調整も行っていた。また，本人の奇妙な言動から，帰住後すぐに問題発生が想定されたことから，関係者を集めてケア会議も開催し，退所後の準備を整えていた。精神科の医師からは，本人の問題行動について指摘があり，入所中から刑務所の医師に，服薬の処方を行ってもらうようにとの指示があった。しかし，刑務所側にその内容を伝えると，刑務所内ではおとなしく受刑生活を送っており，服薬を行うと本人が体調不良を訴えることから，無理に服薬させることはできないとの回答があった。釈放が間近に迫り，本人はQ県の刑務所に保護上移送（入所先の刑務所から，帰る場所の近くの刑務所に移されること）され，刑期が満了し釈放された。

2. 保護観察官の見立て・支援方針

釈放当日，刑務所に定着支援センターの職員が迎えに行くと，本人はすぐに，「命を狙われているので，アパートには帰ることはできない」と意味不明のことを言い出し，入居予定のアパートに帰ることを頑なに拒否した。定着支援センター職員は困り果て，本人と一緒に保護観察所に出頭した。刑期を終えた者は保護観察に付されることはなく，本人が望まない限り援助することはで

きない。本人から話を聞くと，所持金はないが関東方面に行きたいという希望があったことから，更生緊急保護について説明をしたところ，自ら保護の申し出を行った。

本人は，元気そうで多弁な高齢者といった印象。筆者は，以前，福祉のワーカーをしていたときにも支援したことがあり，3回目の面接であった。本人の訴えは，「別れた妻と子どもが自分の命を狙っているので，関東方面に逃げて身を隠したい」とのことであった。同行した定着支援センターの職員は，これから転入手続きを行い，生活保護の申請をしてアパートに入居させなければならないと焦った様子であった。一般的に保護観察所では，刑務所満期釈放者でもあり，本人の要望に従って援助を行うのが通常であるが，特別調整対象者ということもあり，また，このまま無理矢理にアパートに入所させても，直ぐに以前と同様の生活に戻ってしまい，ひいては再犯につながると考え，支援関係の継続を第一とした。そこで，本人の妄想的言動もいきなり否定せず，ゆっくり本人の話を聞き置く姿勢が肝要であると判断した。

3. 処遇経過

本人には，病識はなく，精神病との診断もなかった。しかし，筆者は妄想・幻聴を疑わせる話から再犯リスクは高いと判断して，ともかく精神科病院の受診が必要と考え，本人の主張する「命を狙われている」という訴えに主点を置き，病院に入院すれば安全であることを説明したところ，病院受診について承諾を得た。

受診した医師は，すぐに統合失調症の疑いがあると診断した。医師に依頼し，本人の家族と早急に連絡を取り，家族からの同意をもらい，医療保護入院（本人または家族の同意が必要な入院）に切り替えるという条件のもとに，応急入院（精神保健指定医が緊急の入院が必要と認めたとき72時間を限度として行われる入院）させてもらうことになった。しかし，弟に連絡を取ると，これまでに相当の迷惑をかけられ，すでに兄弟の縁は切っており，姉ともども今後一切関わりたくないと頑なに入院の同意を拒否された。本人には，その他に子どもが3人いたことから，戸籍照会により子どもの住所を突き止め，入院の同意を依頼したい旨の書面を送付した。しかし，宛先不明で手紙が戻ってきてしまい，八方ふさがりの状況となってしまった。本人が刑務所に入っている間に，精神保健福祉法26条通報（刑務所等から都道府県知事に対して行われる通報）は行われていたが，保健所として

は自傷他害行為の可能性は少ないという理由から，措置入院（自傷他害の恐れがある場合で，二人の精神保健指定医が診察の結果，入院が必要と認められたとき知事の決定によって行われる入院）に対する都道府県知事による同意についても，家族がいるという理由から，対応が困難とのことであった。

結局，本人の医療保護入院の同意書は取れずに，期限の 72 時間は過ぎてしまった。しかし，そのまま退院させることはできないことから，病院側に無理にお願いをし，問題が発生するたびにその対応を行い，何とか入院を継続させてもらうことが可能となった。その間に，定着支援センターでは退院先の調整を行い，老人ホームに入院が決定した。老人ホームに入所し，間もなく 1 年となるが，本人は元気に落ち着いた生活を続けている。

[事例 3]
Ⅳ 発達障害の疑いがある少年対象者への支援

1. 対象者の概要

対象者は C 少年（10 代後半）。発達障害の可能性（IQ76，新田中 B 式知能検査）があるが障害者手帳はなし。少年院送致は 2 回目だが，今回は入院中に特別調整対象者に選定された。家族は，父親（刑務所収容中）と兄がいる。

[対象者の生活歴]

C 少年（以下，「本人」と呼ぶ）は，幼い頃に両親が離婚し，母親に育てられた。小学校時代から母親や祖母の財布から金銭を持ち出す等を繰り返し，中学校に入学してからは不登校の傾向が続いた。中学校 3 年となり卒業が間近に迫った 3 月に，東日本大震災が発生。一緒に生活していた母親と祖母は，津波に飲み込まれ死亡した。その後，伯母の家に預けられ，定時制高校に入学するが怠学が続き，伯母の財布からも金銭を持ち出すようになった。高校 2 年のときに，喫煙により補導され中退。伯母の家から家出をし，一人暮らしをしていた兄の元に身を寄せた。18 歳になったとき，建造物侵入，窃盗により逮捕された。家庭裁判所はいったん里親に預けるが，すぐに家出をしてしまい，観護措置により少年鑑別所に入所した。その後，試験観察（少年の処分を決めるため，ある程度の期間，家庭裁判所調査官が観察すること）となり，更生保護施設に入所したが，規則を守らず無断外泊したことから，少年院に送られた。19 歳のときに仮退院となり，保護観察を受けながら更生保護施設での生活支援が継続されたが，兄の

マンションに無断外泊するなど遵守事項に違反する行動を続けた。その後も窃盗や万引きを繰り返したため、保護観察所の申出により家庭裁判所が少年院に戻し収容する決定がなされたものである。

2. 保護観察官としての見立て・処遇方針

少年院の場合、家族などの引受人のもとに仮退院となることが通常だが、本人の場合、津波により実家は無くなっており、帰る場所がなかった。さらに、兄は服役中の父親と共謀して、本人が受け取った母親の保険金を搾取する可能性があるため、そのマンションにも帰ることはできなかった。引受人がいない場合は更生保護施設等への入所が検討されるが、これまでに二度入所しており、規則を守らず無断外泊をした経緯があることから、当初は引き受けはできないと拒否された。本人は、その行動特性から、発達障害の疑いがあると少年院で判断し、福祉との特別調整の対象に選定して、本人も応諾した。保護観察所としても、特別調整の対象者の要件に該当するか調査するため本人と面接を行った。面接の中で本人は、津波で亡くなった母親について笑みを浮かべながら話すなど、現実認識が乏しく、再犯リスクに障害の影響が懸念されると判断し、福祉や精神医療との連携に特に配意する対象者に選定したものである。

3. 処遇経過

第一に、専門医の受診が必要であった。少年院には、嘱託の医師はいるが、医療少年院でなければ精神科の専門医ではないことがほとんどである。定着支援センターでは、少年院に入院中の本人を受診させるため、精神科医の受診調整を行い、同行して受診を行った。しかし、医師からは知的障害も発達障害も明確には診断ができないとの回答であった。そのため、発達障害の専門医がいる療育センターに受診を依頼したところ、診察待ちの患者が多いため、早くても受診は本人の少年院収容満期以降となってしまうとのことであった。障害を認定できない以上、障害者施設等への帰住調整はできないことから、筆者は、一度断られた更生保護施設への帰住調整を行った。

本人は少年院収容満期1カ月を残し、更生保護施設に仮退院を許され、保護観察を受けながら生活をすることになった。帰住後すぐに、求職活動を行い就職が決定したが、1週間あまりで退職。その後、夜中に無断外出をするなどの遵守事項違反が続き、その都度面接を行うなどして指導を行っていた。ところ

が，満期日前日の夜中に本人は荷物を残したまま無断外出し，その後も戻っては来ず，保護観察期間は終了した。本人は，母親の保険金の管理を弁護士に依頼していたが，その弁護士に本人の兄を名乗る者から，弁護士を解約したいとの連絡が入ったとの情報があった。しかし，保護観察所と更生保護施設には連絡はなかった。予約をしていた療育センターの受診もできず，決まっていた就職先にも迷惑をかけることになってしまった。

V 事例からみる福祉との連携プロジェクトの課題

これまで紹介した事例を基に，今後の課題を考えてみたい。

事例1の場合，更生保護制度や触法障害者等に対する社会の認識は，残念ながら非常に低いと言わざるを得ない。法務省においては，昭和24（1973）年から毎年，「社会を明るくする運動」(犯罪や非行を防止し，犯罪者等の立ち直りを支える運動)を実施しているが，事件の少ない地方では浸透しているものの，犯罪の多い都市圏においては国民の関心も薄く周知されていないのが実態である。刑務所出所者と聞くと，多くの人は殺人や放火等の凶悪犯を想像してしまう傾向にある。しかし実際には，犯罪の7割以上が窃盗(平成28年度犯罪白書による)である。罪を犯した者が地域で生活していくためには，住民理解が特に重要であることから，国民に対し正しく説明を行い，国民に支えられた社会復帰支援を行う必要がある。

事例2の場合，長い間，刑務所等の刑事施設に入所している者は，拘禁反応を示すことが多い。特に何十回も刑務所に入所している者は，その反応が身についてしまい，刑務所内では特に問題もなく生活している。しかし，釈放と同時に，抑圧されていた状況から解放され，本来の自分の姿が表出してしまう。刑事施設においては，対象者個々の状況に応じた指導と釈放後の仕事や住居について指導は行われているが，保護観察所としては対象者が実際に社会で生活していくための方策に着目し支援を行っている。今後，こういったケースは増大していくものと想定され，真剣に対応を検討しなければ，福祉サービスの調整もますます困難性を増していくものと考えられる。

事例3の場合，特別調整は障害が疑われる者も対象とすることになっている。特別調整は，もともと少年を対象としたシステム構築ではなく，思春期・青年期を専門とする精神科医が少ない現状で的確な診断を得なくてはならず，

福祉につなげることは難しい。さらにボーダーライン上にある対象者の場合，実際に障害の認定がなされなければ，定着支援センターとしては福祉施設等の調整は不可能となってしまう。こういった対象者が刑務所等の刑事施設には相当数いるものと考えられることから，今後，医療観察の対象外である者の多機関連携が早急の課題である。

VI 刑事司法・福祉の協働

　刑事司法の目的は，罪を犯した者に対し応報的な刑を科し，社会を保護し，犯罪のない住みよい社会を構築することにある。しかし，罪を犯した知能や精神面に障害がある者の場合，その刑罰を果たして理解することが可能であろうか。少なからず，これまで紹介した事例の対象者については，「刑務所には二度と行きたくはない」と話すものの，罪を犯すことに対して全く抵抗感を感じていないように思えてならない。

　以前，担当した窃盗により逮捕された知的障害者が，「福祉に相談に行くよりも，刑務所に行くほうが簡単だ」と話したことがある。彼らにとっては，生活保護の申請に行って面倒（で困難）な手続きを行うよりも，罪を犯して刑務所に戻った方が，すぐに衣食住にありつけるという考えを持つ者も少なくない。「また困ったら罪を犯せばよい」，「運悪く捕まってしまったら刑務所に行けばいいだけ」と犯罪に対するハードルが低くなってしまっている。

　これまで事例紹介したように，触法障害者を対象として処遇を行うためには，福祉サービス等の調整が必要不可欠である。しかしながら，数年ごとに転勤を繰り返す保護観察官の場合，地域ごとに異なった社会資源を把握することは困難である。そのため，法務省においては厚生労働省と連携して，都道府県ごとに定着支援センターを設置し，そういった福祉との調整を依頼しているところである。職能団体である都道府県社会福祉士会では，これまで事例で紹介してきたような者やホームレスを対象とした委員会を設置し，実際に支援するシステムを構築しているところもある。今後は，そういった団体とも連携を図り，お互いに協力しながら，全国一律の新たなシステムを構築していくことも必要であろう。

Ⅶ　おわりに

　保護観察所は都道府県ごとに全国で 50 カ所（北海道は 4 カ所）が設置されている。保護観察官は全国で約 1,000 人配置されており，筆者と同様に福祉臨床経験があり選考採用（有資格者を一般から採用する方式）により採用された者も全国には多くいる。しかし，最近は選考採用がほとんど行われておらず，平成 24（2012）年からは，保護観察官となるためには，新たに始まった法務省専門職員（人間関係）採用試験に合格しなければならない。今後，ますます司法と福祉の連携は重要性を増していくものと考えられることから，制度上の連携のみならず，司法と福祉の人材面での交流も一層必要と思われる。

第Ⅲ部｜地域生活支援の事例・実践

第2章
地域生活定着支援センターによる事例

罪を犯した障害者を
ソーシャルサポートで支える

岸　恵子

Ⅰ　はじめに

　日本の矯正施設（刑務所，少年刑務所，少年院，拘置所）には福祉の支援が必要な障害者や高齢者が数多く入所しており，出所後の支援がないために再び罪を犯して矯正施設へ戻っていることがわかってきた。そこで厚生労働省，法務省の連携事業として対象者を直ちに福祉サービスに繋ぐ役割を担う「地域生活定着支援センター」（以下，「定着支援センター」という）が2009年から2011年にかけ全国の都道府県に設置された。これまで連携がなかった司法と福祉を繋ぐ架け橋として設置された定着支援センターは，多機関・多職種によるチーム支援を基本とし，対象者の社会復帰支援に取り組んでいる。

　千葉県では，千葉県知的障害者福祉協会がNPO法人格を取得し，2010年10月から定着支援センターを運営している（毎年プロポーザルで事業を受託）。それ以前に，知的障害者福祉協会加盟施設ではモデルケース2名の出所後の支援を行ったが，現在それぞれが就労自立し，1名は結婚し家庭を築いている。

　私たちは，開所から約6年半の間に，矯正施設の入退所を繰り返し生活を立て直すことができなかった特別調整対象者[註1]，一般調整対象者[註2]に対して福祉によ

[註1]　特別調整対象者：以下の条件すべてを満たす者。①障害がある，又はおおむね65歳以上の高齢者，②住まいがない，③福祉の支援が必要，④円滑な社会復帰のために対象者とすることが相当，⑤対象者となることを希望している，⑥特別調整を実施するために関係機関に個人情報を提供することを保護観察所の長が同意している。

[註2]　一般調整対象者：帰る場所や身元引受人は存在するが，福祉の支援が必要な対象者。

[きし・けいこ　千葉県地域生活定着支援センター／センター長]

表❶ 対象者内訳

相談依頼	男		女		合計	
	全体	障害	全体	障害	全体	障害
特別調整	152	110	16	11	159	121
一般調整	8	8	1	1	9	9
合計	160	118	17	12	168	130

表❷ 取り扱い総数

	全体	障害
調整不可	7	5
取下げ	2	2
調整数	159	123
取扱総数	168	130

る生活支援をコーディネートしてきた。また，相談支援業務として被疑者被告人段階にある対象者と関連する相談にも積極的に取り組み，特別調整対象者と変わらぬ内容の支援を行ってきた。私たちが出会った人たちは凶悪でも狡猾でもなく，特別な障害者や高齢者でもなかった。特別だとすれば，失敗経験を数多く重ねて他者との関係形成が困難であり，複雑に絡み合ったいくつもの問題を抱えていた。

II 対象者の抱える困難

矯正施設を行き来している障害者とは，反省していないわけではないが反省できない人たちであった。対象者の多くが地域社会の中で孤立し，ネグレクト，虐待，DV，親族や他人からの金銭搾取などの被害を受けており，多くが加害者になる前は被害者でもあった。

1. 対象者の特性

当センターが約6年半で支援した特別調整対象者は159名，一般調整対象者は9名，合計168名である。そのうち，障害者は130名であり，調整不可や途中で取り下げもあり実際支援した件数は全体で159名，障害者は123名である（**表❶，表❷**）。

1） 年代別内訳

40代を頂点として30代から60代の障害者が多いが，70代の知的障害者も存在した。家族を失い40代で路上生活となり生活保護制度も知らずに30年間，自転車窃盗の罪で公園と矯正施設の間を往復していた。生きていくための刑務所志願である（**表❸**）。

表❸ 年代別内訳

年代	男 全体	男 障害	女 全体	女 障害	合計 全体	合計 障害
20歳未満	9	9	4	4	13	13
20代	16	16	3	3	19	19
30代	19	19	2	2	21	21
40代	18	18	0	0	18	18
50代	22	22	3	3	25	25
60代	34	19	1	1	35	20
70代	30	14	1	0	31	14
80代以上	4	0	2	0	6	0
合計	152	117	16	13	168	130

表❹ 障がい内訳

知的障がい	54
精神障がい	20
発達障がい	12
身体障がい	7
知的・精神	10
知的・身体	4
精神・身体	1
高齢・障害	14
高齢者	46
全体合計	168

表❺ 疾患名

認知症	9
認知症疑い	4
知的障がい・疑い	61
広汎性発達障がい	6
学習障害	0
注意欠陥多動性障がい	1
統合失調症	18
うつ病	4
アルコール依存症・後遺症	4
薬物依存症・後遺症	3
摂食障がい	1
高次脳機能障がい	2
身体マヒ	1
視覚	2
聴覚	2
てんかん	13
糖尿病	11
高血圧	38
ガン	3
難病	1
その他	56

2) 主な障がい内訳および疾患名

　定着支援センターの対象者として選定されたとはいえ，何らかの障害や疾病を複数抱えて社会の中で最も弱い立場の人たちだといえる。統合失調症，うつ病，てんかんなどがある人たちは出所後，病識もなく未治療であり，服薬管理もできずに症状を悪化させ犯罪を重ねていた。

　広汎性発達障害，アスペルガー症候群，強迫性障害の診断を受けている人たちは，本人の障害に相応しい場所ではない矯正施設の中で駄目な自分と向き合うことになり，二次障害を発症し他者からの支援を受け入れ難くなっていた。特別調整対象者となるためには本人同意が必要だが，明らかに助けが必要だと

思われても，本人が福祉の支援を頑なに拒否することがあった（**表❹**，**表❺**）。

3） IQ相当値内訳[註3]

犯罪に至った主な理由は貧困のみではないが，犯罪を繰り返してきた障害者の多くは，生活環境や教育機会に恵まれずに知的な問題を抱えて仕事を得にくい人たちだといえる。知的障害といわれるIQ69以下が121名存在するが，何らかの支援を受けなければ貧困であり，自立した生活を送ることが困難な人たちである。高齢者として分類された特別調整対象者も，生来の知的な障害が疑われる人が多い（**表❻**）。

4） 障害者手帳取得状況

障害者手帳の「有り」「無し」は，ほぼ同数であった。矯正施設入所中と出所後に36名が取得し，「有り」と答えた者の紛失や期限切れについても再交付されるよう支援した。定着支援センターは，出所後直ちに福祉サービスに繋げる役割を担う機関であるが，実際は障害者手帳がなければ福祉サービスには繋がりにくい。身寄りのない50歳を過ぎた人の発達期の証明となる資料や親族・学校関係者等からの証言の入手は困難であり，手帳取得に至らない人たちが多くいた（**表❼**，**表❽**）。

5） 罪名別内訳および入数内訳

障害者の取り扱い総数130名中，軽微な犯罪といわれる窃盗，常習累犯窃盗[註4]

表❻　IQ相当値内訳

IQ相当値	人数
29以下	2
30～39	18
40～49	20
50～59	38
60～69	43
70～79	22
80～89	13
90以上	7
不明	5
合計	168

表❼　障害者手帳の有無

有無	全体
あり	79
なし	89
合計	168

表❽　手帳取得状況（複数取得者含）

取得時	身体	療育	精神
矯正施設入所前	10	28	14
矯正施設入所中	1	14	14
出所後	2	5	3
合計	13	47	31

［註3］　IQ相当値：矯正施設で使用している心理測定検査により算出した数値。成人受刑者の作業能力や学力を測定するために財団法人矯正協会によって開発された検査をCAPAS能力検査といい，矯正施設に入所した者の処遇を決定する際に参考にされる。
［註4］　常習累犯窃盗：窃盗罪，窃盗未遂罪にあたる行為を常習的にする罪。過去10年間に3回以上これらの罪で懲役刑を受けた者が，新たに犯すと成立する。一般の窃盗罪よりも重い。

表❾ 罪名別内訳

罪名	全体	障害
窃盗	77	55
常習累犯窃盗	20	15
占有離脱物横領	10	9
詐欺	11	10
住居・建造物侵入	12	12
強盗・強盗未遂	11	5
傷害・暴行・傷害致死	20	19
業務上過失傷害	1	1
殺人	13	9
殺人未遂	4	2
強姦	3	3
強制わいせつ	4	4
建造物損壊	3	2
放火	5	4
銃刀法違反	8	7
覚せい剤取締法違反	2	1
大麻取締法違反	0	0
道路交通法違反	3	3
虞犯	5	4
その他	15	14

表❿ 受刑数

入数	全体	障害
1入	56	43
2〜3入	28	22
4〜6入	34	28
7〜9入	14	11
10〜14入	13	5
15〜20入	4	3
21入	1	0
少年院	18	18
合計	168	130

表⓫ 住民票の有無

住民票の有無	全体	障害
あり	133	105
なし・不明	35	25
合計	168	130
自宅	90	75
刑務所	13	7
福祉施設	8	8
無料低額宿泊所	19	13
その他	3	2

　占有離脱物横領[註5]が79名，これに詐欺（主として無銭飲食・無賃乗車）を入れると89名（延べ人数）である。初めて服役した人も多いが，矯正施設には軽微な犯罪による累犯者が溢れている。

　一方，傷害致死，殺人，殺人未遂という重大犯罪にも障害者が関わっていた。主な理由は職場内トラブル，身体的特徴を揶揄された，他人に教唆されたなどである（**表❾**，**表❿**）。

6） 住民票の有無，生活保護歴の有無

　地域社会からの孤立を左右するのは，住民票の「有り」「無し」である。住

［註5］　占有離脱物横領：遺失物など占有を離れた他人の物を横領する罪。（例）盗まれて置き去りにされていた自転車を拾って持ち去る。

民票「有り」という者であっても住民票が自宅アパート，無料低額宿泊所[註6]，住み込み就労先に残っているだけで，すでにそこは帰れる場所ではなくなっていた。住民票を刑務所に置いている者は，福祉サービス申請のために一時的に住所設定したにすぎない。

表⓬ 生活保護歴の有無

生活保護歴の有無	全体	障害
あり	58	53
なし	102	72
不明	8	5
合計	168	130

収監されることで住民票は簡単に職権消除される。このことを知っている福祉関係者は少ない。罪を償って出所した人が新しい気持ちでやり直そうとしても，住まいも住民票も失っている状態ではまともな仕事を得ることはできない。生活保護にも繋がっておらず受給歴がない者が多い（表⓫，表⓬）。

出所後貧困な者は，寝る場所と食べ物に困るだけではない。刑務所内で保障されていた最低限の医療さえ，釈放と同時に受けることができない。表❺のとおり精神疾患や慢性疾患で受診や服薬が欠かせない人たちが多数存在している。

Ⅲ 対象者の社会復帰とコーディネート

1．千葉県の状況

障害者にも高齢者にも，居心地のいい場所や活躍できる場所があることは重要である。障害がある対象者には暮らしの場としてグループホーム，入所施設，宿泊型自立訓練施設，アパート，シェアハウスなど本人の希望を聞きながら調整した。住まいと日中活動の場をセットでコーディネートすることが地域定着の鍵である。人は食べ物があり寝床があるだけでは生きていけない。これは当事者が態度をもって私たちに教えてくれたことである。

矯正施設の中では対象者の心身の状況について知ることができない場合が多い。出所後に地域の中で見立て，必要なサービスについて検討し，一旦暮らしを整える場所が必要な場合がある。千葉県では平成27年度より自前の自立準

[註6]　無料低額宿泊所：社会福祉法による2種社会福祉事業。中には無届の悪質な業者もあり「貧困ビジネス」を営み生活保護費を搾取している実態もある。

表⓭　帰住先内訳

種別	入所前		一時的		帰住先	
	全体	障害	全体	障害	全体	障害
単身生活	28	24	11	4	25	13
家族と同居	49	36	8	6	12	9
障害者施設本入所	0	0	15	15	13	13
障害者施設短期入所	0	0	5	5	3	3
障害GH	4	4	20	19	21	21
宿泊型自立訓練施設	0	0	1	1	2	2
特別養護老人ホーム	0	0	2	1	2	1
有料老人ホーム	0	0	7	1	9	2
軽費老人ホーム	0	0	0	0	1	0
高齢GH	0	0	1	0	4	0
高齢ショートステイ	0	0	0	0	0	0
養護老人ホーム	1	1	0	0	2	1
小規模多機能	0	0	1	0	0	0
救護施設	2	2	0	0	0	0
婦人保護施設	0	0	0	0	1	1
自立援助ホーム	1	1	0	0	0	0
無料低額宿泊所	24	18	14	6	16	7
シェアハウス	1	0	6	2	4	2
住み込み就労	6	6	1	0	2	2
病院	0	0	5	4	3	2
自立準備ホーム	0	0	19	10	1	0
シェルター	0	0	6	4	1	1
一時保護所	0	0	1	1	0	0
ホームレス	46	34	0	0	0	0
その他	6	4	1	1	2	1

備ホーム[註7]の運営を開始し，長く身柄を拘束されていた人を社会の中でアセスメントする場として活用している（**表⓭**）。

[註7]　自立準備ホーム：保護観察所から委託を受けた事業者が，保護観察対象者や更生緊急保護対象者に対し宿泊場所や食事を提供し，相談にのるなどの自立準備を支援する施設。

Ⅳ　実践の事例

特別調整対象者への支援2事例，相談支援業務の中で関わった被疑者・被告人への支援1事例を挙げ，定着支援センターの役割や機能を明らかにしたい。

1.「全く聞こえない」知的障害のAさん

1) 本人の状況

聾学校を卒業後，住み込み就労したが20歳過ぎて離職。矯正施設には8回，窃盗により服役している。過去に住民票が置かれていた場所から推測すると，無料低額宿泊所で短期間暮らし服役を繰り返してきたと思われる。事前資料には「生まれつきの聴覚障害があり両耳が全く聞こえず会話ができない」「自己中心的で，わがまま。自分の意にそぐわないと粗暴な言動に及ぶ」と記載されていた。

2) 支援チーム

矯正施設，保護観察所，△△市障害福祉課・生活保護課，障害者支援施設，グループホーム，相談支援事業所，定着支援センター

3) 支援の経過および結果

Aさんは手話の理解が難しい様子であった。

そのため手話通訳なしで面接し，筆談と口話で意思疎通を図ることにした。不安そうに入室したAさんに挨拶し，隣りに席を移動し筆談を試みた。Aさんがペンを握ることはなかったが時折首を振っていた。矯正施設内での仕事の話になると「(自分が)いちばん」と胸を張り，ぱっと明るい表情になった。住む所と仕事を探して迎えに来ることを伝えると，悲しい表情をして自分には帰る家も仕事もないという仕草をした。質問が兄弟のことに及ぶと突然「会いたい」と話し始めた。

これまで複数の機関が手話通訳をつけ，Aさんに面接を試みているが「全く聴こえず，話せない」状態であった。しかしAさんは自分自身について時間をかけて語った。幼少期，父による虐待で耳が不自由になったが，片耳は少し聴こえると話した。母の自死については「とても悲しい」と辛そうな顔をした。小学生時代，父と一緒に病院へ行き身体障害者手帳の申請をしたが紛失していたこともわかった。療育手帳は取得していなかった。出所後の希望は「仕

事をしたい」ということだった。握手をしてまた来ることを約束した。

　出所後に住所なし、手帳なしのAさんを直ちに福祉サービスに繋ぐことはできず、シェルターに住所設定した。生活保護の申請、身体障害者手帳再交付申請、福祉サービスの申請を行った。矯正施設入所中に水虫が悪化し足が腫れあがっていたため皮膚科へ、聞こえの状態を調べるため耳鼻科へ、てんかん発作が頻発していたため精神科へ同行した。

　出所約1カ月後に受給者証が発行され、障害福祉サービスの利用が可能となった。Aさんは、アパート形式のグループホームに入居した。いくつもの施設を見学し、「ここに居たい」という場所を見つけることができた。グループホームから就労移行支援事業所に通所を開始し、落ち着いて暮らし始めて2年になる。

　Aさんは出所した当日、矯正施設でもらった「懲罰審査会の開催等に関する通知書」を何枚も所持しており、「口頭による弁明の機会を与える」と記載されていた。内容は「水の不正使用」、「建造物等の破壊」、「職務執行妨害」が挙げられていた。蛇口の水を出しっぱなしにした状態で手を洗っていたとして注意され、窓ガラスを割った。また別の日に支給された菓子や漬物を「不正に隠匿」しているのを「摘発」され「職員の右腕に掴みかかった」などである。

　知的障害者のAさんには、なぜ手を洗うことや自分に支給された食品を保管していて叱られるのか理解できなかったに違いない。漢字だらけの懲罰委員会の通知書は読めず、口頭での弁明も不可能である。理不尽な思いをしながら人生のほとんどを福祉施設ではない場所で過ごしてきたのだ。

　現在は親友といえる仲間もでき、通所施設に通い自分の仕事に誇りを持って働いている。

2．店舗荒らしで生きてきたBさん

1）　本人の状況

　小中学校では特殊学級で学び、中学校卒業後は住み込み就労していたが30代で職と住まいを失った。生きていくために店舗荒らしと服役を繰り返してきた。自信がなさそうに消え入るような声で話す、寡黙な人である。

2）　支援チーム

　矯正施設、保護観察所、□□市障害福祉課、障害者支援施設、障害者就業・生活支援センター、弁護士、定着支援センター

3） 支援の経過および結果

　Bさんが帰りたいと希望していた□□市の障害福祉課や同市内にある障害者支援施設に相談をした。施設から受け入れの内諾を得て，施設と定着支援センターとで遠方の矯正施設に面接に出向いた。Bさんは福祉の支援についてすでに矯正施設の社会福祉士から丁寧な説明を受けており，療育手帳の取得や障害者支援施設での生活を希望していた。

　福祉の援護の実施機関や受け入れ施設も決まり，出所と同時に療育手帳や受給者証発行が問題なく行われた。しかし，定着支援センターが動いたことで新たにわかったことがあった。Bさんには20歳のときから障害年金が支給されており，本人が生活苦から繰り返し矯正施設に収監されている間も，現況届は提出されていた。何者かが不正に受け取り続けていたということである。本人は年金の存在を全く知らなかった。

　障害年金が本人の生活のために使用できるように振込先の変更をし，Bさんに何らかの被害が及ばぬように住所非公開の措置を講じた。しかし，長期にわたり矯正施設の出入りをしていた本人に収監中に受け取った年金の返納通知が届いた。すでに時効となっている期間もあるが，今後支給される年金から差し引いた金額を支給するというものだ。障害年金が満額支給されなければ施設での暮らしに支障が出る。生活保護課に相談したところ「年金を着服した者から返金してもらうように」と取り合ってもらえなかった。

　着服していた者はすぐに判明したが，Bさん本人は事件化したくない，恨んでいないという態度であり，周りの支援者は「所得保障をどうするべきか」と気を揉んだ。ところがBさんは，障害者就業・生活支援センターの支援を受け，昔やったことがある左官屋の仕事を始めた。年金よりも収入を得るようになり，グループホームに住まいを移した。その後，別の会社に障害者雇用で採用された。前科がいくつもあることを承知のうえでの正社員としての採用だった。

　「物事の習熟に時間がかかる」「動作が鈍くだらしない」とは矯正施設内での本人評価であった。確かに不器用ではあるが，暮らしの場と就労の場においてBさんに必要な支援が提供され4年が経過した。

3．老いた父を刺したCさん

1） 本人の状況

　小学校途中から学業の遅れが目立つようになり特殊学級で学んだ。無口でお

となしく学校では虐めを受け，友人はいなかった。

中学校卒業後，住み込みで就労したが長く続かず，その後も短期間で離職を繰り返した。一生懸命働いているつもりでも叱責され，叱られるとすぐに辞めたくなることがくり返されていた。Cさんには軽度の知的障害に加え，就学前の事故による右足の障害があった。

老いた父の年金とアルバイト収入で暮らしていたが，年齢とともにアルバイトも見つからなくなり生活は困窮していった。Cさんは何をやっても上手くいかなかった自分を責め，近所の人みんなが「親の年金で暮らしている」と噂しているような気がした。「もう食べる物がない。お願いだ，働いてくれ」という父の言葉を聞き，咄嗟に父を刺し重傷を負わせた。自分も死のうとしたができなかった。親族感情は極めて悪く，Cさんは帰る家を失った。

2）支援チーム

国選弁護人，〇〇市障害福祉課・生活保護課，相談支援事業所，障害者支援施設，保護観察所，自立準備ホーム，定着支援センター

3）支援の経過および結果

裁判員裁判になるCさんの弁護人から相談があった。知的障害があるCさんに対して，実刑は免れないが出所後どのような福祉の支援があるかというものだった。成育歴・生活歴から，矯正施設ではなく社会の中での立ち直りこそ意味があるケースだと感じ拘置所で複数回の面会を行った。

Cさんは，傷つけてしまった父に働いて送金したい，経験のある調理の仕事をしたいといった。障害福祉サービスの説明を聞き，福祉の支援を受けたいと希望したため障害者相談支援事業所の職員，障害者支援施設の職員に拘置所での面接を依頼した。

裁判員裁判で定着支援センターは情状証人として出廷し，釈放後には福祉による生活支援，就労支援があることを訴えた。求刑8年であったが，判決は「懲役3年，執行猶予5年，保護観察なし」となった。

裁判所がCさんに保護観察をつけた方がよいかと証人である定着支援センターに聞いたが，福祉の支援でサポートできるケースであると伝えたことで保護観察はつかなかった。Cさんは釈放され，いったんは自立準備ホームに入居した。しばらくして療育手帳を取得しグループホームから就労継続A型事

業所に通い始めた。Cさんの精神鑑定をした医師には，障害年金の診断書の記載を依頼した。医師は釈放された後のCさんに会い，その暮らしぶりを聞き，大変喜んでくださった。医師もまた裁判員裁判の証人として出廷し，「Cさんに必要なのは刑務所に送ることではない。ソーシャルサポートで支えていくことだ」と訴えていた。

現在Cさんはアパートで単身生活を送り，自転車で仕事に通っている。障害年金を受給できることとなり，給料と年金とで安定した暮らしぶりである。父親に送金したいと考えているが，親族からは接触を許されていない。

V 定着支援センターによる地域生活支援の今後の課題

定着支援センターの事業を語るとき，「センターは再犯防止をどのように考えるのか」と問われる。厚生労働省も定着支援センターの事業内容を「再犯防止対策に資することを目的とした事業」と謳っている。しかし，特別調整対象者として出会った人たちは，もともと福祉の助けが必要な障害者や高齢者であり，再犯防止の視点とは馴染まない。虐待や搾取の中で暮らしてきた障害者はむしろ服役を喜び，「刑務所には仕事があってうれしいです」と大まじめに手紙を送ってくる。これが日本の矯正施設の現実であり，福祉の実情である。

定着支援センターの今後の課題は，「予算の確保」とそれによる「事業の安定」を第一として，次のように考えられる。

①地域の中で，真に信頼される相談支援機関になること
②個別の課題を地域の課題に繋げることを意識して取り組むこと（目の前の問題は，事件を起こした特別な個人の問題ではないという視点）
③新たな，使い勝手のよいサービスを地域の中に創り出すこと（緊急シェルターや自立準備ホームの開設など）
④司法と福祉を繋ぐ人材の育成に取り組むこと
⑤より良い仕事をすることで賛同者や協力者を増やしていくこと

[註8] 就労継続A型事業所：企業等に就労することが困難な障害者に対し雇用契約に基づく生産活動の機会の提供等を行う通所施設。

第Ⅲ部｜地域生活支援の事例・実践

第3章
社会復帰調整官による事例

地域精神保健福祉の
コーディネーターとして
生活環境調査と精神保健観察

垣内佐智子

Ⅰ　はじめに

　社会復帰調整官は精神保健福祉の専門知識と実務経験を土台として，心神喪失等の状態で重大な他害行為を行った者の医療および観察等に関する法律（以下，医療観察法）対象者（以下，対象者）の当初審判から指定入院医療機関入院処遇中や指定通院医療機関通院処遇中に至るまで，一貫して対象者に関わる業務を担っている（垣内，2016）。

　ここでは，社会復帰調整官の特徴的な業務に焦点を当てた事例を紹介する。なお，本章中の意見は筆者の個人的なものであり，事例は筆者の経験をもとに加工と創作したものであることをお断りさせていただく。

Ⅱ　生活環境調査

1．生活環境調査業務

　裁判所は処遇の要否および内容を決定するに当たり，保護観察所の長に対し，対象者の生活環境の調査を行い，その結果を報告することを求めることができる（医療観察法第38条）。

　社会復帰調整官の生活環境調査業務とは，対象者の生活状況や対象者が自身

［かきうち・さちこ　広島保護観察所統括社会復帰調整官］

の起こした事柄をどう考えているかなどを聴き取る業務である。

2. 生活環境調査事例

1）概要

対象者A子は20代の女性であった。大学入学のため，実家を出て遠方の都市部で一人暮らしを始めたストレスから精神的不調が始まった。大学2年生時には，自分を中学生時代にいじめていた同級生のB子が笑っていると言い続けるため，心配した母親が総合病院の精神科を受診させ，統合失調症の診断を受けた。その6カ月後，実家に帰省中，天井に忍び込み自分を笑っているB子を天井から追い出そうと考え，部屋の真ん中に積み上げた布団に火をつけて実家を全焼させ，逃げ遅れた母方の祖母を焼死させた。

燃えている実家の前で茫然としていたA子が駆けつけた警察官に対して「B子が天井で私のことを笑うから，火を点けて追い出そうとした」と述べたため，その場で現行犯逮捕された。刑事精神鑑定が行われ，心神喪失により不起訴処分となり，○○地方検察庁から医療観察法の申し立てがなされた。

2）対象者の心情

A子は，鑑定医療機関での面接において，「火を点けたことは覚えているが，どうしてそうしたのかはわからない。けれども，私のせいで，おばあちゃんが死んでしまった。これから，どう償ったらいいのかわからない」と答えた。

鑑定入院医療機関での薬物治療の効果にもよるが，統合失調症の陽性症状が軽減されていると，自分のした行為を理解し，深い後悔に押しつぶされそうになる対象者は多い。そのため，特に対象者にとって現実に直面化させられるような事件などのことを聴く面接のときには，鑑定医療機関の看護師等に同席してもらい，病棟看護師長にも詳細に面接結果を報告する必要がある。

そして，面接においては，対象者が言った言葉にどのような言葉や態度を返すかも重要である。このときは，A子に約束させることが必要だと考え，「絶対に死んではいけない」と伝え，約束のための握手をさせた。

3）対象者の家族である被害者の家族の心情

対象者の家族との面接場所は，家族の都合をまず優先する。対象者に面会に来ると言う日時に合わせて鑑定医療機関の面接場所で行うことや高齢のため出歩けないという理由から対象者家族の自宅で行うこともある。

A子の両親が鑑定医療機関にA子の洋服を持ってくる日に合わせて，医療相

談室で話を聴くこととなった。両親は二人とも会社員であったため，面接の機会はこの1回の予定であった。そのため，A子の出生時から事件直前までの生活歴や今後の希望や考えなどを，両親である父親と母親のそれぞれから約2時間で聴き取らなくてはならなかった。

　自分が生み育てた娘が精神病になったことは母親である自分のせいではないかという恐怖，財産を失った夫への申し訳なさ，A子から目を離すべきではなかったという後悔，自分の母親を焼死させてしまった事実などで，A子の実母は憔悴していた。

　家族がそのような状態でも社会復帰調整官は，今後，A子と同居し，A子の通院の手伝いや服薬の見守りができるか聞かなければならない。そのため，対象者の家族に対する面接の中では，被害者家族・遺族としての配慮も必要となる。

　A子の実母には，A子のことだけではなく，家族の歴史を話させることで，思いを吐露させる面接になるように「あなたたちはA子さんの家族であるが，被害者の家族でもある」と正直な気持ちを言ってほしいことを説明した。すると，A子の実母は涙ぐみながら，自分の実母に対する思いを話し，面接の最後に「病院（鑑定医療機関）の先生から，言いたいことは言ってほしいと言われるが，何かわからないけど言えなかった。でも，今，『調査』なんだからと思うと，話すことができた。このこと（事件）について，夫の前でここまで話したのも初めてだ。何だか，胸のつかえが……。ありがとうございました」と話した。

4）まとめ

　血縁者が被害者であっても，それまでの対象者と被害者の精神的距離感（血縁の度合いや交流の回数と親密さ），物理的距離感（居住地），被害状況，今後の関係性のとり方によって，また被害者本人の性格や行動特徴によって面接での対応は違う。

　そのため，自分の否定的な感情を話すことを躊躇している被害者には，心理的支援のため，犯罪被害者支援センターに行くことも勧めている。

Ⅲ 精神保健観察

1. 精神保健観察業務

　医療観察法による通院処遇の決定を受けた者は，当該決定による入院によらない医療を行う期間中，精神保健観察に付する（医療観察法第106条）と定められており，社会復帰調整官はその精神保健観察を実施する者である。
　さらに，保護観察所の長は，地域社会で必要となる援助が処遇実施計画書に基づいて適正かつ円滑に実施されるよう，あらかじめ指定通院医療機関の管理者並びに都道府県知事および市町村長との間において必要な情報交換を行うなどして，協力体制を整備するとともに，処遇の実施計画に関する関係機関相互間の緊密な連携の確保に努めなければならない（医療観察法第108条）とされており，社会復帰調整官は地域処遇全体のコーディネーターも担っている（垣内，2016）。

2. コーディネーターとして

1）事例概要

　対象者C男は一人っ子で，普通分娩で出生し，両親のもとで成育した。保育園や自宅では一人遊びが多く，先生や母親を困らせることはなかった。小学校は社会科の成績がとても良く，各県の産業や山地の名前を覚えることなどが得意であった。地元の公立中学校に進学し，卓球部に所属していた。成績は中ぐらいで，実母に「自分の考えと合う人と友達になりたい，自分を偽ってまで合わない人と一緒にいたくない」と言っていたため，実母は友人が少なくても特に気にしていなかった。しかし，外出から帰ってきたら手洗いをする習慣を停電のときにも守ろうとするようなところがあり，性格は大人しいが，自分の考えを曲げない頑固なところがあった。県内の公立高校普通科に進学し，成績は中の下ぐらいで，部活動には所属せず，学校と自宅の往復の毎日で特に目立つエピソードもなかった。
　高校卒業後，製造会社の事務に就職したが，先輩職員に指示されたことがわからないときでも，他者に確認せず，自身で勝手に判断して行動した。注意されても繰り返したため，職場で孤立し，居づらくなって2年間で退職した。その後は，自宅でインターネットを使って求職活動を行う生活が2年

間あった。

　平成〇年〇月，自分が引き籠もったのは働く場所を作らないC市役所が悪いと考え，C市役所総合窓口の職員を自宅から持ってきた包丁で切りつけ，全治1週間の傷害を負わせた。

　医療観察法の申し立てがあり，鑑定医の診断は統合失調症と広汎性発達障害であり，医療観察法の通院処遇が必要であるとの意見が出された。保護観察所もC男が本件により自身が精神病に罹患していることを自覚でき，広汎性発達障害の特性から枠組みがあれば通院と服薬には問題がなく，両親は本件のことを知らないD市に対象者と同居できる自宅を構えたことから通院処遇意見であった。

2）通院処遇の開始

　〇〇裁判所の決定により，医療観察法による通院処遇が開始となり，ケア会議[註1]において指定通院医療機関で週に1回主治医の診察を受け，週に3回デイケアに通所し，2週間に1回精神保健福祉士と，生活を送る上で困っていることを話すための面接を行うこととなり，それらの処遇方針を第1回の処遇実施計画書に反映した。

　通院処遇開始3カ月が経過したころから，通院している指定通院医療機関のデイケアにおいて，C男とデイケア利用所のトラブルが起こり始めた。C男はデイケア利用者に対して，「このような場所に自ら希望して通ってくる人がいるんだ。自分は通うことを約束したから，通っています」と言ったり，遅刻してくるデイケア利用者に「あなたは働きたいと言っていたが，こんな風に遅刻してくるのであれば，とても無理ではないですか？」と言ったりした。そのため，デイケア利用者から避けられる存在となり，そのストレスから「C市役所が何かしているのではないか？」と感じるようになり，自分から主治医に診察時に報告した。処方薬を変更することで妄想は軽減することができた。

　一方，実母の問題も表出し始めた。それは，C男が他者にストレートに言う言動を肯定し，C男の行動を後押しするのである。しかし，C男は実母から認められたはずの行動が，自宅以外の場所では拒否されるので，混乱していた。

3）ケア会議

　通院処遇が開始されるといろいろな問題が発生する。むしろ，問題が発生す

[註1]　保護観察所が開催し，各関係機関が処遇の実施状況等の情報共有と処遇方針統一のために協議する会議。

るからこそ，通院処遇が必要なのである。C男の場合は，鑑定入院で広汎性発達障害が診断されていたが，対人関係において次のような課題が出てきた。C男にとって，自分の発言が原因で他者に嫌われ，もう絶対に想起しないと思っていた市役所に対する妄想が出たという事実は，自分が起こした事件には原因があるということ，妄想には対応が必要であることを知る良いきっかけになった。関係者にとっても，課題と方策を明らかにすることができた。

社会復帰調整官は指定通院医療機関のデイケア師長と協議し，デイケアスタッフの中でも広汎性発達障害者に支援経験がある男性看護師をC男の担当に変更した。そして，県立の発達障害支援センター[註2]の職員に助言者としてケア会議に参加してもらうことにした。

次に指定通院医療機関の精神保健福祉士に同席してもらい，両親と面接を行った。実母を受容すると，実母は涙ぐみ，自分が一人で頑張るしかないと思ってやってきたが，心細かったと吐露した。その上で，C男の周りで起きている事柄を説明すると，C男の障害特徴を知らなかったためC男の言っていることを鵜呑みにしていたことと，夫が仕事で忙しくて相談ができないことで，C男に過干渉であったかもしれないと述べた。

そのため，C男の障害特徴と彼との距離感を掴むことを目的に，両親に指定通院医療機関で行われている家族教室への参加が必要であることを説明し，両親の同意を取った。両親を誘ったことは，実母だけではなく，実父も対象者に関与させるという目的もあった。

それらの調整を行い，ケア会議において，C男への処遇方針を見直し，第2回目の処遇実施計画書（**図❶**）を確定させた。

4）まとめ

社会復帰調整官はケア会議において，ケアマネジメント力を発揮させなければならない。そして，コーディネーターとして，C男の処遇全体とチーム全員を見て，ケア会議を運営し，処遇実施計画書に各機関と各職種の役割を落とし込むこともしなければいけない。

3. 精神保健観察実施者として

1）事例概要

対象者D男は地元の公立高校普通科を留年ギリギリの成績で卒業後，製造

［註2］　発達障害児（者）への支援を総合的に行うことを目的とした専門的機関。

処遇の実施計画

（第○回　○○年○○月○○日作成）

○　○保護観察所長　　○　○　○　○　　　印

個人情報が記載されています。取扱いについて注意して下さい。

次の者に対する処遇の実施計画を下記のとおり定める。

ふりがな	○○○○○○○○	男女	生年月日	昭和○○年○○月○○日生
氏名	○　○　○　○			

住所	○○県○○市○○町○○1-2-3	電話番号　○○○-○○○-○○○○ 携帯番号　○○○-○○○-○○○○
保護者	○×△夫　　○○県○○市○○町○○1-2-3 （続柄）　実父	電話番号　○○○-○○○-○○○○ 携帯番号　○○○-○○○-○○○○
緊急連絡先	保護者に同じ	電話番号　保護者に同じ 携帯番号　保護者に同じ
通院医療開始日（決定のあった日）	平成○○年××月△△日	

（1）処遇の目標

自身の持っている障害と他害行為に至った経過を判明させ，対処方法を確立させることで再他害を防ぐ。

（2）本人の希望

人を傷つけないように，人に嫌われないようになる。
自分がしたいことを見つける。

短期（2～3か月）：デイケアに慣れて，自分のことを知る。　長期（6か月）：デイケアで話ができる人を作る。

（3）ケア会議等

開催回数	退院後，最初の6か月間は，原則として毎月1回開催。	開催場所	主に○○病院で適宜開催する。
検討事項	①情報交換と情報共有 ②今後の方針について協議		
留意事項	保護者の参加が必要なときは出席を依頼する。		
連携方法	ケア会議での情報共有及び関係機関からの電話等による定期報告（月1回） 本人が常に携帯している連絡票に関わった機関は記載し，情報を共有する。		

（4）処遇の内容・方法

	目標	①医療従事者との信頼関係の構築　　②疾病と障害についての知識を獲得する ③デイケア通所に慣れる				
①通院医療	内容	機関名・所在地	担当者	回数	実施方法等	備考
	通院医療	○○病院 ○○県○○市××町1-1-1	○医師	週1	信頼関係の構築 服薬教育と指導	火曜日
	デイケア	同上	○師長 ○看護師	週3	SST（生活技能訓練）と自分の取り扱い説明書（疾病教育プログラム）に参加する。	月曜日 水曜日 金曜日
	通院医療	同上	○臨床心理士	週1	疾病・障害についての勉強を個別面接で行う。	木曜日
	留意事項	薬については○先生，生活や対人関係についてはデイケアスタッフか○臨床心理士に相談する。				

図❶　処遇の実施計画

	目標	対人関係の誤解やすれ違いからくるストレスに早期に対処し、妄想につながらないようにする。
②精神保健観察	内容	①訪問により生活全般の見守りと対人関係についての助言指導を行う。 ②主治医を始めとする関係者との良好な関係作りを支援し、医療の確保に努める。 ③自分自身の疾病と障害特徴を理解し、色々な相談ができるように促す。 ④医療観察や社会常識について理解し、決して他者も自分も傷つけないことを意識させる。
	方法 接触方法	3か月間は2週間に1回自宅訪問する。1か月に1回は○○地域生活支援センターと同行訪問する。
	方法 報告	毎月1回、関係機関からの報告(電話等適宜の方法)を受ける。報告内容に応じ、社会復帰に影響する要因等について適宜評価を行い、その結果を本人及び関係機関に連絡する。
	留意事項	本人が相談できるような体制構築と各機関の役割と情報を整理する。
	社会復帰調整官	○　○　○　○

	目標	困ったことがあった時に相談できる体制と関係性を作る。				
③援助	機関名	担当者	内容	方法	回数	備考
	○○病院 (指定通院医療機関)	◇精神保健福祉士	両親への家族支援 本人への経済的なことや福祉サービスの申相談	1か月に1回の両親への社会復帰調整官面接に同席し、3か月に1回の家族教室への両親の参加支援する。	1月/ 1回 ・ 3月/ 1回	
	機関名	担当者	内容	方法	回数	備考
	○○地域生活支援センター ○○県○○市××町2-2-2	○精神保健福祉士	日常生活に関する相談	自宅訪問し、本人からの相談に応じる。	1月/ 1回	
	○○保健所 ○○県○○市○○町1-1-1	○保健師	全般的な状況把握・精神保健福祉サービスに関する相談等	本人からの相談に応じる。	随時	
	○○精神保健福祉センター ○○県○○市△△町1-1-1	△保健師	処遇の実施計画や援助のあり方について助言	計画策定時に参加し、助言等を行う。	随時	
	発達障害者支援センター ○○県○○市□□町1-1-1	○相談員	日常生活に関する相談 関係機関に対する助言	本人や関係機関からの相談に応じる。	随時	
	留意事項	必要なときには、本人と家族が話し合える機会を作るようにする。				

(5) 緊急時の対応
別紙のとおり(本稿では省略)

(6) その他の留意事項
(本制度の処遇終了後の一般の精神医療・精神保健福祉サービスの利用に関する事項)
現在は退院直後のため、約6か月経過以降に検討を始める。
(その他)

○私は、上記の処遇の実施計画について説明を受けました。

　　平成　　年　　月　　日　　　氏名　○　○　○　○

図❶　(続き)

会社で工員をしていたが，20代で統合失調症を発症し，その後，約15年間，精神科病院の入院や通院治療を行っていた対象者である。叔父（実母の実弟）が統合失調症で10年以上○○県の精神科病院に入院中である。D男の病状悪化には，周期的な変化やきっかけはない。生活リズムが乱れ，自室に閉じこもるようになり，薬を服用しなくなり，「自分は皇族の血統である」や「○○財閥から著作権料が毎月1,000万円入ってきている」等の妄想的な発言と，自分の小水を飲んだり奇声を上げたりする行為が出て，困った家族が精神科病院に数カ月入院させるということを繰り返していた。障害厚生年金を月額約7万円受給していたので，経済的に困窮することはなかったが，入院を繰り返していたことにより，貯金は30万円しかなかった。

　実父は10年前に病死し，家族に残した自宅で実母と8歳下の実弟と一緒に暮らしていた。しかし，D男の生活や服薬を見守っていた実母が2年前に病死してから，D男は徐々に生活リズムを崩し，怠薬から，隣家の女性であるE子への恋愛妄想が出現した。そして，実弟がD男の恋愛妄想を否定したことから，実弟は自分とE子の邪魔をしていると思い込み，寝ている実弟を包丁で切りつけ，その腕に約2週間の傷害を負わせた。D男は心神喪失で不起訴となり，医療観察法が申し立てられ，指定入院医療機関において約2年間の入院治療が行われた。

　実弟は事件後も自宅に居住し，D男の行為は病気のため仕方がないと理解しているが，同居には恐怖心を抱いていた。また，D男が実弟に対して幼少時から劣等感を抱いていたことから，実弟とは同居しないことで退院準備調整が開始となった。E子については，E子自身がD男の恋愛妄想の対象者となったことを知らなかったことと事件の1年後に結婚で他県に転居し，D男も「E子が自分に好意を寄せていたため，困っていた」と答えたため，問題視する必要はないと判断した。

　その結果，自宅の隣の市にある指定通院医療機関に通院し，指定通院医療機関の隣にある民間賃貸住居（以下「自宅アパート」という。）に居住できる準備が整い，通院処遇が開始された。

2）通院処遇の開始

　D男は月曜日に外来診察，火曜日から金曜日までは指定通院医療機関のデイケアに通所していた。服薬は（1日3回の食後と就寝前）自己管理であったが，精神科デイケアにおいてスタッフが服薬の声掛けを行っていた。

3） 危機介入

　D男の生活は順調であったが，通院処遇開始となって3カ月後に5月の大型連休を迎えた。飛び石であった平日にD男から雨のためデイケアを休む連絡があり，電話を受けたデイケア職員は連絡してきたことと休む理由に問題がなかったことから，欠席を了解し，服薬を忘れないように指示した。しかし，7日間で処方薬の飲み忘れから病状が悪くなったらしく，8日目の平日に休む連絡がなかったことから訪問に来たデイケア職員を自宅アパートに入れようとせず，玄関口で「お前たちは作業員だ！　お前たちはレベルが低い人間だ！」「自分は警察で一番偉い，感謝したいのなら，書類を持って来い！」と支離滅裂なことを一方的に怒鳴り続ける状態となってしまっていた。デイケア職員はいったん病院に戻り，主治医と社会復帰調整官に状況を報告した。報告を受けた社会復帰調整官は社会復帰調整官室長（以下，室長）とともにD男宅に向かった。D男は自宅アパートに二人を入れてはくれたが，二人に座布団の右側にしか座ってはいけないと指示し，台所蛇口の水道を流し続け，「理由がある。わからないのか！　お前は馬鹿だろう！」と怒鳴り，電話が繋がらない実弟にイライラしていた。社会復帰調整官はD男に状態が悪くなっていることを説明し，そのために指定通院医療機関を受診するように誘うと，「自分は病気ではない！」を繰り返した。しかし，社会復帰調整官からD男が頑張っていることを伝えると少しずつ落ち着きはじめ，台所蛇口の水道を止め，説得に応じて定期薬と頓服薬を服用した。明日，指定通院医療機関を受診するように伝えると，「わかった。行くけど，約束はできない」と答えたが，社会復帰調整官と室長はD男の自宅アパートを退去した。

　翌日，社会復帰調整官がD男に電話して，指定通院医療機関の受診を尋ねると，「体が動かない」と答えたため，社会復帰調整官と室長が自宅アパートを訪問した。D男の話を傾聴し，気持ちを受容し，疲れやしんどさはないか尋ねると「しんどい」と答えたため，指定通院医療機関への受診を勧めた。最初は受診を嫌がっていたが，最後には納得し，診察において主治医に入院を勧められると同意し，精神保健及び精神障害者福祉に関する法律（以下，精神保健福祉法）の医療保護入院となった。

4） 危機介入後

　その1週間後，指定通院医療機関の会議室を借りて，ケア会議が開催された。関係者のみでの事前協議において，現在の状態についての情報交換と今後

の方針について協議し，服薬できていなかったことに対しての一時的な病状悪化であることから，再入院申し立てはせず，もう少し落ち着いたら，服薬管理の徹底方法を考えるかデポ剤[註3]の導入をD男に提案することとなった。D男が参加してのケア会議においては，良かったことのフィードバックが重要であるため，まず，関係者からD男に受診と入院を選べたことを強く評価した。そして，D男からしんどかったときのことや今の心境も話してもらった。その上で，退院後の生活が今回のようにならないようにするための方策を考えていくことを決定し，ケア会議を終了した。D男の退席後，関係者のみで振り返りを行い，D男が話した内容から，デイケアで職員に些細なことを注意されることがかなりプライドを傷つけていたことを反省することができ，今後は声掛けの仕方を工夫することも決定した。

保護観察所の危機介入は，ケア会議関係機関から一定の評価を受けた。しかし，だからこそ，医療観察法の処遇が終了した後，保護観察所がいなくなることの不安が関係者から意見として出された。社会復帰調整官は，医療観察法は裁判所による強制医療であり，関係者の漠然とした不安感で処遇を継続させることがあってはいけないことと，今回のような状況にならないように，なっても対応できるように治療し，対処方法を学び，態勢を作るための通院処遇であると答えた。

5）まとめ

精神保健観察（生活状況を見守り，継続的な医療を受けさせるために必要な指導や措置）は対象者自身が持っている強さ（ストレングス）と弱さ（リスク）の受け止め方と，受け止められる量などをアセスメントした上で，対象者の関係者が適切な時機に接触や危機介入することが重要である。

Ⅳ　医療観察法通院処遇の今後の展望

1．社会復帰調整官の課題

以上のとおり，社会復帰調整官は通院処遇全体のコーディネーターであると同時に精神保健観察を実施するものでもある。そのため，社会復帰調整官は専門知識と技術が必要であり，質を低下させることのないように自己研さんを継

［註3］　1回の投与で長期間効果が持続する持続性抗精神病薬。

続することが課題である。

2. 医療観察法通院処遇の課題

医療観察法通院処遇だけを見ると，住居の確保が一つ目の課題である。入院処遇から地域処遇に円滑に移行させるために，対象者が暮らす予定のアパート等を長期間確保するための予算が必要である。二つ目の課題は，強制的な通院を命令しているにもかかわらず，通院にかかる交通費と精神保健福祉法の非自発的入院の費用を対象者に自己負担させていることである。

3. 精神科救急に至るまでの危機介入と医療観察法通院処遇の関係性

精神科救急の対象者は精神病かどうか不明な住民から医療中断者等への介入まで幅広いが，精神科救急情報センター等の整備は少しずつ進んでいる[註4]。しかし，平成11(1999)年に精神保健福祉法の改正により医療保護入院等のための移送制度が法制化はされたが，厚生労働省のウェブサイトを確認しても実績[註5]（平成26年度移送件数は84件）は少なく，地域格差（47都道府県中18自治体，20指定都市中5自治体）もあり，適用判断と体制確保が困難であるという理由で適切・円滑な運用が行われていない。

医療観察法通院処遇対象者への移送制度の実施を聞いたことはないが，処遇終了後も対象者が二度と他害行為に及ばないことが医療観察法の最終目的であり，それ以前にまず事件が起きないことが必要であり，日常的な地域支援と危機介入の充実は共に不可欠である。

4. 専門職の誇りと地域精神保健福祉の復活

筆者は，専門職とは志があって数ある職種と就職先から現在の職場を選び，精神障害者の社会復帰に携わっているという覚悟と信念を持っているからこそ，専門家であり続けることができると実感している。

医療観察法の申立てには，対象者の状態に近隣住民も気がつき，家族が専門機関に助けを求めていたにもかかわらず起きた痛ましい事件が多くあり，往々にして，地域精神保健福祉の最も要となる行政機関をはじめとした専門職の態

[註4] 平成22年精神保健福祉法の改正で都道府県が整備すべき内容が盛り込まれた。
[註5] これからの精神保健医療福祉のあり方に関する検討会第1回分科会，平成28年3月11日開催，資料2医療保護入院制度について。

勢が関係している。

　しかし，そのような結果に関与した専門職は内心忸怩たる思いを持ち続けているものである。そのため，「人権」という言葉を必要以上に恐れ，関係する法律に「しなければならない」義務規定がないことを自身が動かない理由にして，課題の分析を続けていても精神保健福祉の発展はない。可能なことからでも動き始める必要性を強調したい。

文献

垣内佐智子：回復のためのアセスメント：職種の専門性を生かして．司法精神医学，11（1）；76-80, 2016．

第Ⅲ部｜地域生活支援の事例・実践

第4章
弁護士による事例

罪に問われた障害者の
刑事弁護による入口支援
社会福祉士との連携事例

岡田卓司

Ⅰ　はじめに

　本章では，「触法障害者の地域生活支援」というテーマに沿った形で，弁護士である筆者がX県で関与した刑事事件のうち，事実関係に争いがなかった自白事件において社会福祉士と連携した三つの事例を取り上げている。二つは保護観察付執行猶予になった事例で，一つは保護観察付執行猶予中に再犯に及んだ結果，実刑となった事例である。事例は必要な修正を加え，本文中の意見等にわたる部分はすべて私見であることを念のためお断りしておく。

[事例1]
Ⅱ　20代男性，罪名／建造物侵入，窃盗

1.　事案の概要

　自宅を飛び出し放浪中にお寺に侵入し，賽銭泥棒を繰り返したという事案である。保護観察処分1回，少年院送致2回の非行歴があった（いずれも賽銭泥棒）。本件は二度目の少年院送致後，出院してから約2カ月後に行ったものである。

2.　本人の特徴，家族関係など

　特別支援学校在学中に療育手帳を取得していた。性格は真面目なところもあ

［おかだ・たくじ　岡田法律事務所］

り，特別支援学校で生徒会長を務めたこともある。作業等にも熱心に取り組むが，頑張り過ぎて自分の処理能力をオーバーしてしまったり，強いストレスがかかると，いっぱいいっぱいになってその場の感情にまかせて現実から逃避しようとする傾向があった。日々の生活においても先々のことを考えることが苦手で，明確な課題が与えられる方が生活しやすい面があり，本人は，少年院での生活はとても良かったと述べていた。家族は両親のほか兄，姉がいるがいずれも県外に出て疎遠であり，事件当時は両親と3人で暮らしていた。本人の両親は，本人を大切に思っている一方，窃盗を何度も繰り返す本人に「どのように接したらよいのかわからない」と途方に暮れていた。

3．刑事弁護活動のポイント

1） 犯行に至った見立て

少年院出院後は作業所に通っていたが，本人の両親は，本人の再犯を恐れるあまり，本人が作業所に通う場合を除き，本人にお金を渡さず，自由な外出も許さなかった。本人は，最初は頑張ろうと思っていたが，次第にいつも見張られているようで落ち着くことができず，強いストレスを感じて，家を飛び出してしまい本件犯行に至ったと考えられた。

2） 方針

非行歴はあるものの刑事裁判は初めてであることや若年であること，被害弁償もある程度行うことが可能だったので，本人が落ち着ける場所を確保した上で，社会内で生活していけるように執行猶予を求めていくこととした。

3） 弁護活動の概要

X県で触法障害者支援を行っている社会福祉士であるT社会福祉士に①捜査段階から同行接見を依頼し，本人に関する情報収集および支援の方向性を固めていった。また，②本人の障害特性や支援の方向性について証人として裁判での証言を要請した。

［帰住先の確保］本件で一番悩んだのが帰住先の設定であった。悩んだポイントは次の二つである。すなわち，①自宅に設定すべきか否か，②自宅以外に設定するとしてどこに設定するか，である。

［弁護人の方針］本人との接し方に途方に暮れている家族の状況や，本人が「家に戻ればまた同じことになる」と述べていたことから，本人が家に戻っても落ち着くことができず再犯におよぶ可能性が高いと考えられた。そこで，自

宅以外に帰住先を設定することにした。T社会福祉士は当初，本人が療育手帳を取得していたことから，障害支援区分4以上の認定をもらって施設入所することを考えていた。ただ，本人の能力は障害支援区分が4になるほど低くないと思われたことや，障害支援区分の認定手続を勾留中に行うことには場所的，時間的な制約があった。そこで最終的には，一旦暫定的な生活の拠点（中間施設）に入所し，その後本格的な生活の拠点（メイン施設）に移行するということにした。

［中間施設をめぐる問題］筆者とT社会福祉士は，中間施設として，当初，更生保護施設を考えており，同施設からも受け入れてもよいとの意向を受けていたが，保護観察所が難色を示した。保護観察所としては，自宅に戻ることが望ましいと考えているようであった。また，過去の少年審判において「自宅に住むこと」という保護観察の特別遵守事項の定めがあり，これとの抵触問題があることも判明した。そのため，中間施設については別の施設を探さなければならなくなったが，幸い，ぎりぎりのタイミングではあったが，判決の言渡しまでに何とか見つけることができた。過去の少年審判との関係では，保護観察期間満了まで僅かであることがわかったので，保護観察期間満了後に判決言渡期日を指定してもらえるように裁判所に上申書を提出し，過去の少年審判との抵触を回避することができた。

［判決］保護観察付執行猶予の判決であった。

4）判決後

［判決言渡から施設入所へ］筆者とT社会福祉士が本人を保護観察所まで引率し，その後T社会福祉士が本人を施設まで引率した。本人は中間施設で約3カ月過ごしたが，その間に生活保護の申請を行った。その後，メイン施設に移り，就労移行支援事業を利用することになった。

［本人の再犯］T社会福祉士は本人とLINEでやり取りしたり，面談の機会をもっており，筆者も本人と時折面談していて，このまま順調に落ち着いてくれるものと思っていた。しかし，本人がメイン施設に移ってから約5カ月が経過した頃，本人がメイン施設からいなくなったとの連絡が入った。結局，本人が行方不明になってから約3カ月後に，本人は賽銭泥棒で再び逮捕された。

［再犯後の関わり］筆者とT社会福祉士は本人と接見するとともに，新しい弁護人と面談し，本人についての情報提供を行い，裁判も傍聴した。本人が県外での居住を希望したことから，筆者の知己である県外の地域生活定着支援センターの社会福祉士に連絡をとり，出所の際に特別調整になった場合の受け入

れ先の紹介を受けた。実刑ではあったが，本人が再犯に至った経緯（後述）や出所後の受け入れ先があるという事情をふまえた寛大な判決だったと思う。

5）小括

保護観察所が更生保護施設の利用に難色を示した背景には，同施設は刑務所出所者の利用も多く，本人への悪影響を懸念したという事情があったのかもしれない。確かにそのようなデメリットはあるが，家族の下に戻れば再犯に及ぶ可能性が高かった本件では，中間施設がみつからなければ間違いなく実刑になったと考えられたため，弁護人としてはそうなるよりは，更生保護施設の方が良いと考えていた。本件のように家族以外の社会資源が限られている場合，弁護人が悩ましい決断を迫られることは多い。裁判後に，メイン施設の方から，本人が再犯に及んでしまった詳細な経緯を直接聞くことができた。本人は，就労移行支援事業の他に，メイン施設の職員の紹介でコンビニでのバイトを始めたが，ノルマがあったり，コンビニでの作業が複雑で負担になってしまい，バランスを崩してしまったのが大きな要因とのことである。メイン施設としても本人を十分サポートできなかったことが悔やまれるとのことであった。執行猶予を得ることができても，障害を抱えている者が落ち着いて社会内で継続して生活していくことの難しさを痛感した事例であった。

[事例2]
II　40代女性，罪名／詐欺

1．事案の概要

夫と喧嘩をして自宅を出て，年末年始には実家に戻ったものの，その後の行き先がなく車中泊を繰り返していたが，寒さに耐えきれずに無銭宿泊を行ったという，詐欺の事案である。なお，留置施設において職員に暴行を加えて怪我を負わせ，公務執行妨害罪および傷害罪で追起訴されている。

2．本人の特徴，家族関係など

[知的障害の疑い] 本人は療育手帳を取得しておらず，近親者からも障害に関する情報提供はなかった。しかし，筆者は，本人との初回接見の際，「違和感」を感じたため，T社会福祉士に同行接見を要請したところ，筆者と同意見であったことから，今回も協働して支援することとした。本人は高校卒業後，

就職したが長続きせず、職を転々としていた。一度離婚していて、前夫との間に息子が一人いる。本人は再婚し、再婚相手は息子と養子縁組している。息子に対しては本人なりの強い思いがあった。家族、とりわけ父親との折り合いが極めて悪い。行動はそのときの気持ちから場当たり的になりやすく、行動の結果どうなるかについて想像することができない。例えば、本人は、無銭宿泊先に「後でお金を支払う」と約束して、宿泊先から出たが、宿泊先から料金支払督促の電話がかかってくると着信拒否をしていた。そのようなことをすれば通報されるであろうことは容易にわかるはずなのに想像できていなかった。留置場で暴れたことにしても、すぐに制圧される上、罪状が増えて刑が重くなることが想像できていなかった。

3. 刑事弁護活動のポイント

1) 犯行に至った見立て

車中泊に耐えられないという現実から逃避するために、場当たり的に無銭宿泊を行ったものと考えられた。

2) 方針

本人が車中泊に追い込まれた原因は、家族関係の不和による生活基盤の喪失であるが、就労して生活基盤を確保するためには、知的障害の存在がハードルになる可能性があった。本人に前科はなかったので、落ち着ける帰住先を確保した上、療育手帳を取得して障害サービスと結びつける内容の更生支援計画書を作成、提出し、執行猶予を求めていくこととした。

3) 弁護活動の概要

［知的障害の立証］T社会福祉士に特別弁護人就任を依頼し、知的障害の存在を明らかにするために情状鑑定を求めることにした。しかし、責任能力に影響がないのであれば鑑定をする必要はないという理由で認められなかった。更生支援計画書は知的障害の疑いがあるという見立てで作成していたが、検察官がこの見立ての部分を「不同意」としたため、証拠として用いることができなかった。T社会福祉士が特別弁護人として「知的障害の疑いがある」と意見を述べることも検討したが、本人自身、自分に障害があると考えておらず、裁判中にそのことを受容することは難しいと思われたので、知的障害の疑いがあることを前提とした弁護活動は断念せざるを得なかった。ただし、現在は療育手帳を取得し、福祉サービスにつながっている（後述）。

[**生活設計**（就労と帰住先確保）]　本人は，車中泊生活を行っていた当時も就職活動をしていたが，履歴書の書き方や面接の仕方は就職活動の体をなさず，本人が直ちに就労することは困難であった。帰住先についても，本人と夫，父親との折り合いが極めて悪く，本人が夫の下や実家で落ち着いた生活をすることは困難であった。そこで，生活保護を受給し，救護施設において生活の基盤を確立して自立を目指すことにした。

[**本人の意向との調整**]　生活保護を受給するためには離婚する必要があった。本人は離婚の意思は有していたものの，子どもの親権についてこだわる姿勢をみせ，なかなか承知しなかった。救護施設で暮らすことについても，本人は「一人暮らしの方が気楽でよい」と述べ，なかなか承知せず，本人の説得はかなり難航した。離婚については，本人に息子を監護養育する能力がなく，息子は高校を卒業する年齢で自分のことはある程度自分でできると考えられたので，本人に対し「今は自らの生活設計を一番に考えるべきで，あなたが刑務所に行ったら息子も傷つくだろう」と伝え，説得を行った。帰住先についても，無職で定住先がなく無銭宿泊に及んだという本件の経緯からすれば本人の生活状況が不安定という印象が強いため，「いきなり一人暮らしをするという前提で裁判所に執行猶予を求めることは困難である」とアプローチした。最終的には，「社会内で更生したいという希望を裁判所に認めてもらうにはそれなりにしっかりした生活基盤が必要不可欠であり，それができなければ刑務所に行かなければならなくなること」を本人なりに理解し，①離婚して生活保護を受給すること，②救護施設に入所すること，を内容とする誓約書を裁判所に提出できた。

[**救護施設の入居調整**]　本人の住所地から最寄りの救護施設が満員だったため，T社会福祉士が市役所担当者との間で調整に努めた。具体的には，①執行猶予判決がなされた場合，即日生活保護の申請をするとともに，最寄りの救護施設に最大1カ月間短期入所すること，②短期入所期間中に，空いている救護施設に措置してもらうという協議を行い，執行猶予判決がなされた場合に本人の行き場所を確実に確保するための調整を図った。

[**判決**]　保護観察付執行猶予の判決であった。

4） 判決後

最寄りの救護施設に約1カ月短期入所した後，別の救護施設に本格入所した。入所中，知的障害者更生相談所において各種検査を受け，IQ50〜60代との判定が出た。本人は当初は渋っていたが，最終的に療育手帳を取得すること

になった。救護施設に本格入所してから約半年後に，施設入所者との恋愛問題等のトラブルで，救護施設を退所せざるを得なくなり，一人暮らしをすることになった。生活保護費は本人の母が管理することとし，日中は療育手帳を取得したので，就労継続 B 型の事業を利用し，送迎付きの作業所に通うことになった。一人暮らしに移行することについて，筆者も T 社会福祉士も，当初はかなり危惧していたが，作業所にもきちんと通い，保護司との 2 週間に 1 回の面談もしっかりできているようである。筆者と T 社会福祉士は時折本人と面談するなど，関係を続けている。

5）小括

事例 1 とも共通するが，本人が家族の下に帰れない場合，裁判終了時までに帰住先を見つけることができなければ実刑になる可能性が極めて高いため，環境調整に苦労することになる。本件は，本人の意向との関係で調整が難航した事案であった。福祉サービスの利用についても，本人が自己に障害があることを受容できていない場合には，刑事裁判の判決までに福祉につなぐことが難しいことを学んだ。責任能力に影響がない限り，鑑定を実施してもらえないという司法の現状についても，本人の障害特性を踏まえた量刑の実現という観点から改革していく必要があるのではなかろうか。

[事例3]
Ⅳ　20 代男性，罪名／窃盗

1. 事案の概要

2 カ月前に器物損壊，窃盗の罪で保護観察付執行猶予の判決を受けていたが，ドラッグストアで育毛剤を再び盗んだという事案である。ドラッグストア内で育毛剤を手に取った後も店内に留まり試供品を見ていた。店内で箱から商品を取り出して，空箱を別の商品の棚に置いて商品を持ち去っている。その後，店員が空箱を発見して事件が発覚した。ドラッグストアを出た後，友人のところにいくために自動車専用道路を自転車で走行し，職務質問を受けていた。

2. 本人の特徴等

高校卒業後に発達障害者支援センター等の支援を受け，療育手帳もその頃取得している。本人は自分に知的障害があることを受容できていない。自閉スペ

クトラム症（自閉症スペクトラム障害）との診断を受けており、容姿に強いこだわりがある。接見中も、今後の生活についての希望を一方的に述べることが多く、振り返りができない。

3. 刑事弁護活動のポイント

1）犯行に至った見立て

前の裁判で保護観察付執行猶予となった後、母親や支援者らの強い意向で反省を示すため丸刈りにしていた。本人には容姿に強いこだわりがあるため、衝動的に育毛剤を窃取したと考えられた。

2）方針

保護観察付執行猶予中の再犯であり、しかも判決言渡後2カ月足らずでの犯行であったため、実刑がほぼ間違いないというケースであった。ただ、容姿へのこだわりの発露から衝動的に犯行に及んだ可能性や、判断能力が十分あったのかという観点から見ると心神耗弱の可能性があり、罰金刑を求めていくこととした。

3）弁護活動の概要

［社会福祉士の関わり］罰金刑を求めるとはいえ、実刑の可能性が極めて高く、本人の特性から判決までに帰住先を決めることは困難であった。そこで、T社会福祉士には、中・長期的な視点から社会復帰支援を要請した。

［心神耗弱の立証について］鑑定請求を行い、鑑定の採否を決めるため、ドラッグストアの防犯ビデオの映像を法廷で再生するとともに、被告人質問を行った。映像では、本人が育毛剤を入手した後も、試供品をつけることに夢中になっている様子が写っていたが、本人は「店内で試供品をつけているときも、見つかったらやばいと思っていた」などと、自分に刑事責任能力があったかのような発言をしたため、「鑑定の必要性があるとまではいえない」として、鑑定請求は裁判所から却下されてしまった。

［障害特性の理解について］自閉スペクトラム症の特性を裁判官に理解してもらうため、発達障害者支援センターの職員に証人として証言を求めた。「認知のゆがみがあり、失敗から学びづらく、成功から学ぶ方が理解しやすい」、「自閉スペクトラム症を有する人が必ずしも触法行為を行うわけではないが、触法行為に出るのは、認知のゆがみの影響のあらわれといえる。興味関心があるものに固執するという認知のゆがみにより衝動的に行動を起こしてしまったり、場面や状況が変わると学んだことを応用できないことがあるから、自閉スペク

トラム症の症状と切り離して本人の素質に起因すると考えることは適当ではない」との証言が印象に残っている。

［判決］自閉スペクトラム症の影響下での犯行であることは認定してもらったものの，完全責任能力とされ，実刑判決となった。

4）判決後

検察官に対し，「矯正施設において本人を特別調整の対象者にすることを検討されたい」旨，刑の執行指揮書に付記するよう上申を行った。本人は社会復帰促進センター（PFI 刑務所）に入所することになった。

［判決後の関わり］T 社会福祉士，本人の母とともに，時折本人と面会を行った。T 社会福祉士は PFI 刑務所の社会福祉士と連絡をとり，本人の社会復帰に向けて活動を継続した。本人が特別調整の対象とならなかったため，本人の出所が近づいてきた頃から，T 社会福祉士，発達障害者支援センターの職員，相談支援事業所の職員，本人の母，筆者で，帰住先の確保のためのケース会議を実施した。当初，本人が県外での居住を希望したため，筆者の知己である県外の地域生活定着支援センター所属の社会福祉士を通じて支援を依頼した結果，県外のホームレス自立支援センターにつなぐことができた。当初の予定では，一旦簡易宿泊所に宿泊しながら生活保護を申請し，ホームレス自立支援センターの面接を受けて，同所に入所し就労を目指していくことになっていた。しかし，簡易宿泊所に宿泊中に本人が飲酒しながら信号を無視して横断歩道を横断したため，通行人に通報されて警察署に保護されるという事件が発生した。警察から家族に連絡が行き，最終的に，家族が一時的に本人を引き取ることになったため，ホームレス自立支援センターへの入所は立ち消えになった。現在，本人は家族の下で生活しているが，T 社会福祉士が中心となって支援を継続している。

5）小括

本件は「保護観察付執行猶予判決となった前の裁判の弁護で関わることができていれば」という思いが残る事案であった。容姿に強いこだわりがある本人を丸刈りにしたことが本件犯行を誘発したともいえるのであり，支援者の行動にも問題があったと感じた。前の裁判で単純執行猶予ではなく保護観察付執行猶予になったのは，支援者からの強い意向に押され，弁護人があえて保護観察付執行猶予を求めたという経緯があるようである。確かに，保護観察の威嚇力およびそれを踏まえた行動制御がある程度可能な場合もある。しかし，事例 3 の本人は，こだわりや衝動性が強いという障害特性を有し，保護観察の威嚇力

による行動制御になじみにくい。現行制度の下では，保護観察付執行猶予中に再犯をすると，ほぼ確実に実刑になる。一度実刑になると，出所後5年以内に罪を犯して禁固以上の刑に処せられる場合には執行猶予を受けられず，再度実刑になるという負のスパイラルに落ち込みかねない。そのことから前の裁判で保護観察付執行猶予を求めたことには疑問が残る。

　本件は，本人の障害特性に加え，本人が自己の障害を受容できないことから，本人が社会の中で落ち着いて生活していくためにどのような支援が望ましいのかについて，現在に至るまで解を見つけることができていないという意味でも印象に残っている。本人が自己の障害を受容できない場合にどのように支援を行っていくかについては，試行錯誤を繰り返す中で，今後も考えていくほかないと感じている。本件は，実刑になる可能性が極めて高い事案であり，そのような事案において，どのタイミングで福祉専門職に関わってもらうのが適切なのかについても考えさせられた。この点については，刑務所における接見回数は原則として毎月2回という制限（但し処遇態度に応じて変わる）があるので，受刑を開始してから刑務所にいる本人が外部の人間と新たに関係を構築することは難しい。そのため実刑が見込まれる事案でも，本人が社会内で生活していく上で福祉的な支援が必要だと考えられる場合には，被疑者・被告人段階から本人と福祉専門職との関係構築を開始することの重要性を感じた。

V　まとめ

　最後に，刑事事件において福祉専門職と連携してきた筆者の経験に基づき考えたことや今後の課題などについて，4点簡単に指摘しておく。

1.　弁護人と福祉専門職との連携の在り方

　弁護人と福祉専門職の立ち位置の違いを弁えた上で，互いの専門を生かしていくという姿勢が重要である。これを更生支援計画書についてみれば，更生支援計画書は，あくまで「福祉的観点」に基づき，本人が社会内で犯罪と縁遠い落ち着いた生活を送るための人生プランとして，福祉専門職が作成するものであり，量刑に影響を与えるといったような司法的な目的で作成されることがあってはならないということである。弁護人が司法的な目的で更生支援計画の作成を依頼することは，厳に慎むべきことは言うまでもない。「福祉的観点」に

基づいて作成された更生支援計画書を司法手続でどのように使うかは弁護人の判断に委ねられるべきものである。このように，弁護人および福祉専門職が互いの専門性を尊重しながら連携を行っていくことが重要であると感じている。

2. 家族関係を含めた早期の支援が必要であること

　本人の支援にとって家族の協力が得られるか否かはとても大きい。幸い，事例1～3のいずれも，本人の家族は本人との関係性で疲弊しつつも，本人を支えようとする気持ちを持っていた。しかし，家族が触法行為を繰り返す本人との関係に疲れ果て，本人と家族の関係が破綻してしまっているケースもある。この場合，本人が社会復帰できたとしても社会内で孤立することになり，そのこと自体が本人の再犯リスクになりかねない。また事例1の場合，家族が本人の再犯を恐れるあまり，本人を事実上監視しているのと同じ状況となり，本人がそれに息苦しさを感じたことが再犯を誘発させた一因ともなっている。軽微な財産犯の場合，最初の刑事処分は軽いことが多いが，それに安心せず，早期に家族関係を含めた支援を行う必要がある。

3. 法律職の関わり方について

　弁護士は，処分時・判決時までがその本来的弁護活動だと捉えがちであり，処分や判決がなされたとたん，弁護士がばったりと当事者に関与しなくなることが，奇異に見えたり誠実さを欠く行為のように見えることが指摘されている（季刊刑事弁護増刊，2014）。確かに弁護士は本来的には権利義務に関する法的紛争解決に関わる職業であり，刑事裁判においても国家刑罰権の存否および範囲について裁判所が適切な判断を行うように努めるのが弁護人の本来的な職責である。しかし，触法障害者について執行猶予付判決を得るためには環境調整が極めて重要であり，良識ある弁護人としては，自ら「有効に機能するであろう」と最終弁論で指摘した環境調整が現実に機能するようにサポートすることや，実際に有効であったのかについて意を払うのは当然である（この点，紙幅の関係で詳細に触れることはできないが，裁判後の被告人と法律家の関わりについて述べたものとして，三宅正太郎『裁判の書』（240頁以下）があり非常に示唆に富む）。もちろん弁護士の職分は主として法的紛争解決ないしその予防であるから，判決後に出番が来ることは多くはないであろうが，何かあったら対応できるようにスタンバイしておくことが大切と思われる。

4. 費用負担について

　T社会福祉士は，本人に家族がいる場合には本人，家族とT社会福祉士の三面契約を締結し，費用も本人ないし本人の家族が負担することを基本としている。事例2と事例3はこの形で支援を行った。事例1は本人の両親が生活保護世帯であったため，筆者の国選弁護の報酬からT社会福祉士への報酬を支払った。さらに，事例1においては，T社会福祉士の同行接見費用について，日本司法支援センター（法テラス）から，通訳人に準じる形で費用の支弁を受けることができた。ただ，最近見聞きした別の事例では，法テラスが費用を支弁するのは外形的にコミュニケーションが成立しない場合に限定するという運用になっており，妥当性に疑問がある。知的障害の人の場合，そのときは外形的にコミュニケーションが成立するように見えても，こちらの意図を理解できなかったり，理解しているように見えても実は理解できていなかったりする場合が多い。そもそも，「累犯障害者」が刑務所に多いという問題の背景にも，外形的にコミュニケーションが成立していることから障害の存在を等閑視してきたところがあるのではなかろうか。

　障害者差別解消法が2016年4月1日に施行されたが，障害があるかまたは障害の疑われる被疑者，被告人が刑事手続において福祉専門職の援助を受けることは，彼，彼女らが抱えている社会的障壁を除去するための合理的配慮としての意味を持つ。また，2016年8月に，国は刑務所の高齢化に対応するため，全国32カ所の刑務所に介護専門員を配置し，社会福祉士を増員するため，2017年度の概算要求で人件費として約6,000万円を要求する見通しとのことである（2016年8月30日読売新聞朝刊1面）。刑事政策に投じることができる費用は有限であること，刑務所に入所すること自体が社会復帰後の更生にとって大きな足枷になることからすれば，効果的な刑事政策の実現という観点からも，国が入口支援について費用を助成する方が合理的と考えられる。そのような意味で，刑事事件において社会福祉士等の福祉専門職に環境調整を依頼する場合に，法テラスが費用を支弁する制度の整備が急務である。

文献

季刊刑事弁護増刊：刑事弁護 Beginners Ver.2．現代人文社，pp. 213-214, 2014.
三宅正太郎：裁判の書．慧文社，2006.

第Ⅲ部｜地域生活支援の事例・実践

第5章
大学研究者による事例

触法障害者のケース・マネジメント
連携コーディネート・コンサルテーションの実際

生島　浩

Ⅰ　はじめに

　臨床心理士養成指定大学院の教員として，院生の実習も兼ねて犯罪臨床を行っている。大学付属の相談室において，触法行為のあったときから警察，裁判，矯正施設収容，仮釈放に伴う保護観察，福祉施設・機関による更生支援など一連の経過において本人および家族に関わり，立ち直り支援の専門家としてケース・マネジメントの役割を試行した一例である。

　現行でも刑務所出所者の出口支援が制度化され，警察による捜査や検察官による処分段階での入口支援，裁判段階での福祉関係者による更生支援計画作成などが展開されようとしている。しかし，本人が刑務所服役中，あるいは，福祉施設入所中の家族支援も含めて，一貫して，かつ，刑事司法・福祉双方の知識・経験をもって立ち直りのための地域生活支援を実践する者は見当たらない。このような支援が制度化されることを目的に，筆者が取り組んだ一例を関係機関の連携コーディネート，危機介入を含めた家族支援を中心に詳述する。制度構築の重要性は理念としては理解が進んだが，実際のクライエント（対象者）を抱えるとなると，刑事司法・福祉領域の双方にとって，面接にとどまらず，協働の新たな手法の必要性が痛感され，秘密の保持に十全に配意して事例によりアプローチの実際を検証したい。

［しょうじま・ひろし　福島大学大学院人間発達文化研究科教授］

II ケース・マネジメントの実際
── 触法行為・服役から地域移行までの立ち直り支援

　本事例は，再犯行為のあった時点から警察，裁判，矯正施設収容，仮釈放に伴う保護観察，福祉施設・機関による支援など一連の経過において本人および家族に関わり，刑事司法と福祉の双方のシステムに精通した立ち直り支援の専門家として，システムズ・アプローチの観点からケース・マネジメントを行っているものである。本人が刑務所服役中，あるいは，福祉施設入所中は，家族支援が中心となるが，関係機関の連携コーディネート，危機介入時の専門機関・施設へのコンサルテーションも重要な役割と理解している。

1. 事例の概要（相談開始時をX年とする）

　[対象者] A男（34歳），28歳時，療育手帳・精神障害者手帳を取得

　[家族歴] 父親（61歳）会社経営／母親（60歳）会社役員／本人（34歳）無職／妹（30歳）自営業手伝い。本人の帰住を嫌避／姪（10歳，6歳）妹の子ども。離婚して実家近くで子どもを養育。

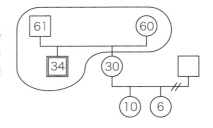

　[成育歴] 1歳半のときに口蓋裂で手術。手術中に麻酔が切れて暴れ，再度麻酔をしたが覚醒後1週間ほど歩行ができなくなった。現在は歩行に問題はないが，母はこのエピソードを「障害の原点」として繰り返し語る。1歳半，3歳児健診時は落ち着きがなかったが，「元気があるのは良いこと」と言われ問題を指摘されなかった。幼稚園でも一人遊びが目立ったが，特に指摘はなされなかったという。

　小学校入学時は普通学級に通っていたが，作文を書く際に文字が書けなかったことから小学校1年時に特殊学級（当時）へ編入され，卒業まで在籍した。中学校時は両親の希望で普通学級に在籍し，そのまま卒業。工業高校に進学したが，2年生時，友人に脅されて金銭窃盗を繰り返し退学となった。

　退学後，親の会社にアルバイトとして勤務していた時期もあったが，給料をもらうとしばらく出勤しないなど安定しなかった。本人は20歳時に青年会に誘われたことでアルコールを覚え，飲酒量を自分で制御できず嘔吐，失禁，暴れるなどを自宅で繰り返す。28歳時には，アルコール依存で精神科病院に入

院。入院中，知能検査を実施し，IQ49という結果と，アルコール依存症，広汎性発達障害の診断を受ける。その際に療育手帳（B2級），精神障害者手帳（2級）を取得し，障害基礎年金を申請。前回の放火事件時の精神鑑定ではIQ59，反社会性パーソナリティ障害の診断名が加えられた。

　［問題歴・来談までの経緯］警察に補導されることはなかったが，本人の窃盗は幼稚園の頃から見られた。本人が高校2年生時に友人に脅されアルバイト先から金を盗み，学校の処分はなかったが，再び金を盗み家庭裁判所で不処分となった。これにより学校から自主退学を勧められ，従って中退することになった。その後本人が32歳のときにタバコを盗み，店員に見つかり店に放火したことで懲役2年6月，保護観察付き執行猶予4年の判決が下された。詳細は不明だが，同時に医療観察法に基づきB県の指定医療機関に入院となったが，「治療効果なし」との理由により，1年3カ月後のX−1年11月に処遇終了の決定が裁判所でなされ，指定通院医療機関の受診といった更生支援計画も立てられぬまま退院し自宅に戻った。退院後も放火したタバコ店に行くなど，母から見て「罪悪感がない」様子だったという。

　X年5月に再びタバコを盗み逮捕され，本人は拘置所に収容されていたX年6月に大学の相談室で母親との初回面接。当相談室への来談は，母親が筆者の講演に参加経験があり，さらにその後，母親が入会していた自閉症協会からの紹介であった。筆者との面接は，原則として月1回，母親を中心に適宜父親にも来談を要請した。家庭訪問のほか，本人が服役後入所した国立の福祉施設や地元保健センターなどでのケア会議が随時行われ参加している。

2.　事例の経過　（各自の言葉を筆者〈　〉，母親「　」，父親『　』で表記する）

判決が下されるまで
　──「受刑を前向きに受け入れる」支援（X年6月〜9月）

　保護観察付き執行猶予中の再犯であり，実刑は免れない状況であった。まずは，母親の子育ての苦衷に耳を傾け，「苦労の甲斐もなく取り返しのつかない結末」という服役への認識から「初めて自分の罪に向かい合い，立ち直りの機会が訪れた」という前向きなものとなるよう，父親も含めた家族の支援体制を構築することを処遇目標とした。

　母親は，本人を刑務所に行かせることに無力感を強く抱いていた。本人は勾留中であっても，母親に"金を持ってこい，早くここから出せ"と手紙を書い

てきており、母親としては「自分の罪が理解できていない。このまま刑務所に入っても効果がない」と言う。一方で刑務所に入らず、実家に戻ってきても「為す術がない」との葛藤がみられた。面接者から、〈刑務所に入ることで"自分が悪いことをした"と気づくことにつながる。確かにつらい経験だが、もう二度と入りたくないと思ってくれるはずだ〉と保護観察官の経験を交えて母親に伝えた。

　7月に、再犯刑は懲役10月、前回の執行猶予刑2年6月が取り消されることになり、合わせて懲役3年4月の実刑判決が下る。本人は執行猶予の"取り消し"の意味を取り違え、執行猶予の"判決自体がなくなる"と誤って理解した。この勘違いに裁判官、弁護士も気づかず、知的障害のある犯罪者に刑事司法システムを理解させることの困難性を痛感させられた。

　本人は、幸いにも、知的障害のある受刑者の処遇ユニットが区分された社会復帰促進センター（処遇は民間、管理は国という官民協働の刑務所）に入所できた。

刑務所入所
　——仮釈放に向けた早期の帰住地設定への支援（X年9月〜X+1年3月）

　本人の満期出所日は、X+3年11月である。本人は両親のもとに帰ることを希望しているが、自宅近くでの放火事件でもあり、地元へ帰住することは困難な状況で、妹も含めた家族は公的な施設を利用したいと考えている。筆者からも、ダイレクトに父母のもとに戻ると、また同じことの繰り返しになってしまうことから、刑務所での矯正教育と福祉施設での安定した生活ができたという実績を経て、それを"元手"にして地元に帰る道を模索する方法を提案した。保護観察所も親元ではない刑務所からの帰住場所の確保を図るべく「生活環境の調整」に着手し、「特別調整」に準じた事案として地域生活定着支援センターに福祉施設への仲介を依頼した。筆者は、保護観察所の担当保護観察官と連携して、本人と施設面接ができるよう要請し、保護観察所の調整作業をサポートすることになった。

　母親は、本人と毎月1回面会のほか、手紙のやり取りは頻繁に行っている。「親が今まで全部やってきちゃったからダメなんでしょうか」と反省し、本人の障害特性について、「常識的なところがわからない。どうしても自分ばっかりになってしまう」との訴えが続く。

　X+1年3月に担当保護観察官とともに筆者が本人に面会、入所後、2回の規則違反があり、当日も集団部屋で他の受刑者とのトラブルのため単独室に

移っていた。帰住先として，本人にアルコールを断ち切って，自立した生活習慣が身につくように福祉施設へ入ることを提案したが，後日，本人からの手紙で，"しせつにはいきません。じたくにかえります！"と強く拒絶された。

福祉施設への帰住地変更を目指す
――再犯を抑止する生活環境の調整（X+1年3月～X+2年6月）

筆者は，触法障害者の受け入れ体制が整っている国立の知的障害者施設に入れるよう調整を進めたいと母親面接で伝え，両親の同意を得た。まずは，リスク・マネジメントとして保護観察が付される仮釈放を目指して調整を進めていくこととなった。本人の障害特性から，事態の進展は紆余曲折が予見されたが，筆者としては，「家族に見捨てられたのではない」というメッセージを本人に伝え続けた。仮釈放となるには，早期の帰住地設定が必要だが，規則違反により"懲罰"を受けない服役生活が前提となる。懲罰となるトラブルを起こさないよう本人の心身安定を目指した調整経過の概要をまとめて記す。

X+1年4月／父母が施設面会。本人は，自宅に帰ることを何度も手紙や面会で訴えた。5月／母親面接（11回目／大学での面接回数，以下同）「福祉の人は本人の"わかりました"という言葉を鵜呑みにしてきて，親の言い分を聞いてくれなかった」と，これまでの福祉の対応を非難した。8月／担当保護観察官とともに筆者が施設面会，本人から"どんな施設かわからないから不安"との訴えがある。福祉との仲介業務を行う地域生活定着支援センターに対して，国立の施設スタッフの面会が実現するよう働きかけに努めるとの方針を決定した。9月／母親面接（13回目），10月／本人からの手紙，父母が面会，11月／母親面接（14回目）を通じて，本人の受刑生活は懲罰もなく安定してきたことを確認した。本人には，国立の施設を経て，地元の福祉施設（グループホームも念頭に）へ移り，自立生活を送れるようにしていくという更生支援計画を示した。12月／本人からの手紙で同意の意思が表明された。

X+2年1月／大学での両親面接（16回目）に担当保護観察官が同席する。保護観察所としては，帰住予定地が自宅と国立の福祉施設との並行調整になるとのこと。父親としては，『現状，直接家に戻るのは難しい。地域の目がある』，母親も「本人は考えもなく被害者の店に行くんです」と地域で暮らす難しさを語る。『本人は普段は普通に見えるが，ときどき，不安定な時期がある。でも常に本人を見張っていることはできない。親としての引受けは拒否しないが，まずは福祉施設からお願いしたい』と家族の意思が語られた。2月／本人から

筆者への手紙，出所後を勝手に決めたと怒りを示し，"自分のやりたいことをやりますので自分を刺激することを言わないように"との内容であった。4月／本人からの手紙で，国立の施設には行くが地元の施設には入らない，国立の施設の担当者と筆者が面会に来てほしいという内容であった。5月／国立施設の担当者（2名），施設所在地および地元県の地域生活定着支援センター担当者（計3名），筆者が刑務所担当官同席のもとで面会した。6月／本人からの手紙，"自分は今までへんなこだわりを持っていた。早く決まって早く出たいのでまた協力してください。国立の施設に行ってから地元に戻りたいと思っている。前回の面会で，あれだけの人が関わってもらえているとは思ってもいなかったので正直驚きました"との大きな変化が見られる内容であった。

国立施設への入所に向けて
——仮釈放を焦る本人の支援（X+2年6月～X+3年2月）

7月／本人からの手紙，今月中に"仮面（仮釈放を審査する地方更生保護委員会の保護観察官面接）"がくるとの内容。"放火ということがどれだけひどいことか改めて思い起こして考えました。自分の起こしたことがどれだけ大変なことなのかを思い，心が痛く感じました"とようやく犯罪に向かい合うことができたことが示唆される内容であった。9月／母親面接（22回目），仮釈放が近いことを母親も実感して，「これからが大切ですね」と何度も面接中に述べた。これからの目標として，筆者と母親の間で，自分の生活を自己コントロールできるようになること，アルコール依存の改善が本人にとって一番重要となることを共有した。受刑生活では達成できない，福祉施設での自立・自律生活を送る目標を明確にした。11月／本人からの手紙，国立の福祉施設担当者や地元の福祉相談支援担当者の面会があったとのこと。12月中旬には"本面（地方更生保護委員会の仮釈放審理担当委員の面接）"も行われると期待が膨らんでいる。〈浮かれて規則違反を犯さないように〉と筆者から本人へ手紙を送った。

X+3年1月／筆者が本人宅訪問，地元県の地域生活定着支援センター担当者，地元の町役場福祉課担当者と関係者合同支援（ケア）会議を開催した。2月／国立福祉施設担当者および保護観察所を実施する施設所在地の保護観察所との打ち合わせを行った。仮釈放日が3月下旬と決定したことに伴い，保護観察中の遵守事項は向精神薬の服用継続と禁酒であることが示され，帰住地となる国立施設での金銭管理や両親の面会など施設入所後の方針を検討した。3月／仮釈放を直前に控えてのケア会議を開催，国立の福祉施設，施設所在地の保護

観察所（統括保護観察官・社会復帰調整官室長も兼ねる），施設所在地および地元県の地域生活定着支援センター，地元町役場の保健センター，地元の相談支援事業所，そして小職が出席した。両親の帰住先である国立の福祉施設訪問を経て，3月末に本人が仮釈放となった。

仮釈放中の本人支援
　　——施設へのコンサルテーション（X+3年3月〜X+3年+11月）

　国立の施設では，付属の診療部の精神科医，心理士らも加わって服薬を含めたメンタルヘルス支援および生活支援に当たる体制が構築された。

　6月／施設の担当課長から筆者に電話，欲しいものを並べ立て，金銭管理ができないことなどから職員と対立が生じて，本人が心情不安定になっているとのこと。前記メンバーによる緊急のケア会議が施設で開催された。本人のさまざまな思いがメンバー全員の前で語られ，受け止められる「儀式」は有用であった。本人のために地元の支援関係者が10人以上参集している事実に，本人も「ありがたい」と体感するが，もちろんその効果は永続しない。7月／本人は家に帰ると言い出してきかないため，母親が施設の要請で面会し，近くの温泉に本人と一泊，落ち着きを取り戻す。一方で，本人の施設での行事参加や作業に従事する写真が筆者にも送られてくる。8月／刑期満了後を見据えて，地元の福祉施設への地域移行を図るため，地元の保健センターにおいて，更生支援計画を担う相談支援事業所担当者や生活自立サポートセンターら福祉関係者とのケア会議を開催し，筆者もコーディネーターとして参画した。10月／本人は，衝動的な高額の電機製品の買い物やタクシーを呼んで自宅に帰りたくなるなど"心のブレーキ（本人の言葉）"がきかなくなったとして，県立精神科病院に2週間医療保護入院となった。入院が奏功し精神的にも安定がみられたので，ケア会議を開催し，国立施設退園後の支援計画を協議した。地元の福祉施設への宿泊見学など，早急に見通しを本人に明示できるよう関係者が一層努力することを確認した。肝心の本人は，地元スタッフの車に同乗して帰郷したいと荷物をまとめている。筆者から，〈自分の都合だけではなく，家族の都合を考えなさい〉と叱責される。11月／仮釈放期間が終了し，リスク・マネジメント機能が脆弱となり，再犯はもとより，施設からの急な出奔も危惧されることから，地元の福祉施設への地域移行を強力に図るべく，地元でのケア会議を開催した。アルコール依存からの離脱は図られていることから，障害基礎年金と作業賞与金の範囲で生活をする，"自分の懐具合を心配する"という自己

管理を施設生活での目標に再設定する。

刑期満了後のリスク・マネジメント
——地域移行へのコンサルテーション（X+3年11月〜）

　地元で本人を受け入れる施設を調整することができないまま時間が経過し，国立の施設でも問題行動を繰り返す本人を「持てあましている」状態が年明けに一層顕著となった。施設スタッフは，これまで自己決定の重視から，たばこ銭も含めて金銭の厳格な自己管理を求めてきたが，一転して，施設側の管理を強化するべく急な方針転換を行った。母親が宿泊した際の買い物や刑務所でも行っていた雑誌購入など，すべてが禁止されてしまうことへの行動化（反動）が懸念された。筆者は，リスク・マネジメントの観点から施設側へ柔軟な対応を求めたが，"曖昧なルールはかえって良くない"と受け入れられなかった。X+4年6月には，施設内で同じ入所者のゲーム機や現金を盗むという問題行動が顕在化，親の被害弁償も施設側は拒絶し，警察に通報されて事件化した。被害者・加害者双方に知的障害があり，調書作成もままならないことから検察庁で起訴猶予とはなったが，釈放後速やかに施設からの退去を迫られる事態となった。7月に自宅へ戻り，心情安定のためにいったんは地元の公立精神科病院に医療保護入院を図る危機介入を行った。10月には退院し，昼間は病院のデイケア，夜間は家族がモニターするサポートプランが数回のケア会議で作成された。再飲酒の抑止を中心とする再犯リスクのマネジメントを眼目として，精神医療を含めた地域生活支援の再構築に向けて関係者が奔走している現況である。

6. ケース・マネジメントとしての内省，そして課題

　本事例のケース・マネジメントの経験から，自ら為し得たこと，為し得なかったことを整理してみたい。

1. 併存する障害から派生する問題行動に対して，一貫してリスク・マネジメント機能を担うのは現実的には両親であり，それを支援するのが家族臨床であるとの認識から地域生活支援を行った。換言すれば，リスク・マネジメントとしての地域生活支援を具現化するアプローチが家族支援であるといえる。今後は地元病院への通院時および筆者による大学相談室での家族調整が，コンサルテーションとともに継続される。

2. 放火という事案内容から，矯正施設からいきなり自宅に帰ることは困難であり，再犯抑止，現実的には再犯に至るまでの期間を少しでも延伸させることを目標とした。具体的には国立の福祉施設，地元の民間福祉施設，そして，自宅から福祉作業所へ通所といった段階的処遇を企図し，右往左往しながらではあったが更生支援を進めることができた。
3. 保護観察所の「特別調整」は，引受人のいない満期出所者を原則対象としているが，本ケースのように家族がいるものの，そこへの帰住が望ましくない場合には，十分な仮釈放期間を得て，福祉施設への帰住調整を図ることが有用である。福祉側に提供できる最大の刑事司法側のリスク・マネジメント機能は，遵守事項に違反すれば矯正施設に再収容もありうる仮釈放であることを強調したい。
4. 障害とともに犯罪性が併存するということは，具体的にはどのような支援の困難性を生じるのか。知的障害ならば，「ことの道理が理解できない・歪んだ理解となる・すぐに気持ちが変わる・言行が一致しない」などであり，犯罪性から由来するのは，「嘘をつく・だます・ごまかす・社会性がない」といったものが列挙される。特に，重度の知的障害に対応してきた福祉関係者は，「わがままな自己主張をグダグダ言い続ける」者への処遇に困窮している。「障害故にルールを守れない」「できない」人へは寛容だが，「いいかげんでルールを守らない」「できるのにやらない」人へは厳しくなるのは致し方ないのであろう。しかし，このような特性をもつのが，われわれのクライエントであることは間違いない。
5. 「自己決定」による契約に基づく支援が福祉の原則であるが，「本人中心主義」という臨床的姿勢からは，家族支援がおろそかになるというリスクが生じる。また，ケア会議への本人参加という形式面にとらわれて，本人の面前での個人情報や処遇経過の開示などがどのように支援・治療的機能を果たすのか，未検証の部分が少なくないと実感した。"親の算段"にあたる専門家の役割が不可欠であろう。

以上，刑事司法に関わる福祉・心理臨床としてのケース・マネジメント，あるいは，コンサルテーション機能を担うべき者としての内省，そして問題点を列記した。

Ⅲ　おわりに

　国立の施設から地元の民間施設への地域移行が円滑に進まずに，十全なリスク・マネジメントを果たせずにいるのが現状である．地域移行のための具体策として，第Ⅱ部第4章で詳述した「窃盗更生支援プログラム」などが福祉施設で展開する必要性を強調したい．地域的偏りのある社会的リソースに依らざるを得ない福祉的支援であるが，全国共通のユニバーサル・デザインを旨としてきた刑事司法との連携を一層システミックに展開するには，地域の実情に即した社会内処遇を実施する「地域刑（Community Penalty）」という欧米の考え方も，リスクはあるが参考になるかもしれない．

文献
　生島浩：非行・犯罪臨床の変貌．精神療法，42 (2)；150-151, 2016.

第Ⅳ部
地域生活支援の先進地域に学ぶ

第IV部｜地域生活支援の先進地域に学ぶ

第1章
オーストラリアの実践と日本への示唆

国際比較を踏まえた地域生活支援の在り方
オーストラリア・ニュー・サウス・ウェールズ州における
支援制度との比較において

水藤昌彦

I はじめに

　本章の目的は，犯罪行為をした障害者への地域生活支援の在り方について，国際比較の視点から論ずることである。比較対象は，オーストラリアのニュー・サウス・ウェールズ州と日本である。同地を選択したのは，知的障害のある犯罪行為者に特化した支援プログラムが存在していること，それが15年余りにわたって運営されているために課題点を含めた一定の知見が蓄積されていること，そのプログラムが特に地域生活支援を目的としたものであることから，犯罪行為をした障害者への地域生活支援が緒に就いてからそれほど時間が経過していない日本にとって参考となる点が多く存在すると考えられたからである。

　本章では，ニュー・サウス・ウェールズ州における地域生活支援制度の中心的存在である「地域司法プログラム」が成立するまでの経緯について確認したうえで，プログラムの内容を紹介し，日本における地域生活支援の今後に向けて示唆される点について検討する。

　なお，本章は2015年8月に実施した現地調査におけるマット・フライズ氏への聞き取り調査，同年11月7日に立教大学池袋キャンパスにて開催された[註1]「触法障害者の地域生活支援——プロジェクト評価と実践課題」においてフラ

［註1］　現地調査は，生島浩教授（福島大学）が代表し，小長井賀與教授（立教大学），水藤が参加して実施した。

［みずとう・まさひこ　山口県立大学社会福祉学部准教授］

イズ氏が行った講演「ニュー・サウス・ウェールズ州における知的障害のある犯罪行為者への地域内アセスメント・介入事業——地域司法プログラム」の内容，および水藤が実施した文献調査の結果をもとに執筆した。

II　ニュー・サウス・ウェールズ州における地域生活支援

1.　支援制度の設立に至る経緯

　連邦国家であるオーストラリアでは各州・準州の自立度が高い。連邦政府は外交，通商，軍事，造幣などの憲法で定められた一定の領域を担当し，刑事司法や障害者福祉，児童福祉を含む，それ以外の領域は州・準州が立法権や行政権を持っている。また，連邦法が規定する一部の犯罪を除いては，州・準州に司法権がある。障害者福祉については，所得保障と就労支援以外の分野は州・準州政府が政策の企画や実施をしてきたため，州や準州ごとに制度や政策の内容に違いがある。しかし，全国的に共通する傾向としては，20世紀に入ってから徐々に州立大型入所施設の整備が進み，それら施設への収容政策が主流を占めていた。

　ニュー・サウス・ウェールズ州やビクトリア州などでは，知的障害者が生活する場を従来の入所施設から地域に移行していく，脱施設化の動きが1980年代に入って起こった。その結果，知的障害者が刑事司法制度の対象とされる事案が増えていった。それまで施設内においては，窃盗，暴行，器物損壊などは行動障害として理解され，福祉的支援の枠組みの中で対応されていた。しかし，脱施設化が進んだ結果，地域で同じような行為が起こるようになると，それらが犯罪として扱われるようになり，知的障害者が刑事司法制度の対象となる事例が増えはじめたのである。

　このような状況への対処として，1985年には知的障害のある犯罪行為者に関する「欠如するサービスについての報告書」（The Missing Services）をニュー・サウス・ウェールズ州矯正局と少年・コミュニティサービス局が共同で発表した

[註2]　National Disability Insurance Scheme（NDIS）という名称の保険制度が，2013年に連邦政府によって開始された。NDISは全国統一の制度であるため，今後は障害福祉領域における連邦政府の果たす役割の比重が増し，各州・準州における障害福祉サービスの内容が一定程度まで均質化することが予想される。しかし，本稿執筆時点では，NDISは未だに試験的な運用にとどまっているため，今後の動向については不明確な点が多い。

(New South Wales Departments of Corrective Services & Youth and Community Services, 1985)。本報告書は、この問題について取り扱ったニュー・サウス・ウェールズ州で最初の公文書であり、施設から地域に移行した知的障害者に対して支援サービスが十分に整備されておらず、このことが刑事司法制度の対象となっている知的障害者が増加している原因のひとつであると指摘した。

1996年には、「知的障害者と刑事司法制度」と題する報告書がニュー・サウス・ウェールズ州法制改革委員会によって公表された (New South Wales Law Reform Commission, 1996)。本委員会による調査では、被疑者・被告人、受刑者、保護観察対象者となった場合だけでなく、被害者、証人となった場合も含めて、知的障害者が刑事司法手続へ関わる際に生じる問題について幅広く検討された。先に刊行されていた「欠如するサービスについての報告書」と同様、地域で生活する知的障害者に対する適切な支援サービスの不足、刑事手続における障害への十分な配慮の欠如を指摘したうえで、捜査段階における手続、訴訟能力、性犯罪規定、刑罰規定を含めた60項目に及ぶ改善勧告がなされた[註3]。

しかし、これら二つの報告書による勧告は、実際の政策にほとんど反映されなかった (Intellectual Disability Rights Services, 2006)。そのため、知的障害者に対する支援サービスについて広範に規定する「障害施策の枠組み」をニュー・サウス・ウェールズ州政府が1998年に公表したときには、「知的障害者の法的権利が擁護され、個別のニーズに対応しつつ、公正かつ容易に刑事司法制度にアクセスできるようにすること」が再び優先項目のひとつとして挙げられていた (Aging and Disability Department, 1998, pp. 14-15)。

2.「フレームワーク報告書」

その後、ニュー・サウス・ウェールズ州法制改革委員会による「知的障害者と刑事司法制度」報告書で指摘された問題に対して、実際的な改善策を模索するプロジェクトが実施され、2001年にその結果が「フレームワーク報告書」(The Framework Report) として公表された (Green, Martin & Simpson, 2001)。この報告書では、適切な住居の不足、更生支援にあたっての困難性の高さ、拘禁率の高さ、裁判における不公正な取り扱いが、知的障害のある犯罪行為者については特に問題であるとして、効果的な対応あるいは予防的介入のためには、その目

[註3]　それに加えて、最終報告書の公表に先立って、6本の調査報告書が作成され、知的障害者と犯罪に関する問題についての広範な研究も行われた。

的に特化した専門職による社会内での支援サービスが必要であると指摘された(Green, Martin & Simpson, 2001, vii)。

「フレームワーク報告書」は，ニュー・サウス・ウェールズ州において現行の支援制度が作られるきっかけとなったものであり，極めて重要性の高い文書である。そこで，本章の内容と特に関連する部分について，さらに詳しく確認しておきたい。

まず，特化型サービスが必要とされた理由として，以下の2点が挙げられている。第一は対象者の障害程度の違いの問題である。障害福祉サービスが従来から対象としてきたのは主に重度の知的障害がある人たちであり，生活全体にわたる身体介護や意思決定支援が中心であった。それに対して，非行・犯罪行為に至る人には軽度あるいはボーダーライン程度の障害があることが多い。両グループでは，アセスメントや支援にあたって求められる技術に大きな違いが存在している。そのため，これら軽度からボーダーライン程度の知的障害者の特性に配慮したサービスが必要であるとされた。第二は知的障害者支援と犯罪行為者処遇の知識や技術を併せ持った専門職が存在しないという問題である。知的障害者分野の支援者は犯罪行為者処遇についての経験や技術がなく，保護観察官をはじめとする犯罪行為者処遇の専門家は知的障害についての経験や技術が不足している。なかでも，リスクアセスメントに関する技術を持つ者が不足している問題が大きいことが指摘されている (Green, Martin & Simpson, 2001, p. 62)。

そして，特化型サービスを組織するにあたっては，多職種によるチーム編成が推奨され，心理学，特別支援教育を中心としながら，精神医学，コミュニケーション支援，アルコールやその他の依存物質治療の問題についての知識も求められるとした。ニーズのアセスメント，支援の調整，ケース・マネジメント，支援サービスの提供，支援対象者の監督の全般にわたって，チームによって関わる形が望ましいとされた。

また，「フレームワーク報告書」では，このクライエント集団の状況を複雑化し，対応を困難にしている特徴として，以下の点を指摘している。

・規則性や定型性がない生活を営んでいること
・ラポールの形成と維持が難しいこと
・学習，その他のプログラムへの参加に不慣れなこと
・放浪傾向があるか，少なくとも予約時間を守るのが難しいこと
・ポジティブな支援やロールモデルが社会内に存在しないこと

- 警察との問題，あるいはその他の法的問題を抱えていること
- 自らが不得手なことがあっても，それを隠すのに長けていること
- ストレスの高い状況に対して，素早く否定的に反応すること
- 困難であったり，葛藤的であったり，混乱をきたす状況に直面すると逃げ出すこと。

(Green, Martin & Simpson, 2001, p. 62)

3. 現行の法および制度

「フレームワーク報告書」がきっかけとなり，以下に紹介する「地域司法プログラム」（"Community Justice Program"，以下 CJP という）が創設された。報告書で勧告された項目について，5 年後に実施された状況調査によれば，ニュー・サウス・ウェールズ政府は犯罪行為をしたか，そのリスクが高いと見込まれる知的障害者へのサービス提供を 2002 年の最優先事項のひとつとし，これに特化したサービスとして CJP を新たに設置，2005／2006 会計年度から予算措置を開始した。特化型サービスに対する予算額は 2006／2007 会計年度には前年度の約 2 倍，2010／2011 会計年度には当初の 10 倍以上の 2,790 万ドルとなり，クライエント 200 名に対して住居と特化型サービスが提供されるようになった（New South Wales Council for Intellectual Disability, 2007）。そして，2016 年には対象クライエント数が 400 名に倍増し，それに伴って予算が増額された。

ニュー・サウス・ウェールズ州では，知的障害のある犯罪行為者に対する処遇についての立法は特になされていない。そのため，CJP を中心とする支援プログラムは，通常の障害福祉サービスを規定する法に基づいて，障害福祉制度の枠内で提供されている。

Ⅲ 地域司法プログラム

1. プログラムの概要

CJP は知的障害がある犯罪行為者への対応に特化した，障害福祉に基盤を置く社会内支援プログラムである。ニュー・サウス・ウェールズ州政府家族・コ

[註4] 2017 年 1 月時点の為替レートで約 25 億 1,000 万円。なお，ニュー・サウス・ウェールズ州は人口約 770 万人（2015 年 12 月），面積は約 80 万平方キロで日本の 2 倍以上である。

[註5] クイーンズランド州では，2011 年に Forensic Disability Act 2011 が制定されている。

ミュニティサービス省（Department of Family and Community Services，以下，FACS という）が全体の運営管理にあたっている。2006 年に設立され，当初はニュー・サウス・ウェールズ州政府高齢・障害・在宅ケア省に設けられたが，2013 年に行われた省庁再編によって現在の所管となった。他の障害福祉サービスと同様にプログラムへの参加は任意であり，利用にあたっては裁判所による命令や保護観察所による遵守事項としての条件化などは必要とされない。

2. クライエントの要件と特徴

1）要件

CJP による支援を受けるための要件は，以下の五つである。

①知的障害があるという診断を受けていること
②年齢が 10 歳以上 65 歳未満であること
③リスク評価ツールによって，再犯リスクが中程度から高程度と判断されていること
④継続的に刑事司法制度による関与の対象となり，拘禁された経験があること
⑤一般の障害福祉サービスによる対応の域を超えたニーズがあること

なお，先述した通り，利用のために裁判所などによる命令は必要とされない。

2）クライエントの特徴

CJP のクライエントの特徴について，簡単に紹介していく。まず，**表❶**はクライエントがした犯罪の上位 5 種を一覧にしたものである。

最も多いのは窃盗，次に遵守事項等違反となる。遵守事項等違反とは，社会内矯正命令等の何らかの社会内処遇に際して裁判所が付した遵守事項などへの違反行為である。表にある 5 種のほかには，性犯罪が 37％，重い傷を負わせるような傷害罪が 36％，薬物事犯が 26％となっており，殺人（未遂を含む）も 10％ある。このように CJP のクライエントは多岐にわたる犯罪をしているが，窃盗と遵守事項等違反がいずれも 70％を超えており，これらの問題が特に深刻であることがわかる。ほとんどのクライエントは 13 歳ごろから警察との接触を経験しており，CJP が関わるまでに平均して窃盗 5 件，暴力犯 4 件，遵守事項等違反 2 件を含む 16 件の犯罪をしている。

生活歴をみると，虐待やネグレクトの被害歴がある者が多く，アルコールや

その他の依存物質の使用歴のある者も高い割合を占めている。75%の者には軽度の知的障害があり，障害程度が重度の者はいない。そのため，他の知的障害者に比較して，これまでの生活の自立度がとても高く，過去に福祉サービスを利用したことのない場合がほとんどである。繰り返し刑事司法制度の対象となり，矯正施設への出入りを何回も重ねている。また，オーストラリアに独特の事情として，アボリジニ[註6]が多いという点も特徴的である。

表❶ 犯罪種別ごとのCJPクライエントの割合

罪名	割合（%）
窃盗	79
遵守事項等違反	74
傷害（重大な加害を除く）	57
器物損壊	54
窃盗等を意図した家宅侵入	41

これらの点を踏まえると，CJPのクライエントは，知的障害者が偶発的に犯罪をしたというよりも，犯罪行為者の属性の一つとして知的障害が並存していたと捉える方が適当であると思われる。

3. 支援サービスの内容

CJPによるクライエントへの直接支援は，密度の高い順に以下の3種類がある。

1） 集中支援型居住サービス (Intensive Residential Services)

集中支援型居住サービスは，日本のグループホームの形態に近い居住系支援である。一般家屋に似た形の一戸建ての建物内に共有のできるキッチンや食堂，居間，および5名分の居室が設けられている。入居者は個室に住み，必要な支援を受けながら生活をする。ニュー・サウス・ウェールズ州全体で8カ所に設置されているので，40床分のサービスがあることになる。

その名称の通り，集中支援型居住サービスはCJPが提供する中で最も支援密度が高い。支援員は障害者支援や看護の専門教育を受けており，各シフトで2から3名の職員が勤務している。建物の出入口は施錠されており，日課は高度に構造化され，支援員による24時間のモニタリングが実施される。

実際に参観をした印象としては，外観は大きな一戸建て住宅のように見え，

[註6] イギリスによって植民地化される以前からオーストラリアに居住している原住民。刑事司法の対象とされる者の中にアボリジニが占める割合が非常に高いこと，拘禁中に死亡する者の数が突出して多いことなど，刑事司法における原住民の取り扱いはオーストラリアにおいて大きな社会問題となっている。1987年には「拘禁下に置かれた原住民の死亡事案に関する王立委員会」が設置され，この問題に関する大規模で集中的な調査が実施された（The Royal Commission into Aboriginal Death in Custody, 1991）が，その後も問題解決には至っていない。

一般的な住居と同じような様子であり，住宅街の中に存在していた。通常のグループホームに比較するとスタッフ配置数は多く，また，スタッフの動きも入居者の動向把握や行動介入が強く意識されている様子がみてとれた。キッチンや食堂では，ナイフやフォークなど武器として使用される可能性のあるものの管理は徹底されており，また，公共のスペースには強化ガラスを多用して，できるだけ死角がないように工夫されていた。個人の居室以外の場所では，一般的な住居としての雰囲気を保持しつつ，入居者による高リスクな行動への対処をいかにして両立させるかに苦心している様子であった。

2） ケア付き住宅（On-site Supported Living）

ケア付き住宅も居住系支援の一種であるが，集中支援型居住サービスに比べると支援密度が低い。同一敷地内に複数のユニットが併設されているが，各ユニット内部にはキッチンとリビング，寝室が設けられており，それぞれが完全に独立した構造になっている。日本でいえば，アパートの居室を借り上げたグループホームの形態に近いといえる。1カ所のケア付き住宅に3～5のユニットがあり，ニュー・サウス・ウェールズ州全体で12カ所が設けられている。

集中支援型居住サービスと同様，障害者支援や看護の専門教育を受けた支援員が勤務しているが，配置数は1～2名程度と少ない。また，ケア付き住宅では支援員も入居者と同じようなユニットで勤務しているため，各ユニット内での入居者の生活は，かなり自立度が高いものとなっている。

筆者らはケア付き住宅も訪問したが，全体の敷地にはかなりの余裕があり，住宅地の中に建てられていた。特に標識なども設けられていないため，一般住宅との違いは特にない。全体のレイアウトとしては，中庭を囲む形で各ユニットが配置されており，そのうちの一つが支援者の事務室として使用されていた。入居者のプライバシー保護への配慮からユニット内までは立ち入ることができなかったが，建物の構造を見る限りでも入居者はほぼ完全に自立して生活しており，集中支援型居住サービスと比較して，支援者による関わりの度合いは格段に低いであろうと思われた。また，その際に受けた説明でも，ケア付き住宅では敷地への出入口のゲートは施錠されているが，その鍵は入居者が自己管理しており，各ユニットの鍵も入居者が管理しているので，ユニット内での生活の様子はわかりづらい面があるとのことであった。

3） 訪問支援（Drop-in Support）

訪問支援は，上記の二つとは異なり，地域で自立生活をしているクライエン

トの住居を支援員が訪問し、援助している。クライエントは州の公営住宅に住んでいることが多いが、公営住宅への入居待機となっているときにはCJPが所有する物件に一時的に居住している場合もある。支援時間数は週当たり35時間を上限として、クライエントの支援ニーズに応じて決定されている。具体的な支援内容としては、身辺介助、ケース・マネジメント、生活上の困難な状況のふり返りや状況がそれ以上に悪化しないような回避・対処法の復習[註7]、行動介入[註8]などがある。

訪問支援と併用されている仕組みとして、更生支援、余暇活動、教育に参加するための資金援助がある。クライエントは経済的に余裕がない状況にあることが多いため、更生を目的とした支援プログラムや余暇、教育活動に参加する際に費用負担が難しくなるという問題がある。そこで、そのような負担の軽減を目的として資金援助が行われている。これらの活動への参加を通じて、クライエント本人が社会志向的な認知や行動がとれるようになることを促進することが意図されている。

以上の集中支援型居住サービス、ケア付き住宅、訪問支援の3種がCJPが提供するサービス全体の80％以上を占めている。最も数が多いのは訪問支援であり、全体の半分以上、次に多いのはケア付き住宅、そして3番目が集中型居住サービスとなる。つまり、支援の提供にあたってのコストが低いものほど多用されている。

これらのクライエントへの直接支援に加えて、CJPではコンサルテーションとアセスメントも実施している。これらは事業者向けであり、前者は個別事例あるいは支援全般についての相談に応じて、必要な助言などをしている。後者は、特に複雑なケースに対するアセスメントの支援である。このように他の事業者に対する支援業務も行っているため、CJPには知的障害者支援と犯罪行為者処遇の知識や支援技術を併せ持った専門職が雇用されている。職員のこのような専門性こそが「フレームワーク報告書」が必要性を指摘したものである。

[註7] それぞれ debriefing, de-escalation といわれ、行動変容のための介入技術である。いずれも、これらの技術を日常生活のなかで用いるために、まず、臨床心理士などの専門職とともに心理教育を通じた学習活動を行う。そのうえで、訪問支援として関わる支援者が心理教育で学んだ概念、枠組み、考え方を使って、クライエントの実生活での出来事を題材として実施する。

[註8] 臨床心理士と共同し、本人の行動変容に向けた働きかけを行う。その際、「積極的行動支援」に基づき、先行条件、後続条件、出来事の背景にある事象、媒介要因を分析し、できる限り本人への制約の少ない代替策を検討する。この理論的背景の詳細については、本書第IV部第2章「知的障害のある犯罪行為者のための「相乗モデル」による更生支援」を参照。

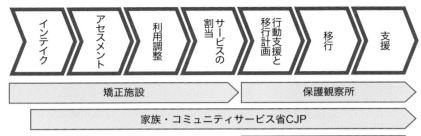

図❶　サービス提供の流れと役割分担

4. サービス提供の流れと役割分担

　CJPでは，ニュー・サウス・ウェールズ州政府FACS職員が全体の運営管理，および前述の事業者へのコンサルテーションとアセスメントを担当しているが，居住系サービスと訪問支援の提供は民間の障害福祉事業者に委託されている。図❶は，サービス提供に至る流れ，およびその間の矯正施設，保護観察所，FACS，民間事業者の役割分担を示したものである。

　クライエントのインテイクの中心は矯正施設であり，候補者が挙げられた段階からFACSのCJP担当部局が関与する。そして，FACSの専門職が中心となって支援ニーズとリスクレベルなどのアセスメントを実施し，その結果および各支援プログラムの空き状況を勘案し，民間事業者への委託を決定する。その後，FACSと民間事業者が協力しながら，行動支援計画を作成し，矯正施設釈放後の生活への移行について検討する。この段階からは保護観察所も関与するようになり，釈放後はFACSの専門職，民間事業者，保護観察所が連携して支援を進めていく。クライエントの支援ニーズとリスクレベルについてのアセスメントは，地域での生活開始後もFACSの専門職と民間事業者によって定期的に実施され，その結果に応じて利用する支援プログラムの適性も評価される。仮にクライエントの行動が安定せず，より支援密度の高い環境が必要であると判断されれば，ケア付き住宅から集中支援型居住サービスへと移動する場合もある。逆にリスクレベルが下がったと判断されれば，より低い支援密度の環境へと移動する。このようにクライエントの支援ニーズとリスクレベルに応じた支援を提供する体制が整備されている。

5.「知的障害のある犯罪行為者のための相乗モデル」

　CJP による支援過程における理論的基盤が，第Ⅳ部第2章で紹介されている「知的障害のある犯罪行為者のための相乗モデル」である。ニュー・サウス・ウェールズ州をはじめとしたオーストラリア各地の障害福祉現場で広く採用されている「積極的行動支援」[註9]の考え方をもとに本人の犯罪行為の機能を分析し，同時に犯罪行為者処遇の領域における主要理論である「リスク・ニーズ・反応性モデル」と「よき人生モデル」を組み合わせて，リスクへの対応，および社会志向的な変化に向けたクライエントの動機づけの向上と生活の質の向上を図っている。理論の詳細については，本書の該当箇所を参照いただきたい。ここでは，なぜ，このような理論が用いられているのかという理由について検討する。

　CJP は矯正や保護から独立しており，障害福祉サービスの一種として社会内で提供されている。プログラムによる支援にあたっては，クライエント本人あるいは成年後見人による同意が必須とされる。また，支援の中核である行動変容のための心理教育的な働きかけが有効に作用するためには，変化しようとする動機づけがクライエントの側にあることが不可欠である。一方，障害者福祉の枠組みの中で社会内において支援が行われているので，支援者や同居者，地域住民に対する加害のリスクを適正に評価し，リスクレベルに見合った環境設定も必要である。このような条件を所与のものとして運営されている CJP には，クライエント本人の動機づけに配慮しながら複雑かつ高度な支援ニーズに対応し，同時にリスクへも対処することが求められる。そのため，「積極的行動支援」を用いた障害特性の理解と支援，「よき人生モデル」を用いた行動変容への動機づけと生活の質の向上，そして，「リスク・ニーズ・反応性モデル」を用いたリスク要因の同定と対処という，異なる三つの側面を支える理論的基盤が形成されることになった。

　理論的基盤を持つことで，支援の方向性への指針がもたらされている。クライエントの生活の質を高めながら，同時にリスクに対処する支援を実現しようとすると，支援者はさまざまな困難に直面する。特に性加害行為をはじめとする重大な犯罪をしたクライエントを支援する際には，どのようにしてクライエ

[註9]　英語では"positive behavior support"。積極的行動支援の進展と課題について検討した日本語論文として，平澤紀子，小笠原恵：生活の向上を目指した積極的行動支援の進展と課題. 特殊教育学研究, 48 (2) ; 157-166, 2010.

ントの自由への制約と周囲の者の安全確保のバランスをとるのかが問われるが，その際に理論を参照することが判断にあたっての指針となる。

　また，刑事司法と福祉の領域における主要な理論を統合することで，異なる分野で働く専門職の間に支援枠組みに関する共通理解が形成され，また，相互の意思疎通を可能にする共通言語が与えられている。刑事司法と福祉では，関与の目的や社会において求められる役割が異なり，それぞれの依拠する文化や価値観にも相違がある。そのため，関係者が枠組みや言語を共有しなければ，連携がうまく機能しない。障害福祉と犯罪行為者処遇の両方を包含する理論の存在は，FACS に所属する専門職と民間事業者，矯正や更生保護関係者による協力体制の基盤形成に寄与しているといえる。

Ⅳ　日本における地域生活支援への示唆

　以上のようなニュー・サウス・ウェールズ州における地域生活支援の内容と日本の現状とを比較すると，今後の支援体制整備に向けての示唆として以下の4点が挙げられる。

　第一は特化型サービスの存在である。「フレームワーク報告書」が示す，クライエント集団の複雑化した状況，および対応を困難にしている特徴は，日本のクライエントに対しても当てはまる。つまり，地域生活支援において，障害者支援と犯罪行為者処遇の両方の知見を用いることが求められるのは日豪に共通する課題である。効果的な対応のためには，既存の障害者支援や矯正・更生保護による処遇だけでは不十分であり，日本においても CJP のような特化型サービスの存在意義は十分にあると言える。

　第二は支援ニーズとリスクレベルに基づいた段階別の対応体制である。CJP では，クライエントの支援ニーズとリスクレベルによって，処遇密度の異なる3種類の支援が使い分けられている。日本では，刑事司法との連携によって福祉的支援が行われるようになってきたが，支援ニーズとリスクレベルは特に考慮されておらず，一般的な障害者支援の仕組みがそのまま援用されている。ニュー・サウス・ウェールズ州のような段階別支援体制を設けて，それらを適宜に使い分けることができれば，多様な状態像のクライエントにより効果的に対応できるのではないだろうか。

　第三は理論的基盤である。障害と犯罪行為という異なる要素に起因するニー

ズを持つクライエントへの対応にあたっては，刑事司法と福祉の領域における主要な理論を統合した理論的基盤が必要とされる。それによって，支援の方向性を決定する指針が得られ，また関係する支援者の間に共通する認識と言語がもたらされる。現在の日本における福祉的支援では，このクライエント集団の特性を考慮した支援のための理論は十分に形成されてきていない。障害，生活の質と動機づけ，リスクの三領域を架橋する理論として，「知的障害のある犯罪行為者のための相乗モデル」は日本においても十分な適用可能性があると考えられる。

　第四は専門職養成である。CJP では FACS に所属する専門職がクライエントのアセスメントや支援計画の策定，支援者を支援するためのコンサルテーションなど，支援体制全体において中核的な役割を担っている。「フレームワーク報告書」が 2001 年に指摘した，知的障害者支援と犯罪行為者処遇の知識や技術を併せ持った専門職が存在しないという問題は，まさに今日の日本が直面している課題である。今後，日本における地域生活支援を担う人材の育成を考えるにあたっては，CJP に関わる専門職の持つ知見や経験を参照し，類似の専門性を身につけられるような教育訓練内容を取り入れた養成課程を検討していくことが肝要であろう。

文献

Aging and Disability Department : NSW Government Disability Policy Framework. New South Wales Government, 1998.

Green, J., Martin, M. & Simpson, J. : The Framework Report: Appropriate Community Services in NSW for Offenders with Intellectual Disabilities and Those at Risk of Offending. NSW Council for Intellectual Disability, 2001.

Intellectual Disability Rights Services : Diversion of Alleged Offenders with an Intellectual Disability from the New South Wales Local Courts System: A Review of the Practical Operation of s32 of the Mental Health (Criminal Procedure) Act 1990. Intellectual Disability Rights Services, 2006.

New South Wales Council for Intellectual Disability: Framework Plus 5: Human Services in NSW for Offenders with Intellectual Disabilities: Five Years on From the Framework Report. New South Wales Council for Intellectual Disability, 2007.

New South Wales Departments of Corrective Services & Youth and Community Services: Report of the Inter-Departmental Committee on Intellectually Handicapped Adult Offenders in New South Wales, The Missing Services. New South Wales Government, 1985.

New South Wales Law Reform Commission: People with an Intellectual Disability and the Criminal Justice System (Report 80). New South Wales Law Reform Commission, 1996.

The Royal Commission into Aboriginal Death in Custody: National Report of the Royal Commission into Aboriginal Death in Custody. RCIADIC, 1991.

第IV部｜地域生活支援の先進地域に学ぶ

第2章
地域生活支援の理論モデル

知的障害のある犯罪行為者のための「相乗モデル」による更生支援

C・マシュー・J・フライズ

［翻訳／水藤昌彦］

I はじめに——理論的アプローチの必要性

※本章の意見にわたる部分は筆者の私見であり，ニュー・サウス・ウェールズ州政府家族・コミュニティサービス省の見解ではない。

脱施設化の動きが始まって以来，知的障害のある犯罪行為者への対応についての関心は大きな高まりをみせている（Lindsay et al., 2010）。脱施設化によって，知的障害者は一般的な社会生活のあらゆる面において本人にとって有意義な経験ができるようになったが，同時に刑事司法制度を含む負の面に晒されることにもなった。多くの司法管轄区域において，脱施設化によって知的障害者が刑事司法制度の対象とされる場合がより多くなったと言われている（Lund, 1990）。

対応サービスの整備の度合い，刑事司法関係者による反応や態度といった要因によって，刑事司法制度の対象となる者全体のなかに占める知的障害者の割合は司法管轄区域ごとに違いがあるが（McBrien, 2003），オーストラリアのニュー・サウス・ウェールズ州の状況をみると，知的障害者は，それ以外の者と比較して，刑事司法制度の対象となる場合がとりわけ多いことが示されてい

著者 C. Matthew J. Frize／ニュー・サウス・ウェールズ州政府家族・コミュニティサービス省地域司法プログラム（Community Justice Program）マネージャー。これまで，上級専門心理士として各種のアセスメントや介入ツールの開発に携わり，地域精神保健クリニック，こども病院，公立病院における臨床経験もある。シドニー大学博士課程修了。PhD in Psychology。オーストラリア・ニュージーランド精神医学・心理学・法学協会ニューサウスウェールズ支部副代表。

A synergistic model of offender rehabilitation for offenders with an intellectual disability
［C. Matthew J. Frize, M.Psych, DocClinPsych, PhD: Community Justice Program, NSW Department of Family & Community Services, Australia］

る。知的障害がない者に比べると、知的障害者は身体への攻撃のような行動障害を示すことがより多く、これらの行為が犯罪として起訴され、刑事司法制度との接触に至っているという（Allen & Davies, 2007）。ヘイズら（Heys, et al., 2009）は、知的障害のある者が被告人の中に占める割合が極めて高いことを明らかにしたが、一方でホランドとペルソン（Holland & Persson, 2011）、およびキャシン、バトラー、レヴィ、ポッター（Cashin, Butler, Levy & Potter, 2006）は、ビクトリア州とニュー・サウス・ウェールズ州の拘禁施設に収容されている者の中に占める知的障害者の割合は5％以下であることを見出した。ボルドリー、ドーズ、クラレンス、スノイマン（Baldry, Dowse, Clarence & Snoyman, 2011）は、これを「漏斗効果」と呼び、知的障害者をできる限り社会内に留めておこうと企図した結果、刑事司法手続の段階をより進んでいくほど、ダイバージョンの対象とされやすいと説明している。この結果、少なくともニュー・サウス・ウェールズ州の場合、知的障害のある犯罪行為者には社会内で対応するようにという圧力が、地域で運営されているサービスに対して高まっている。

　ニュー・サウス・ウェールズ州では、このような要求に応えるために、知的障害があってリスクが高いと見込まれる犯罪行為者の対応を専門とする社会内処遇プログラムとして、コミュニティ・ジャスティス・プログラム（"Community Justice Program"。以下、CJPという）が2006年から開始された。CJPは、拘禁を解かれた知的障害のある少年と成人を対象として支援をしている。リスク、犯罪原因論的ニーズ、障害支援に関するニーズのアセスメントをもとに、住居、ケース・マネジメント、治療的プログラムが提供される。ニュー・サウス・ウェールズ州全体で400名のクライエントを支援しており、そのうちの4割に対しては居住場所を提供している。残りのクライエントは、一般の賃貸住宅、あるいは公営住宅に入居しており、訪問による支援を受けている。CJPはクライエントの同意に基づいて社会内で提供されるサービスであることから、クライエントに提供している住居の多くでは保安レベルが低くなっている。これらの住居は定員5名までのグループホームとなっており、クライエントによる自傷、および他のクライエントや職員への他害を最小化するように建物内部が設計されている。

　障害のある犯罪行為者を対象としたサービスを社会内において実施するにあたっては、数多くの重大な課題が存在している。一般的な更生プログラムと同様、CJPが支援しているのは、たいへん深刻な社会的に不利な状態を経験し

ている人々である。CJPのクライアントの問題の複雑性は特に高く、物質依存の問題のある者が90%、精神疾患の診断を受けている者が70%以上、そしてオーストラリア原住民が40%を占めている（Department of Family & Community Services, 2016）。また、CJPは社会内において、クライアントの同意のもとで提供される障害福祉サービスでありながら、一方でリスクの高い犯罪行為者を支援している。そのため、性加害行為から窃盗、薬物事犯に至るまで、さまざまな犯罪をした者のリスクに対処しつつ、障害があって弱い立場に置かれた者の権利を擁護するサービスモデルに沿って支援しなければならない。また、CJPには、クライアントが仮釈放にあたって課せられている遵守事項に従えるようにしつつ、障害福祉サービスの提供基準の枠組みの中で支援をするように求められている。そのうえ、そもそも学習や適応が難しいクライアントに対して、再犯の機会を減少させるためのサービスを提供することがCJPには要求されており、そのことがサービス提供の状況をさらに複雑にしている。処遇の有効性についての研究によれば、最も効果の高いプログラムであっても、参加者の再犯リスクを25%しか減少させることができないとされているのである（Landenberger & Lipsey, 2005）。

　社会内において、障害と犯罪歴に関連するリスクとニーズに調整をつけながら、広範囲にわたる複雑な状況に対処するためには、熟慮されたエビデンスに基づくアプローチを用いる必要がある。複雑で変化の激しい環境のなかで働く者にとっては、実践に基礎と方向性を与えるという意味で、強固な理論に裏打ちされたアプローチは大きな助けとなる。理論を用いることによって、共通の言語や理解が形成され、用いられるようになり、それによって支援に一貫性が生み出されるほか、政策、制度や介入を発展させていくことが可能になる。また、理論への依拠は、エビデンスに基づく介入アプローチの開発にもつながる。残念ながら、知的障害のある犯罪行為者の更生に関する理論は完全に組み立てられるには至っておらず、ましてや客観的に評価できる状態にはないことは言うまでもない。

　知的障害のある犯罪行為者のアセスメントと支援に対するアプローチについての理論を組み立てるにあたっては、障害と犯罪行為者更生の双方の理論を取り入れることが必要となる。もしも障害に関する理論のみに依拠した場合、他者に対するリスクを生じさせたり、クライアント本人が再び拘禁されるリスクを高めたりすることになり得る。そうなれば、本人が適応的な行動技術を身に

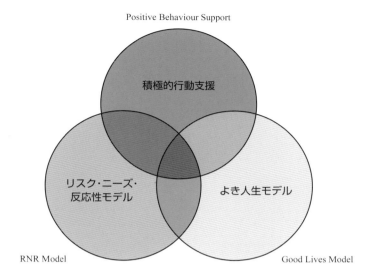

図❶　相乗モデル

つけたり，自立したりすることを妨げてしまうかもしれない。一方，犯罪行為者の更生アプローチのみを用いた場合，再犯リスクは減少するかもしれないが，クライエントが適応的な行動技術を身につけることには繋がりにくく，また，自立を促すこともならない。さらに，犯罪行為者の更生アプローチのみを純粋に用いると，実際には危害を加える意思がなく，反社会的な態度も伴っていない障害に起因する行動，例えば行動障害などを犯罪行為と誤って解釈してしまう危険性もある。これは知的障害者に対する不正義であり，刑事司法システムによる関与や拘禁の可能性を高めてしまうことになる。行動障害を犯罪行為と解釈してしまうと，本人がさらに犯罪をする可能性を高めてしまう恐れもある。なぜなら，刑事司法によるアプローチを用いるのみでは，本人の行動が意図している機能を満たさず，反社会的な人物との交流を通じて，犯罪を擁護するような態度を学ぶ可能性があるからだ。

　そこで，本章では障害がある犯罪行為者のリスクとニーズに対応するために「相乗モデル」を提案したい（**図❶**）。本モデルは，障害サービスで用いられている，応用行動分析の原則を基礎とした「積極的行動支援」（Positive Behaviour Support = PBS）に依拠している。また，犯罪行為者の更生に関する二つの傑出し

た理論である「よき人生モデル」(Good Lives Model = GLM)(Ward, 2002)，および犯罪行為に関するパーソナリティと認知社会学習理論に基づく「リスク・ニーズ・反応性モデル」(Risk, Needs, Responsivity Model = RNR)(Andrews & Bonta, 2003)も参照している。

積極的行動支援，よき人生モデル，リスク・ニーズ・反応性モデルの三つは多くの面で重複しているが，知的障害のある犯罪行為者に対する効果的かつ人道的なアセスメントと介入を実現するために，それぞれが独自の役割も果たしている。以下では，それぞれのモデルが知的障害のある犯罪行為者への支援に与える独自の影響，および共通点について検討する。

II 積極的行動支援

これまで数十年にわたって，行動障害のある知的障害者への支援では数多くの実践や哲学が推奨されてきた。犯罪行為は行動障害の一種であると考えられることから，知的障害のある犯罪行為者への対応についての理論を考える際にこれらを組み込むのは道理にかなっていると言える。

1990年ホーナーら(Horner, et al., 1990)は，有害な刺激を伴わない応用行動分析を用いたアプローチを指して「積極的行動支援」と名づけた。それ以来，積極的行動支援というアプローチは，さまざまな原則を生み出してきている。アンダーソンとフリーマン(Anderson & Freeman, 2000)は，積極的行動支援とは「行動障害を示す者を対象とした効果的介入やプログラムを作り出すための枠組み」であり，「その枠組みは，(a)障害者の生活の質と権利についての価値観，(b)行動障害のある人を支援するにあたって用いるべき一連の流れと段階，の双方を示している」と述べている(p. 86)。

これらの原則は，現在では欧米諸国における障害福祉政策や法制に広く取り入れられている。そのため，刑事司法制度が関わる知的障害者を支援する際にも，実践や実践を取り巻く状況に積極的行動支援の考え方の影響があることを認識しておく必要がある。積極的行動支援がどのような要素によって構成されるのかについては，必ずしも合意されているわけではない(LaVigna & Willis, 2012)が，一般的には以下の原則にまとめることができるだろう。

1. 行動についての機能的視点からの理解

　応用行動分析に組み入れられた行動主義の考え方は，知的障害者への対応の基礎として1960年代から用いられてきた。応用行動分析では，行動の出現に影響を与える随伴性である先行条件と後続条件を理解することによって，その行動の出現自体を操作することができると仮定する。

　すべての行動には機能があるというのが，応用行動分析のもう一つの仮定である（Hanley, Iwata & McCord, 2003）。例えば，自傷行為が他者との親密な関係を手に入れるために機能しているというように，それをする本人に対して有害に思われるものであったとしても，本人から見れば行動には何らかの実際的な目的があると推論している。その行動は，本人が目標に到達するための最善の方法ではないが，一定の条件のもとで本人の求める結果が発生する可能性を高めるために，オペラント，あるいは古典的な条件付けの過程を通じて強化されたものである。そう考えると，ある行動を消失させるためには，その行動の果たしている機能をまず理解し，それと同じ機能を果たす別な行動で置き換えることになる。

　例えば，ある人が自分の欲しているものを手にいれるために他者を脅迫しているとする。その人は，暴力的な環境の家庭において，それが自分のニーズを満たす唯一の方法であると学んできたのかもしれない。そして，脅迫を用いることで他者が自分の言うことに従ったり，欲しいものを手に入れたりすることができたという経験を通じて，このようなやり方が強化されてきたとする。その場合，この行動を変えるために，応用行動分析では以下のように考える。

1. 自分が欲するものを手に入れる（機能を達成する）ための別な方法を示す。
2. その人が攻撃的な行動に出ても，欲するものが手に入ること（後続条件の出現）がないようにする。
3. 攻撃的な行動を引き起こす引き金，環境（先行条件）を避ける。

　機能分析の考え方を用いて犯罪行為を捉えると，犯罪によって生じるスティグマ（負の烙印）を減少させることに役立つ。そのようなスティグマの存在は，支援者の態度に否定的な影響を与え，効果的な介入を実施する支援者の力を減じさせることにつながる。また，機能分析のモデルは障害福祉領域で広く知ら

れているため，より深刻な行動である犯罪についても同じやり方で対処することを可能にする。

2. 包括的アセスメント

積極的行動支援の第二の原則は，行動に注目するだけではなく，行動の機能を理解するために対象者を包括的にアセスメントするという点である。積極的行動支援におけるアセスメントは対象者の生活すべてにわたり，生物的，心理的，環境的（生物・心理・社会）要素について検討する。その理由は，はっきりとした特定可能な引き金が存在する行動もあれば，その一方で，どのように出現するか，あるいは出現する見込みはどの程度なのかについて，生物的あるいは生活スタイルに関わる要因が影響している可能性を含んだ行動もあるからである。したがって，対象とする行動の将来的な出現の見込みや深刻度を減少させるために，これらの要因に働きかけることができるかもしれない。

行動の機能についてのアセスメントでは，先行条件，後続条件，背景にある事象，媒介するもの，できごとを分析する。介入しようとする対象者の感情，および生活スタイルや関係性といった，行動の起こった脈略を通じて，行動について熟考していく。アセスメントがどの程度まで包括的なものになるかは，介入の対象となるクライエントの持つニーズの複雑性の度合いによる。そのため，刑事司法制度の対象とされるような深刻な行動に対処するにあたっては，包括的なアセスメントが必須となるのは論理的に当然の帰結であるだろう。

3. 行動障害に対するポジティブな働きかけ

応用行動分析と比べて，積極的行動支援に独自の中心的な原則として，行動への対処にあたっては嫌悪療法を用いるのではなく，ポジティブな面を強化し，できる限り本人への制約の少ない代替を用いるという倫理的立場がある。つまり，行動の変容に対する有効性が見込まれる選択肢のなかでは，可能な限り，浸潤，拘束，懲罰の度合いが低いものが選ばれるべきであるとされる。

ニュー・サウス・ウェールズ州政府家族・コミュニティサービス省が定めた「行動支援方針」では，「すべての活動や介入は，包括的なアセスメントに基づく個別支援計画を通じて示され，利用者の個別的なニーズや目標を支援，尊重するものである」としている（Department of Family & Community Services, 2008, p. 4）。これは，行動障害に対しては，罰ではなく，ポジティブな強化と技能の習得が

優先されることを意味している。また，同方針では「障害福祉サービスは，行動障害のある人の積極的な地域参加を推進する」（Department of Family & Community Services, 2008, p. 4）とも述べていることから，施設内処遇ではなく，可能な限り社会内での更生を支援すべきであるとされているのがわかる。これらは犯罪行為者にとっても重要な原則であるが，例外としては，社会に対して重大なリスクを及ぼす，あるいは施設内においてのみ更生のために有効な手立てがとれる見込みがあって，社会内ではそれが見込めないといった場合があり得るだろう。

4. 本人を中心とする本人参加型の計画

積極的行動支援にとって鍵となる目標は，本人を支援の中心に据えるという価値を実現することにある。アンダーソンとフリーマン（Anderson & Freeman, 2000）によれば，それはクライエント本人によって示された希望に基づいてサービスを提供し，その人が求める生き方を実現できるように支援することである。他者の立場から見て本人のために何が大切かではなく，本人の立場から見て自分自身のために何が大切なのかに基づいて介入が行われる。ある人が意図的にとった行動によって他者を傷つけている場合，その行動を消失させるための介入は，本人の生活の質を下げないだけではなく，高めることを目指すのである。

本人を中心とするアプローチでは，介入とは支援者単独によって行われるのではなく，支援対象者の生活に関係する家族，友人，支援サービスなど，さまざまな人に参加を求めていく。支援対象者の社会的ネットワークを巻き込むことは，クライエントの目標達成を援助するとともに，社会関係を豊かにする支援につながる。また，支援サービスが関わることは，行動変容のために関係者が協働して取り組むのを可能にするのと同時に，クライエント自身が重要だと考えている目標を理解して，その実現を支援するのに役立つだろう。

5. 文化・言語的多様性

文化・言語的多様性への配慮は，社会的包摂と本人を中心とした支援の核となる。支援対象者の生きる文化背景に配慮し，母語を用いることは，社会との肯定的な関わりや社会志向的な行動の推奨につながる。刑事司法制度の対象となる者のなかに占める原住民の割合はとりわけ高く，なかでも知的障害者にその傾向が顕著である（Snowball & Wheatherburn, 2006; Wheatherburn, Snowball & Hunter, 2006）

ので，知的障害のある犯罪行為者への支援にあたって，文化・言語的多様性への配慮は特に重要な点である。

6. 知的障害のある犯罪行為者に対する積極的行動支援の課題

　積極的行動支援はエビデンスに基づいた道義的なアプローチだが，犯罪をした知的障害者の支援にあたっては，このモデルのみでは不完全，あるいは用いること自体ができないと言われる場合がある。まず，応用行動分析，積極的行動支援では，個人，表出された行動像，行動に直接的に影響する要因についての情報に着目することで，その行動について帰納的に理解し，介入方法を検討するため，積み上げ式の論法をとる。応用行動分析で着目される行動は，出現する頻度が高く，攻撃的なふるまいや自傷行為といった，臨床家から見て観察しやすいものになりがちである。そのため，ある事象が繰り返し観察されれば，それが媒介要因となっているというエビデンスがより強固だとされる。しかし，犯罪行為は，一般的な行動障害などに比べると発生頻度が低く，直近の先行条件や後続条件を観察できないので，行動分析の手法を用いるのが難しい。

　再犯の見込みを知るために保険数理的リスクアセスメントを用いているように，障害のない犯罪行為者に対するアセスメントでは，類似の事例や犯罪についての情報を使って現在の状況を理解しようとする演繹的な方法が使われている。このやり方は，障害福祉サービスにおける本人中心主義と原理的に対立するものとも言える。

　また，犯罪をする者に対して，応用行動分析による行動介入を行うのにも困難があり得る。これには，犯罪をする障害者は，そうでない障害者に比べて，自立度が高い場合が多い（Baldry et. al., 2011）ことが関係している。臨床家がクライエントの生活する環境をコントロールできないため，先行条件や後続条件への介入が難しいのだ。

　それに加えて，障害福祉と犯罪行為者処遇の原理の対立が，犯罪行為への対処に積極的行動支援を用いるのを難しくしている。障害福祉では，できる限り本人への制約の少ない代替策をとるという原理が存在するが，一方の犯罪行為者処遇においては抑止の原理がある。そのため，知的障害のある犯罪行為者にどのように対処すべきか，特に社会内での支援にあたって許容できるリスクの限界を巡って，刑事司法機関と障害福祉サービス事業者のあいだで論争となることがあり得るのだ。このような対立は，支援対象者の再犯や遵守事項違反に

つながる危険性を生じさせる場合がある。つまり，支援者が抑止の役割をまったく果たそうとしなければ，社会内矯正命令を受けている支援対象者が厳格に定められた遵守事項に従えない，あるいは再犯に至るリスクの高い状況に身を置いてしまう可能性が高くなる。一方で，遵守事項違反や再犯によって生じる法的責任を支援者が過度に恐れれば，クライエントに対して不必要な制約を課してしまうことにもなり得る。

最後に，刑事司法制度への積極的行動支援の導入が難しい理由として，目的の違いがある。刑事司法では社会を守るという目的のみから本人の処遇が考えられることも多いため，本人から見て何が大切なのかを考えた支援ではなく，本人に対して支援者が必要だと考える処遇がされやすく，本人を中心とする本人参加型の計画という考え方は推奨されない可能性がある。つまり，個人の到達目標，健康，人間関係などといった本人中心主義における典型的な働きかけの対象は注目されず，薬物やアルコール治療，反社会的パーソナリティ特性の治療などの犯罪原因論的な介入目標が優先される可能性があるということになる。

Ⅲ 犯罪行為に関するパーソナリティと認知社会学習理論

積極的行動支援モデルを用いるのには前述したような問題があるため，知的障害のある犯罪行為者への支援では犯罪行為者処遇の理論も考慮に入れる必要がある。幸いなことに，ここ30年のあいだの犯罪学領域の進展には目ざましいものがある。この進展は，主として犯罪行為者処遇に対してマーチンソン（Martinson, 1974）がなした処遇悲観論▽訳注1への応答の結果である。介入の有効性を示すエビデンスに基づいた犯罪学領域における実践は，処遇効果を示す文献▽訳注2として知られるようになった（Hollin, 1999）。

近年の研究によって，再犯リスク（Gray, Fitzgerald, Taylor & Snowden, 2007），および犯罪に関連するニーズ（Baldry, Dowse & Clarence, 2012; Frize, 2007）については，行為者の知的障害の有無による差はほとんどないことが示されている。したがって，

▽訳注1　原文では"nothing works"。社会復帰のために有効なプログラムは存在しないという主張のこと。
▽訳注2　原文では"what works"。処遇悲観論に対して，社会復帰に有効なプログラムが存在するという主張のこと。

犯罪行為歴のある知的障害者のアセスメントと支援にあたっては，一般の犯罪学に領域で得られた，エビデンスに基づいた原則を用いる必要がある。

最も完成された犯罪学理論として，アンドリュースとボンタ，および彼らと関係する研究者らの手による，「犯罪行為に関するパーソナリティと認知社会学習理論」，および「リスク・ニーズ・反応性モデル」（以下，RNRモデルという）があり，これは「犯罪行為の心理学」とよく言われる（Andrews, Bonta & Hoge, 1990; Andrews & Bonta, 2010）。このモデルは，オーストラリアをはじめとする西欧のほとんどの司法管轄区域で用いられている。

RNRモデルは，犯罪行動におけるパーソナリティ傾向と認知社会学習の側面への注目から派生しており（Andrews & Bonta, 2010），犯罪は性格傾向といった末梢要因と犯罪行為の社会的学習によって起こることを明らかにした。積極的行動支援と同様，行動によって得られる結果に対して本人が抱いている期待，実際に起こった結果といった基幹的な要因に行動の学習は依拠しているという考え方である。そのため，報酬を得られる，あるいは得られると予測される行動はより起こりやすく，一方で罰せられたり，あるいは罰せられると予測されたりする行動は起こりにくいとする。また，犯罪行為に時間的に接近している要素の方がより強い影響を与えるとされる。したがって，RNRモデルは個別性を重視し，生物・心理・社会的要素の重要性を踏まえたものとなっている。また，リスク，ニーズ，反応性の各原則によって，アセスメントと介入の方向性が明示されている。

1. リスク原則

リスク原則は，行為者のリスクの度合いに合わせた介入が行われれば，再犯リスクが低減するというものである（Andrews et. al., 1990）。リスクが高いと考えられる者に対しては，そうでない者に比較して，より密度の高い処遇をするべきであるとされる。この原則に従えば，リスクの低い犯罪行為者が，高リスクの者からの影響を避けることができる。また，社会に対して最も負の影響を与える犯罪行為者への対処に資源を振り向け，犯罪発生件数全体を引き下げることにつながりやすい。

リスク原則を用いるにあたっては，確実かつ信頼に足る再犯予測因子の存在に依拠することになるため，リスクアセスメントの実施が必要とされる。リスクアセスメントは，ここ30年にわたって大きな進歩を遂げてきている。暴力

(Singh, Grann & Fazel, 2011），性的暴力（Tully, Chou & Browne, 2013）に関するリスク評価法の予測信頼性の高さをみれば，リスク予測にあたっては，非構造的な臨床判断よりも標準化されたリスクアセスメント法の方が優れていることがこれまでの研究で示されている（Aegisodottir et.al., 2006）。

　知的障害のある犯罪行為者に対するリスクアセスメントの妥当性についての研究は，ここ15年のあいだで大きく数が増えてきている。2002年の段階で，ジョンソン（Johnson, 2002）は使用可能なリスク評価法があることを示す直接的なエビデンスの不在を指摘していた。それ以来，31種のリスク評価法について検討した30以上の研究結果が公表されており，そのうちの大半の評価法，特に一般的に広く用いられているアセスメント法^{▽訳注3}は，障害のない一般の犯罪行為者を対象としたものと同様の予測精度を示している（Frize, 2015）。この結果から，知的障害のある犯罪行為者支援については二つのことが言える。第一は，リスク原則を適用するにあたっては標準的な評価法が使用できること，第二は，障害のない一般の犯罪行為者と同じリスク要因が当てはまると暗示されていることである。特に第二点目は，次に述べるニーズ原則について考える際に重要になる。

2. ニーズ原則

　ニーズ原則は，対象者の再犯リスクに直接影響する動的（可変）要因，つまり犯罪原因論的ニーズを介入にあたっての標的とすべきであるとする（Andrews et al., 1990）。メタ分析研究を通じて，以下の七つの犯罪原因論的ニーズが見出されている。

- ・犯罪に親和的な態度
- ・反社会的な人間関係
- ・犯罪に親和的な家族・婚姻関係
- ・教育や雇用の欠如
- ・社会志向的な余暇活動の欠如
- ・薬物とアルコール

▽訳注3　英語で"common tools"と呼ばれる，臨床において広く用いられているアセスメント法のこと。代表的なものに，暴力を対象とした Violence Risk Appraisal Guide（VRAG），性暴力行為を対象とした Sex Offender Risk Appraisal Guide（SORAG）などがある。

・反社会的な人格パターン

　アンドリュースとボンタ (Andrews & Bonta, 2010) は，これら要因に過去の犯罪行為を加えて，再犯リスクを予測するための8大要因であるとした。
　ニーズ原則を用いることで，再犯リスクを低減させるために，処遇において優先して取り組むべき要素が示されるという利点がある。ニーズ原則を用いた処遇についての研究のメタ分析によると，犯罪行為を平均19%減少させている。ちなみに，犯罪原因論的ニーズ以外に対処した場合の減少率は1%であり，個別ニーズを取り扱わなかった場合はリスクが10%上昇した (Andrews & Bonta, 2010; Andrews & Dowden, 2006)。
　知的障害のある犯罪行為者に対するニーズ原則の適用，あるいは適用することの有効性について特に検討した研究は，今までのところは行われていない。しかし，一般の犯罪行為者に対するリスク評価法の予測妥当性からは，知的障害者についても同じ動的変数が主要な役割を果たしていることが推測される。フライズ (Frize, 2007) によれば，社会内処遇命令を受けている知的障害がある若年の犯罪行為者の場合は，一般の犯罪行為者と同様の犯罪原因論的ニーズを持つばかりではなく，それらのニーズの必要度はより高くなる傾向がある。これは，ニーズ原則の重要性を示す強いエビデンスであるといえる。

3. 反応性原則

　反応性原則は，認知社会学習を用いた介入を通じて，個別要因に考慮しつつ犯罪原因論的ニーズに対処すべきであるとする。ここで言う個別要因としては，クライエントの学習スタイル，認知能力，動機づけなどがある。リスク原則とニーズ原則に加えて反応性原則を取り入れた場合，再犯率がさらに10%低下したことを示すメタ分析研究がある (Andrews & Bonta, 2010)。
　一般的な処遇環境において知的障害者が経験すると思われる困難を考えれば，反応性原則を用いるべきであるのは自明であろう。予想される困難としては，注意の持続，読み書きの能力の制限，コミュニケーション，認知療法の抽象的性質などが考えられる (Lindsay, 2006)。これまで，知的障害のある犯罪行為者の犯罪原因論的ニーズを取り扱うことを目的とした多くのプログラムが作られてきており，態度 (例えば，Taylor, 2002)，反社会的パーソナリティ (例えば，Sakdalan, Shaw & Collier, 2010) を取り扱うものが普及している。残念ながら，サンプ

ル数，追跡期間，方法論上の問題などにより，これらのプログラムの有効性は明確になってはいない。

4. RNR モデルを知的障害者へ適用するにあたっての課題

　犯罪行為者への対処にあたって，RNR モデルは確固としたエビデンスに基づくアプローチを可能にし，知的障害者に対して本モデルを用いることの有効性を示すエビデンスも存在する。しかし，RNR モデルのみでは知的障害のある犯罪行為者に対する支援方法として十分であるとは言えず，特に社会内における支援では，それが顕著である。

　RNR モデルにおいて，犯罪原因論的ニーズをその他のニーズより優先するよう強調されているのは，大きく懸念される点である。社会内で知的障害者を支援している事業所には，犯罪原因論的ニーズと障害に関連するニーズの双方を取り扱うことが期待される可能性が高い。なぜなら，適応機能の障害に関するニーズに対応しなければ，重大な危害を生じさせる可能性が高いからだ。さらに，犯罪原因論的ニーズに着目するだけでは，国連障害者権利条約（2006）に規定された原則に反することになる。

　また，RNR モデルを用いた処遇では，犯罪行為に関連が深い要因が優先され，行動の機能についての理解や代替策は重視されない。しかし，知的障害者が社会において経験する困難を考えれば，コミュニケーション能力の脆弱性や適応機能の障害によって犯罪行為に至っている場合もあるので，機能分析の方法を取り入れて支援することで犯罪原因論的ニーズの度合いを低減できる可能性があるだろう。

　加えて，RNR モデルは法律に基づく命令と強制的な介入を想定して発展してきているため，動機づけが軽視されていると指摘されている（Ward & Brown, 2004）。そのため，多くの障害者支援サービスのような，クライエントの任意による介入・支援に RNR モデルを用いるのは難しい。犯罪原因論的ニーズを優先すると，クライエント本人が望む目標とそれらのニーズが一致しない，あるいは目標とのあいだで対立を生じさせる可能性があり，そのために動機づけが損なわれ，本人が支援サービスとの関わりを拒否する可能性を高めるおそれがあるからである。残念ながら，知的障害者の支援にあたっては，環境への働きかけの有効性が前提とされているためなのか，積極的行動支援においても動機づけの問題については十分に対処されていない。

Ⅳ 犯罪行為者の更生における「よき人生モデル」

犯罪行為者の更生における「よき人生モデル」（以下，GLM という）は，ワードおよび彼に関係する研究者ら（Ward & Gannon, 2006; Ward & Stewart, 2003b）が提唱，発展させてきたものであり，犯罪行為をする目的と動機づけの問題に注目する。ワードは，リスク，ニーズ，反応性の原則は必要ではあるが，それらのみでは犯罪行為者の更生には不十分だと主張している（Ward & Stewart, 2003a）。GLM の中核は，人権，ポジティブ心理学，および人間性心理学にある。ワードらによれば，支援の原則や実践の拠りどころとなるという意味では，前述の「犯罪行為の心理学」を GLM は超越しているとされる。また，同様の理由で，障害者支援の実践をも超越しているとも主張されている（Ward & Gannon, 2006）。▽訳注4

RNR モデルが犯罪行為を防止するために欠損や不足へ対処しようとするのに対して，GLM は人の持っている強みを基盤としながら犯罪行為者の更生を図るため，犯罪行為の防止には本人の強みを増やしていく必要があるとワードらは説明する。積極的行動支援と同様，犯罪行為は本人にとって積極的な機能を果たしていると仮定される。一方，積極的行動支援とは異なり，犯罪行為は目標を達成するための手段として，数多くある財（goods）のうちの一つであるとされる。ワードらは，社会的に受け入れられた方法で目標を達成する手段や技能を持たない，自分の行為の及ぼす結果を見通す力が不足している，あるいは複数の目標のあいだで葛藤が生じた結果，人は犯罪行為をすると主張している（Ward & Maruna, 2007）。したがって，GLM では，介入とは，問題を単に解消するのではなく，個人の機能を高める活動であると考えられている。

1. 接近目標

よりよい生活を送れるように支援することによって，犯罪への動機づけが低くなり，生活スタイルが犯罪に非親和的なものになっていくというのが GLM

▽訳注4 ヒューマニスティック心理学とも呼ばれる。アメリカ心理学会ヒューマニスティック心理学部会の定義によれば，「ロジャースら先駆者たちの業績や実存主義哲学および現象学に基づいて 20 世紀中葉に台頭してきた心理学であり，意味，価値，自由，悲劇，個人の責任，人間の可能性，スピリチュアリティ，自己実現の探求等を通じて人間存在への全体的接近を図ろうとする」（日本人間性心理学会編：人間性心理学ハンドブック．創元社，2012, p. 4.）。

の中心的な仮説である。ワード，ヴェス，コリー，ギャノン（Ward, Vess, Collie & Gannon, 2006）は，この点において GLM は RNR モデルと対照的であると主張している。RNR は「回避目標」，例えば，反社会的な考え方をする友人との関わりを避ける，物質乱用をしないなどを強調するのに対して，GLM は「接近目標」を見つけ出すことに重きを置くからである。禁止よりも，どうすればいいかという指示に従う方が容易であるので，目標を目指していくことが強調される。また「やってはならないこと」を常に言い続ける支援者とは，クライエントが関わりを持ちにくい。

　これは，地域で暮らしている知的障害がある犯罪行為者にとっては重要な点である。オーストラリアでは，これらのクライエントの多くはサービスを受けるように強制されている訳ではないので，支援者と関わりを持つようにするための動機づけが不可欠である。支援者がクライエントを管理するような役割を担ったり，服従させようとするようなやり方に頼ってしまったりすると，クライエントはプログラムに参加することの意義が見出せなくなる。そして，犯罪行為をすることで自らの求める目標や希望を叶えようとしているので，支援がその邪魔をしていると捉えるかもしれない。そうなれば，クライエントは支援者との関わりを断つ危険がある。

　ワードらは，人が生きるにあたって目指すであろうものを幅広く捉えようとして，以下の 10 項目の「人間の中核となる基本財」をまとめた（Ward, Mann, Linley & Joseph, 2004）。

- 暮らし（健康的な生活，役割）
- 知識
- 仕事と遊びに熟達すること（何か，ひとつのことを身につけられたという経験）
- 自律性や自己決定
- 心の平穏（感情的な混乱やストレスからの解放）
- 友情（親密な関係，恋愛関係，家族関係を含む）
- コミュニティ
- 精神性（広い意味で人生に意味や目的を見出すこと）
- 幸せ
- 創造性

ワードによれば，犯罪行為者への対処にあたっての第一の目的は，人間の中核となる基本財を適切なやり方で手に入れるための知識，技術，力を身につける機会を提供することにある。

　ただし，GLM が接近目標を強調するからといって，犯罪原因論的ニーズを無視する訳ではない。むしろ，GLM では，中核となる基本財を本人が手に入れる，言い換えれば，目標を実現するために，犯罪原因論的ニーズが内的・外的な障壁となっていると考える。ある意味では，犯罪原因論的ニーズが本人にとっての財となっており，それが犯罪行為につながっているかもしれないのだ。例えば，反社会的な仲間の存在が，友情という財となっているといった場合である。一方で，財である反社会的な仲間の存在が他の目標の実現のためには害となっている可能性もある。先に述べた積極的行動支援では，社会的に受け入れられない，非適応的な方法によって機能的目標を達成しようと試みることが犯罪行為であると捉えるが，GLM もそれと同じ理解の仕方をしているといえる。

　GLM において重要なのは，ある人にとっての「よき人生」は，その人に独自のものであるという点である。そのため，犯罪行為者は，「固有性を備えた個人」として，「人間の中核となる基本財」（達成，熟達，つながりといった，人が本来的に価値を見出すもの）を社会的に受け入れられ，かつ本人の好むようなやり方で手に入れられるように支援されなければならない（Ward, Mann & Gannon, 2007）。これについても，本人を中心としてニーズを捉え，支援を計画するにあたって本人の関与を重視する積極的行動支援につながるものがある。一方，ニーズ原則によって，常に主要な犯罪原因論的ニーズを介入の対象とすべきだとする RNR とは，著しく異なる点である。GLM では，クライエントが実現したいと望んでいる目標に関係する事柄を支援対象にすべきだと考えられている。

2. アイデンティティ

　GLM は積極的行動支援の考え方と類似したところがあるが，犯罪行為，ひいては更生にあたって，アイデンティティが果たす役割に着目するのは，GLM に独自の主張である。人生における目標を追い求めることを通じて，人は自分自身という存在を意識したり，アイデンティティを形成するのであり，これらの目標達成のためにどのように行動するかは，アイデンティティによって決まると，GLM では考えられている（Ward & Gannon, 2006）。例えば，社会的に

受け入れられるように行動するために必要な技能を学んだとしても，自分自身のアイデンティティにそれが合致していると本人が感じていなければ，学んだ技能を実際に使おうとはしないので，学習するだけでは不十分である。

したがって，犯罪行為者への対応にあたっては，技能訓練とともに，より社会から受け入れられ，適応的なアイデンティティを築いていけるように支援することが必要になる。そして，そのような支援をすることは，クライエントが学んだ技能を自発的に使っていく動機づけにつながるであろう。RNRに基づいた対応はとても規定的であり，個々人のアイデンティティを考慮することを難しくしているとワードは指摘している（Ward & Stewart, 2003a）。障害福祉サービスについても，クライエントへの教育的な働きかけを過剰に強調してしまう側面があるため，同じことが言えるかもしれない。さらにワードは，犯罪原因論的ニーズに焦点を当てることは，本人にとって犯罪者としてのアイデンティティを強調することにつながる可能性があるとも主張している（Ward & Brown, 2004）。知的障害者を支援する場合，障害者であるという以外のアイデンティティをとにかく欲するという傾向があることから，この点への配慮が特に重要になる。

3. 特定の状況への対応

GLMに不可欠なもうひとつの側面は，本人の置かれた状況を直接的に反映させた介入を行う点である。積極的行動支援における行動介入と同様に，介入計画は本人の生活する環境に対応したものであるべきだとされる。また，計画を立てるにあたっては，①本人の変化の段階に応じた内容であること，②手に入れるべき中核となる基本財の優先順位が本人の視点を反映していること，③反社会的な方法ではない限りにおいて，本人が主張するような主要な目標の達成の仕方を助けるものであること，④本人の社会志向的アイデンティティを促すものであること，への配慮が求められる。積極的行動支援においては，事業者は「サービス利用者の持つ目標を尊重すること」（Department of Family & Community Services, 2008）とされているが，行動介入計画の内容は本人の目標に依拠したものであるべきだとGLMでも提唱されている。

4. 知的障害のある犯罪行為者にGLMを用いるにあたっての課題

積極的行動支援とRNRモデルの双方と多くの特徴を共有しているため，

GLMは知的障害のある犯罪行為者に対する支援に理論的によく適合するように思われる。積極的行動支援との関係では，行動の積極的機能と目標を重視すること，状況の重要性に目を向け，個人の強みを強調する考え方に基づいた手法を用いることが共通している。また，RNRに基づく介入との関係では，犯罪原因論的ニーズを優先することには異議を唱えつつもRNR原則の重要性を認めている。

　しかし，刑事司法制度に関わりを持つ知的障害者の支援にあたっては，GLM単体では不十分であるように思われる。アンドリュース，ボンタ，ワーミス（Andrews, Bonta & Wormith, 2011）は，GLMに対して以下のような批判をしているが，これらは知的障害者を対象とした介入についても当てはまる。

　まず，GLMは抽象的な理論であり，RNR原則に関連づけながら実際に運用できるようにすることは難しいという批判がある。障害領域における実務では，こうした困難の度合いはさらに高いと言えるかもしれない。

　また，GLMに対する最大の批判として，表面的には理論的根拠に妥当性が備わっているが，これを支持する実証的なエビデンスに欠けているという指摘がある。この点については，メタアナリシスだけではなく，関連ツールであるLevel of Service Inventory–Revisedについての妥当性研究（Andrews & Bonta, 2001）などによっても，RNRの各原則が支持されているのとは対照的である。そして，アンドリュースら（Andrews et al., 2011）は，GLMには理論に関連づけられたツールや方法論が存在せず，臨床的基盤に欠けると指摘している。例えば，GLMの理論ではアイデンティティの重要性が主張されるが，どのようにしてそれに働きかけるかについては，ほとんど示されていない。GLMに基づいたツールは急速に充実してきている（www.goodlivesmodel.comを参照のこと）とはいえ，RNR原則とは異なり，これらのツールは実証的に支持されてはいない。

　最後に，積極的行動支援とGLMとの重複について見てみると，GLMによって新たに追加されたアイデンティティや主体性という概念は，果たして有意義なのかという疑問がある。知的障害のある犯罪行為者，そして障害福祉サービスにとっても，これらの概念は抽象的過ぎ，応用行動分析で言うところの，行動の機能への着目，先行条件と後続条件に対応することの重要性などから注意を逸らすように作用してしまう可能性があるだろう。また，積極的行動支援というレンズを通して行動を見れば，かなりの程度まで非審判的な分析が可能であるのに対して，RNR原則やGLMといった犯罪のレンズを通じて行

動を分析することによって，支援者や事業所によるクライエント理解に否定的なバイアスをかけてしまう恐れもある。行動障害ではなく，犯罪行為者というラベルづけがなされることによって，クライエントが必要とするサービスを利用できなくなったり，あるいは不必要なまでに自由が制限されたりといったことさえ起こり得るのだ。

V　相乗モデル

　GLM と RNR モデルの提唱者のあいだでは，一般の犯罪行為者処遇において，どちらが正しい働きかけの方法であるかを巡って激しい論争が行われてきた（Andrew et al., 2011; Bonta & Andrews, 2003; Ward & Stewart, 2003a）が，知的障害のある犯罪行為者に対しては，これら二つのモデルを合わせて用いることができると考えられる。積極的行動支援の考え方については法や規定に組み入れられているため，知的障害者への地域内における支援では，この原則に従わなければならない。この点がこのような相乗を可能にする鍵である。オーストラリアのほとんどの州においては，クライエントの犯罪行為に対処する場合でも，障害サービスが関わるのであれば，適応機能上のニーズを支援し，本人が表明する目標を優先的に取り扱うことが期待されている。犯罪行為に特化したプログラムであっても，障害サービス制度の中に存在する限りは同様である。このため，犯罪原因論的ニーズと並行して人の生活上のニーズを取り扱うのは障害福祉領域では当然であることになり，RNR モデルによる働きかけの問題点が解消され得るのだ。

1.　アセスメント

　積極的行動支援による帰納的方法，RNR モデルによる演繹的方法の両方を用いることによって，クライエントの幅広い理解につながるアセスメントが可能になる。つまり，標準化されたリスクアセスメント法を用いて演繹的に推論すれば，それまでの犯罪に関する情報が不足していても，はっきりとした支援方針を立てることができる。一方，クライエントについてわかっていることを基にして，応用行動分析のように帰納的に情報を積み上げていく方法を用いれば，きわめて個別化された計画による支援が可能になる。そして，クライエントのアイデンティや自己効力感に焦点を当て，社会性を志向し，これまでの

犯罪行為との繋がりを持たないような目標を考えていくという意味において，GLMもアセスメントに寄与するのである。

2．環境

積極的行動支援の大きな利点は，この考え方が司法障害サービス^{▽訳注5}が運営されている環境に反映されていること，また，対応の個別化につながることである。そして，GLMが強調しているような，生活のすべてに関心を払い，クライエントの目標や念願を強調し，介入にあたってクライエント自身による参加や貢献を重視するという考え方を取り入れることで積極的行動支援は強化される。

運用上の観点から見れば，司法障害サービスを社会内で運営するにあたって，RNRモデルの使用が積極的行動支援の質を向上させることになる。リスク原則を用いれば，標準化されたリスクアセスメントで最もリスクが高いと判断されたクライエントを優先的に支援できるため，公正で効果的な優先順位づけや介入効果の予測につながるのだ。また，仮にクライエントが起訴されている事件の内容についての情報がほとんどなかったとしても，犯罪行為者を対象とする標準化されたアセスメント法を用いることによって，信頼に足る評価が可能となる。

3．介入

相乗モデルによる介入にRNR原則を取り入れることによって，多くの利点が得られる。まず，犯罪原因論的ニーズの重要性を支援者が認識すれば，リスクへの対処が優先されるようになる。また，処遇効果を示す文献を参照することで，介入が構造化され，エビデンスに基づくものとなる。その一方で，障害サービスとしては適応機能にも焦点を当てるので，非犯罪原因論的ニーズについても同時に一定程度まで優先的に対応されると考えられる。

GLMと積極的行動支援は行動機能への着目を特に強調する点が共に特徴的であるが，介入の標的として犯罪行為に直接的につながる要因を重視するのは，ここで紹介した三つのアプローチに共通している。ただし，積極的行動支援に比べると，GLMの方が動機づけ，および介入にあたって目標を持つこと

▽訳注5　原文では"forensic disability service"。近年，欧米を中心として形成されてきた専門領域であり，非行・犯罪をした障害者への対応や支援に特化した福祉サービスを意味する。障害福祉制度の枠内に存在するが，犯罪学や犯罪心理学領域と強いつながりを持つ。

の重要性についてより深い理解を示している。そのため，GLMでは，支援者が意図する介入を実現するために必要な目標だけではなく，クライエント本人が到達したいと考える目標を優先し，それらの実現に向けて支援をする。それによって，クライエントが更生のための支援に関わろうとする動機を高めるのである。対象となるクライエントの多くには軽度の知的障害があるが，これまで自立度の高い生活を送ってきており，ルールに従う可能性は低い。クライエント本人がどのような種類の目標を持つのかを考えるにあたって，GLMはより説明的であり，より細かい目標の探索を可能にしている。さらに，GLMでは，学んだ技能を実際に使ってみようとする動機づけを高める要因として，特にクライエントのアイデンティティの確立が強調されており，これは介入に新たな視点を付加するものである。

VI おわりに──相乗モデルによる支援の原則

結論として，これら三つの理論には多岐にわたって対照的な部分もあるが，刑事司法が関与した障害者への支援という領域では，これらを相乗させて用いるのに十分な共通性もあると思われる。これらの理論をまとめれば，犯罪歴のある知的障害者に対しては，以下のような支援が求められていると言えるだろう。

- 更生への動機づけを高め，社会志向的な生活スタイルを促すために，クライエントの強みに着目すること。
- クライエントが，社会において自らの可能性を完全に発揮し，有効かつ肯定的に機能できるよう，適応機能上のニーズを支援すること。
- クライエントの犯罪行為，およびその罪種についての一般的な性質を基にして，再犯につながる特定のリスクに対処すること。
- クライエントの目標達成を促し，支援につながる動機づけを高め，再犯リスクを低減させるように目標を活用すること。
- リスクへの対処にあたっては，「回避目標」だけではなく，「接近目標」も特定すべきであること。

ここで紹介した三つの理論を相乗モデルという形で活用することによって，

強み，ニーズ，リスク，目標への対処が可能になる。

文献

Aegisdottir, S., White, M. J., Spengler, P. M., Maugherman, A. S., Anderson, L. A., Cook, R. S., . . . Rush, J. D. (2006). The meta-analysis of clinical judgment project: Fifty-six years of accumulated research on clinical versus statistical prediction. *Counseling Psychologist, 34* (3), 341-382.

Allen, D., & Davies, D. (2007). Challenging behavior and psychiatric disorder in intellectual disability. *Current Opinion in Psychiatry, 20* (5), 450-455.

Anderson, C. M., & Freeman, K. A. (2000). Positive behavior support: Expanding the application of applied behavior analysis. *The Behavior Analyst, 23* (1), 85.

Andrews, D. A., Bonta, J., & Hoge, R. D. (1990). Classification for effective rehabilitation: Rediscovering psychology. *Criminal Justice and Behavior, 17* (1), 19-52.

Andrews, D. A., Bonta, J., & Wormith, J. (2011). The risk-need-responsivity (RNR) model: Does adding the good lives model contribute to effective crime prevention? *Criminal Justice and Behavior, 38* (7), 735-755.

Andrews, D. A., & Bonta, J. L. (2001). Level of Service Inventory- Revised. Toronto: Multi-Health Systems Inc.

Andrews, D. A., & Bonta, J. L. (2003). *The Psychology of Criminal Conduct* (3rd ed.). Cincinnati, Ohio: Anderson.

Andrews, D. A., & Bonta, J. L. (2010). *The psychology of criminal conduct* (5th ed.). Cincinnati, Ohio: Anderson.

Andrews, D. A., & Dowden, C. (2006). Risk principle of case classification in correctional treatment: A meta-analytic investigation. *International Journal of Offender Therapy and Comparative Criminology, 50* (1), 88-100.

Baldry, E., Dowse, L., & Clarence, M. (2012). People with intellectual and other cognitive disability in the criminal justice system. Sydney: University of New South Wales.

Baldry, E., Dowse, L., Clarence, M., & Snoyman, P. (2011). *People with mental health and cognitive disability: pathways into and out of the criminal justice system.* Paper presented at the Integration Puzzle.

Bonta, J., & Andrews, D. A. (2003). A commentary on Ward & Stewart's model of human needs. *Psychology, Crime & Law, 9* (3), 215-218.

Cashin, A., Butler, T., Levy, M., & Potter, E. (2006). *Intellectual disability in the New South Wales inmate population*: International Journal of Prisoner Health Vol 2 (2) Jun 2006, 115-120 Taylor & Francis.

Department of Family & Community Services. (2008). Policy Framework: Providing behaviour support services for people with an intellectual disability. Appendix A. Sydney: Department of Family & Community Services,.

Department of Family & Community Services. (2016). Community Justice Program Statistics (July ed.). Sydney: Department of Family & Community Services, .

Frize, C. M. J. (2015). *The assessment of risk of general recidivism in offenders with an intellectual disability.* (Doctor of Philosophy), University of Sydney, Sydney.

Frize, M. (2007). *The criminogenic needs of juvenile offenders with and without an intellectual disability.* (Masters of Educational & Developmental Psychology), University of Western Sydney, Sydney.

Gray, N. S., Fitzgerald, J., Taylor, J. L., & Snowden, R. J. (2007). *Predicting future reconviction in offenders with intellectual disabilities: The predictive efficacy of VRAG, PCL-SV and the HCR-20.* Paper presented at the 3rd international Congress of Law and Mental Health, Padua, Italy.

Hanley, G. P., Iwata, B. A., & McCord, B. E. (2003). Functional analysis of problem behavior: A review. *Journal of Applied Behavior Analysis, 36* (2), 147-185.

Hayes, S., Levy, M., Vanny, K., & Greenberg, D. (2009). *The relationship between intellectual disability, mental illness and socioeconomic factors amongst defendants appearing before NSW Local Courts*. Paper presented at the Australian Community Support Organisation 4th Forensic Disabilities Conference – "Disability and Justice: Many faces, equal rights?", Melbourne.

Holland, S., & Persson, P. (2011). Intellectual disability in the Victorian prison system: characteristics of prisoners with an intellectual disability released from prison in 2003-2006. *Psychology, Crime & Law, 17*, 25-42.

Hollin, C. R. (1999). Treatment programs for offenders: Meta-analysis, "What works," and beyond. *International Journal of Law and Psychiatry, 22* (3-4), 361-372.

Horner, R. H., Dunlap, G., Koegel, R. L., Carr, E. G., Sailor, W., Anderson, J., . . . O'Neill, R. E. (1990). Toward a technology of "nonaversive" behavioral support. *Research and Practice for Persons with Severe Disabilities, 15* (3), 125-132.

Johnston, S. J. (2002). Risk assessment in offenders with intellectual disability: The evidence base. *Journal of Intellectual Disability Research, 46* (Suppl1), 47-56.

Landenberger, N. A., & Lipsey, M. W. (2005). The positive effects of cognitive–behavioral programs for offenders: A meta-analysis of factors associated with effective treatment. *Journal of Experimental Criminology, 1* (4), 451-476.

LaVigna, G. W., & Willis, T. J. (2012). The efficacy of positive behavioural support with the most challenging behaviour: The evidence and its implications. *Journal of Intellectual and Developmental Disability, 37* (3), 185-195.

Lindsay, W. R. (2006). That Poor Laddie Cannae Tell His Thoughts Fae His Actions: A Reply to Sturmey. *Journal of Applied Research in Intellectual Disabilities, 19* (1), 119-120.

Lindsay, W. R., O'Brien, G., Carson, D., Holland, A. J., Taylor, J. L., Wheeler, J. R., . . . Johnston, S. (2010). Pathways Into Services for Offenders with Intellectual Disabilities Childhood Experiences, Diagnostic Information, and Offense Variables. *Criminal Justice and Behavior, 37* (6), 678-694.

Lund, J. (1990). Mentally retarded criminal offenders in Denmark. *British Journal of Psychiatry Vol 156 May 1990, pp 726-731*.

Martinson, R. (1974). What works? - Questions and answers about prison reform. *The Public Interest, 35*, 22-54.

McBrien, J. (2003). The intellectually disabled offender: Methodological problems in identification. *Journal of Applied Research in Intellectual Disabilities, 16* (2), 95-105.

Sakdalan, J. A., Shaw, J., & Collier, V. (2010). Staying in the here-and-now: A pilot study on the use of dialectical behaviour therapy group skills training for forensic clients with intellectual disability. *Journal of Intellectual Disability Research, 54* (6), 568-572.

Singh, J. P., Grann, M., & Fazel, S. (2011). A comparative study of violence risk assessment tools: A systematic review and metaregression analysis of 68 studies involving 25,980 participants. *Clinical Psychology Review, 31* (3), 499-513.

Snowball, L., & Weatherburn, D. (2006). Indigenous over-representation in Prison: The role of offender characteristics. *Crime & Justice Bulletin, 99*.

Taylor, J. L. (2002). A review of the assessment and treatment of anger and aggression in offenders with intellectual disability. *Journal of Intellectual Disability Research, 46 Suppl 1*, 57-73.

Tully, R. J., Chou, S., & Browne, K. D. (2013). A systematic review on the effectiveness of sex offender risk assessment tools in predicting sexual recidivism of adult male sex offenders. *Clinical Psychology Review, 33* (2), 287-316.

Ward, T. (2002). Good lives and the rehabilitation of offenders: Promises and problems. *Aggression and Violent Behavior, 7* (5), 513-528.

Ward, T., & Brown, M. (2004). The Good Lives Model and conceptual issues in offender rehabilitation. *Psychology, Crime & Law, 10* (3), 243-257.

Ward, T., & Gannon, T. A. (2006). Rehabilitation, etiology, and self-regulation: The comprehensive good lives model of treatment for sexual offenders. *Aggression and Violent Behavior, 11* (1), 77-94.

Ward, T., Mann, R., Linley, P. A., & Joseph, S. (2004). Good Lives and the Rehabilitation of Offenders: A Positive Approach to Sex Offender Treatment. *Positive psychology in practice.* (pp. 598-616): John Wiley & Sons, Inc.

Ward, T., Mann, R. E., & Gannon, T. A. (2007). The good lives model of offender rehabilitation: Clinical implications. *Aggression and Violent Behavior, 12* (1), 87-107.

Ward, T., & Maruna, S. (2007). *Rehabilitation*: Routledge.

Ward, T., & Stewart, C. (2003a). The relationship between human needs and criminogenic needs. *Psychology, Crime & Law, 9* (3), 219-224.

Ward, T., & Stewart, C. (2003b). The Treatment of Sex Offenders: Risk Management and Good Lives. *Professional Psychology: Research & Practice, 34* (4), 353.

Ward, T., Vess, J., Collie, R. M., & Gannon, T. A. (2006). Risk management or goods promotion: The relationship between approach and avoidance goals in treatment for sex offenders. *Aggression and Violent Behavior, 11* (4), 378-393.

Weatherburn, D., Snowball, L., & Hunter, B. (2006). The economic and social factors underpinning Indigenous contact with the justice system: Results from the 2002 NATSISS survey. *Crime & Justice Bulletin, 104.*

あとがき
要約と若干の提言

　本書は,「福祉支援を必要とする矯正施設退所者等の地域生活支援の取組み」から始まった犯罪臨床におけるシステムズ・アプローチを〈刑事司法－福祉連携のプロジェクト〉と呼んで,刑事司法領域におけるプログラム評価を試みたものである。

　編者の役得ではないが,最初の読者として,各論考を通読してそのまとめを行い,犯罪に関わる立ち直り支援の実践研究者の立場から若干の政策提言を試みて,あとがきに代えたい。

　今福章二氏の「触法精神障害者の地域生活支援——実践と課題」は,医療観察制度における精神保健観察に刑事司法と精神医療・福祉とのシステム連携が理念ではなく,法執行,すなわち,行政施策として結実した経緯,まさに〈システムズ・アプローチ〉の創成が,立法責任者によって詳述されている画期的な論考である。

　小林隆裕氏の「入所型障害者支援施設における取り組み——対象者の理解とアセスメント,リスクマネジメントの視点から」は,研修を含めて連携プロジェクトの福祉側のフロント(先進機関)として,「再犯防止を一義的な課題として取り組んでいない」という〈矜持〉が明示された実践論文である。「刑事司法は社会統制であり,福祉は社会的援助である」と両者の相違が強調されているが,福祉にもリスクを意識した支援が必要であることは,触法障害者にとどまらず,虐待への対応などからも当然至極である。

　内山登紀夫氏の「神経発達障害の診断と支援」は,触法障害者に見いだされることが少なくない神経発達障害に関する精神医学の基本,かつ最新の知見について,簡明に解説された論考である。診断基準は,精神医療側の着目点が明

示されたものであり，医療的支援について知っておくことは，連携・協働の基盤である。英国における保安病棟で用いられているASDへの支援スキル／SPELLも大変参考になる。

支援者に対して行ったプロジェクト評価について，岡本英生氏の「地域生活支援に携わる人々から見た現状」は，矯正施設・地域生活定着支援センター・福祉関係の3つの職場・領域別に調査したものである。同様の目的で，大村美保氏の「地域生活支援に関する諸研究」は，障害福祉領域における実態調査である。岡本氏は矯正施設，大村氏は障害福祉領域での実務経験者である研究報告という分析視点の相違は興味深いが，共通して，本プロジェクトの展開が"道半ば"であることを指摘し，支援システム更新の具体策を提言している。

辰野文理氏の「〈刑事司法の福祉化〉の課題」は，刑事司法側からの正確，かつ，簡明な福祉的支援と連携したシステムの解説である。刑事司法の機能と限界をわきまえた上で，福祉と連携することの基本事項が整理されている。

小長井賀與氏の「地域生活定着促進事業の成果と課題」は，〈司法福祉の観点から〉とあるように，前述の大村氏が福祉領域からの実地調査なのに対して，刑事司法領域からのアプローチである。福祉的支援の宿命である〈地域差〉が，刑事政策としての「触法障害者の地域生活支援」を阻害することなく，機能要因として作動することの可能性を示唆する重要な論考である。

藤岡淳子氏らの「犯罪からの離脱のための支援」は，犯罪心理臨床を福祉領域の実践者が修得したことによる事例が詳述されている。実践者の個人的体験として語られることはともかく，福祉・精神医療との協働が深まれば，各専門職の思考や行動様式の特性にまで配意した取り組みが必要であることは間違いない。

編者の「支援の多機関連携と課題」は，リスク・マネジメントを伴う心理福祉的支援プログラムの開発から運営までをシステムズ・アプローチの観点から多機関連携により行ってきた実践記録である。公的機関は人事異動があるが，それを乗り越えて継続実施していくシステム・マネジメント力が問われている

第Ⅲ部は，ソーシャルワーカーから転身してきた保護観察官，連携機関である地域生活定着支援センターの責任者，医療観察制度における社会復帰調整官，刑事司法と福祉に精通した大学教員，社会福祉士と連携した弁護士によるケース・マネジメントを中核とした詳細な事例紹介が続く。いずれの支援者も「動機づけ」が高く，本プロジェクトが支援ニーズに適ったものであることを

明示している。それぞれの立場から、さらに「使い勝手が良い」システムとして運用されるよう切実な課題が提示されており、今後の展開に資する貴重なプロジェクト評価となっている。

第Ⅳ部は、「先進地域に学ぶ」として、わが国の大分先ではなく、2006年から触法障害者の社会内処遇プログラムを運営するオーストラリアの知見を紹介することとした。両国は、同様の実践課題を抱えており、依って立つ理論も変わりないが、地域司法プログラムシステムの機能については学ぶべきところが多い。

* * *

現況の政策では、刑事司法側は、あくまで触法障害者への「特別調整」という限定的なとらえ方に固執し、福祉側は、障害者総合支援法・生活困窮者自立支援制度といった包括的な支援システムのなかに"埋没"させるリスクを恐れている。本書の主張は、犯罪者の日常生活を総合的に支援し、地域社会における共生の実現に向けて、本人・家族といった当事者、そして、支援者にとっても使い勝手の良い政策の実現・運用を図ることである。

本プロジェクトの要である多職種多機関連携によるアプローチは、立ち直り支援のユニバーサル・デザインとなるべきもので、触法障害者の地域生活支援は、その総合力を高める試金石であり、基盤力をつけるものになることを確信している。そのためには、刑事司法にとって、目に見えるエビデンスを求めたいところだが、見かけの再犯率を低めるために、アセスメントの名を借りた"玉選び"といった姑息な手段をとらないことである。大事なのは、当事者である対象者とその家族はもとより、支援者の"手応え"である。このプロジェクトの遂行、プログラムを受けて"良かった・助かった"という体感が語られることが肝要であることを強調したい。そのために、時間をかけた、手間暇のかかる、ときに騙される「耐容力」も備えた、クライエントの支援ニーズに適うシステムズ・アプローチの更新に努めていきたい。

* * *

本書が、科研費報告書を兼ねていることは本書冒頭でも記したが、研究分担者である水藤昌彦氏（山口県立大学）には、オーストラリア実地調査時のコーディネーターやマット・フライズ氏の通訳、そして、翻訳の労を担われたこと

に深謝申し上げたい。多忙な実践・臨床のなかで力作を書き上げていただいた執筆者の皆様に重ねて感謝いたします。

　金剛出版としては，刑事司法に関わる臨床心理・ソーシャルワークといった馴染みの薄い分野の出版というリスクを負わせたにもかかわらず，的確なリスク・マネジメントにより刊行にこぎ着けたことに対して，出版部の高島徹也氏に心よりお礼申し上げる。高島氏は，本科研費研究グループの打ち合わせ段階からフライズ氏の講演会・研修会に至るまでの全プロセスに参画して4年をかけて成書に至るという，昨今のデジタルな出版の真逆の道程を共に歩んだ同志である。

　最後に，編者は，非行少年・犯罪者の社会内処遇に特化した専門学会である「日本更生保護学会」を2012年に立ち上げて主導してきた。その第6回大会を2017年12月に福島で大会長として開催するときに，本書が刊行されることに感謝している。わが国の「更生保護学」構築の一助となれば望外の幸せであり，多職種からのご高評を仰ぎたい。

平成29年2月

編集責任者として　生島　浩

索引

アルファベット

ADHD（Attention-Deficit/Hyperactivity Disorder）...............029, 032, 036-038, 042

ASD（Autism Spectrum Disorder(s)） 030, 036-043

CAPAS（Correctional Association Psychological Assessment Series）.................073, 093, 139

Community Justice Program（CJP）→地域司法プログラム

DSM（Diagnostic and Statistical Manual of Mental Disorders）（-5）..........iii, 029-035

SPELL..039, 041, 042
 Structure（構造）.......................................040
 Positive（肯定的に）..................................040
 Empathy（共感）.......................................041
 Low Arousal（穏やかな刺激）.................041
 Links（つながり）......................................042

Good Lives Model（GLM）→グッドライフ・モデル

HCR-20..010

PFI 刑務所...052, 169

RNR 原則.....................009-102, 106, 216, 218

START（Short-term Assessment of Risk and Treatability）..011

あ

アスペルガー障害..031

アンドリュース, D. A.／ボンタ, J. 101, 208, 210, 216

一般調整..136

「居場所と出番（住居と仕事）の確保」...128

イマジネーション障害［自閉症スペクトラム］...031

入口支援
 ....vii, 027, 072, 076-080, 161, 172, 173

医療観察法........v, 004, 014, 148-152, 156-159

医療的支援［神経発達障害の］................038

エンパワメント...................................010, 019

応用行動分析.............................201-206, 216

か

概念的領域［知的能力障害］....................030

家族支援....................... vii, 013, 046, 173, 180

虐待・ネグレクト..............................137, 190

グッドライフ・モデル......102-104, 107, 195, 202, 212-219

クライシスプラン................................012, 013

ケア会議.......................005, 086, 152, 178-181

ケア付き住宅［CJP］..................................192

刑事司法の福祉化......................... ix, 071, 081

ケース・マネジメント.......173, 180, 188, 193

限局性学習症...034

権利擁護..019

更生緊急保護...126

更生保護 iv
更生保護施設 077
コミュニケーションの障害［自閉症スペクトラム］.. 031

さ
再犯防止に向けた総合対策 071
支援者への支援 026
支援の3段階モデル 056, 057, 067
システムズ・アプローチ
.... v-vii, 112, 122, 174
実用的領域［知的能力障害］............. 030
指定医療機関 175
自閉症スペクトラム／自閉スペクトラム症
................................ix, 029-039, 167-169
司法障害サービス 218
司法の福祉化 ....ix, 071, 076, 081
社会性の障害［自閉症スペクトラム］.... 031
社会的領域［知的能力障害］............. 030
社会福祉士
................vi, 051, 077, 087-089, 161-169
社会復帰促進アセスメント 010
社会復帰調整官 .... vi, 007, 148
集中支援型居住サービス［CJP］...... 191
就労移行支援事業所 144
受刑者の罪名 074
障害者差別解消法 172
障害者就業・生活支援センター 089, 144
障害程度区分 060
障害年金 025, 126, 145
常習累犯窃盗 139, 140
処遇の実施計画 005, 151, 154
処遇悲観論 207
触法障害者 iii
自立更生促進センター 072, 114, 119
自立準備ホーム 142
神経発達障害 029, 036, 043
新受刑者のIQ 073

心神耗弱 .... iii, 004, 168
心神喪失 .... iii, 004, 005, 148, 156
心神喪失者等医療観察制度 004, 005
心神喪失等の状態で重大な他害行為を行った者の医療及び観察等に関する法律
→医療観察法
心理教育 .... viii, 102, 119, 193, 195
　家族——プログラム 014
ストレングスアセスメント 009
生活環境調査 007, 011, 148, 149
生活保護 .... iv, 056, 076, 130, 140-146
精神科救急 159
精神障害者手帳 174
精神保健観察 .... vi, x, 003-010, 148-153, 158
精神保健福祉士 .... vi, 006, 051, 098, 125, 152
精神保健福祉法 004, 010, 076, 130, 157
静的リスク 010, 023, 101
生物・心理・社会モデル 007, 026
積極的な行動支援（Positive Behaviour Support）
.... 202
窃盗更生支援プログラム 112-121, 182
窃盗症（クレプトマニア）..................... 122
セントアンドリュース病院保安病棟 039
相乗モデル 201
ソーシャルワーカー 057, 125

た
ダイバージョン .... vii, 083, 199
田島良昭 v
多動性-衝動性［ADHD］......... 032-034, 038
ダルク（Drug Addiction Rehabilitation Center）.. vii, 086
地域刑 182
地域司法プログラム［CJP］....... 185-189, 198
地域生活個別支援特別加算 055, 091
地域生活支援 iv
　シームレスな—— 011
　——に携わる人々の意識調査 045

地域生活定着支援（促進）事業.....044, 055, 076, 081, 084
地域生活定着支援センター..................v, 136
知的障害を有する受刑者の入所回数......075
知的能力障害...............029, 030, 035-038, 043
注意欠如／多動症→ADHD
通院処遇.........................011, 148, 151-159
出口支援....................... vii, 027, 072, 076, 173
統合失調症.....iii, 015, 033, 128, 130, 138, 149
動的リスク..023, 101
特別調整......v, vi, 027, 046, 052, 077-079, 087, 091-096, 129-133, 136-139, 143, 163, 176

な

日本司法支援センター............................172
ニュー・サウス・ウェールズ州政府家族・コミュニティサービス省...189, 198, 204
人間の中核となる基本財［GLM］...213, 214
認知行動療法....................042, 102, 115, 121
ノーマライゼーション.......................057, 096
（国立重度知的障害者総合施設）のぞみの園
.... x, 016, 056, 120

は

パーソナリティ障害..........014, 042, 094, 175
発達歴...036
犯因性リスク...101
判決前調査..viii, 007
犯行のプロセス..100
犯罪原因論的ニーズ....199, 209-211, 214-218

犯罪心理臨床......................098-100, 107, 110
反社会的行動に関わる三大認知.............102
反社会的パーソナリティ..................207, 210
微罪処分...080, 081
人と状況の全体性..008
福祉の刑事司法化...ix
不注意［ADHD］.........................032-034, 038
フレームワーク報告書（The Framework Report）..........................187-189, 193, 196
訪問支援［CJP］..192
ホームレス............. vii, 072-080, 134, 142, 169
保護観察官...................................... 126, 135
保護観察所... 126
保護司...iv, 125, 167

ま

三つ組みの障害［自閉症スペクトラム］031
無料低額宿泊所................................140-143

や

山本譲司..iv
要保護犯罪者...073
よき人生モデル→グッドライフ・モデル

ら

リスクアセスメント 008
リスク−ニーズ−反応性原則→RNR原則
療育手帳..........vii, 045, 072, 143-146, 161-167

わ

ワード，T. 019, 102, 110, 212-215

● 著者

第Ⅰ部｜わが国の触法障害者の地域生活支援

- 第1章｜**今福章二**［いまふく・しょうじ］法務省保護局総務課長
- 第2章｜**小林隆裕**［こばやし・たかひろ］国立重度知的障害者総合施設のぞみの園地域支援部長
- 第3章｜**内山登紀夫**［うちやま・ときお］大正大学大学院臨床心理学専攻教授／よこはま発達クリニック院長
- 第4章｜**岡本英生**［おかもと・ひでお］奈良女子大学生活環境科学系教授
- 第5章｜**大村美保**［おおむら・みほ］筑波大学人間系障害科学域助教

第Ⅱ部｜地域生活支援の課題

- 第1章｜**辰野文理**［たつの・ぶんり］国士舘大学法学部教授
- 第2章｜**小長井賀與**［こながい・かよ］立教大学コミュニティ福祉学部教授
- 第3章｜**藤岡淳子**［ふじおか・じゅんこ］大坂大学大学院人間科学研究科教授
  奥田剛士［おくだ・たけし］大阪府政策企画部青少年・地域安全室治安対策課
  益子千枝［ましこ・ちえ］精神保健福祉士
- 第4章｜**生島　浩**［しょうじま・ひろし］福島大学大学院人間発達文化研究科教授

第Ⅲ部｜地域生活支援の事例・実践

- 第1章｜**佐々木啓文**［ささき・ひろふみ］盛岡保護観察所保護観察官
- 第2章｜**岸　恵子**［きし・けいこ］千葉県地域生活定着支援センター／センター長
- 第3章｜**垣内佐智子**［かきうち・さちこ］広島保護観察所統括社会復帰調整官
- 第4章｜**岡田卓司**［おかだ・たくじ］岡田法律事務所
- 第5章｜**生島　浩**［しょうじま・ひろし］福島大学大学院人間発達文化研究科教授

第Ⅳ部｜地域生活支援の先進地域に学ぶ

- 第1章｜**水藤昌彦**［みずとう・まさひこ］山口県立大学社会福祉学部准教授
- 第2章｜**C・マシュー・J・フライズ**［C. Matthew J. Frize］ニュー・サウス・ウェールズ州政府家族・コミュニティサービス省地域司法プログラムマネージャー
  翻訳｜**水藤昌彦**［みずとう・まさひこ］山口県立大学社会福祉学部准教授

● 編者

生島　浩［しょうじま・ひろし］

1956 年 4 月	東京に生まれる
1979 年 3 月	一橋大学社会学部社会学科卒業
1992 年 3 月	筑波大学大学院修士課程教育研究科カウンセリング専攻修了
2016 年 3 月	東北大学大学院文学研究科博士課程修了／博士（文学）
1979 年 4 月	法務省に入省し，東京および横浜保護観察所の保護観察官，大津および奈良保護観察所の調査連絡課長などを経て，1996 年 4 月法務省法務総合研究所研究部室長研究官
2000 年 4 月	法務省浦和保護観察所観察第一課長

現職（2001 年 4 月より）福島大学大学院人間発達文化研究科教授
犯罪・非行臨床，家族臨床専攻

主要論著
『非行臨床における家族支援』（遠見書房，単著，2016 年）
『非行臨床の新潮流』（金剛出版，共編著，2011 年）
『犯罪心理臨床』（金剛出版，共編著，2007 年）
『非行臨床の焦点』（金剛出版，単著，2003 年）
『悩みを抱えられない少年たち』（日本評論社，単著，1999 年）など．

触法障害者の地域生活支援
その実践と課題

2017 年 4 月 1 日　印刷
2017 年 4 月 10 日　発行

編著者　生島　浩
発行者　立石正信
発行所　株式会社　金剛出版
〒112-0005　東京都文京区水道1丁目5番16号升本ビル二階
　電　話　03-3815-6661　振　替　00120-6-34848
印　刷　新津印刷株式会社
製　本　東京美術紙工協業組合
装　幀　岩瀬　聡

ISBN 978-4-7724-1551-4 C3011　　　　　　　　　　　©2017 Printed in Japan

犯罪心理鑑定の技術

［編著］＝橋本和明

●A5判　●上製　●256頁　●定価 4,200円＋税
●ISBN978-4-7724-1502-6

ケーススタディ，被告人の変容と更生を目指す臨床面接，
民事事件における意義，供述分析鑑定を取り上げ，
犯罪心理鑑定の基礎構造の確立を目指す。

非行臨床の新潮流

リスク・アセスメントと処遇の実際

［編著］＝生島浩　岡本吉生　廣井亮一

●A5判　●上製　●200頁　●定価 2,800円＋税
●ISBN978-4-7724-1201-8

非行臨床に課せられた「モニター」機能（アセスメント・説明責任）と
「リハビリテーション」機能（立ち直り・居場所の確保）の
新たな展開を集める。

統合的短期型ソーシャルワーク

ISTTの理論と実践

［著］＝エダ・ゴールドシュタイン　メアリーエレン・ヌーナン
［監訳］＝福山和女　小原眞知子

●A5判　●並製　●296頁　●定価 4,600円＋税
●ISBN978-4-7724-1370-1

生物・心理・社会的視点による緻密なクライエント理解が
ソーシャルワーカーの臨床力をレベルアップする。
時間と資源の制約のなかで困難事例に取り組むための包括的視点。